한국외국어대학교 극지연구센터
극지연구총서 04

러시아 북극의 **인문공간** Ⅲ

극동부 편

최우익 · 김봉철 · 정 혁 · 강하람 · 김현진 · 김혜영 · 도민지 · 카이롤라 굴자나라 지음

이 연구는 극지연구소 국내 학·연 극지연구 진흥프로그램 사업(PE20900)의 지원을 받아 수행되었습니다.

러시아 북극의 인문공간 Ⅲ
극동부 편

머리말

한국외국어대학교 극지연구센터는 『러시아 북극의 인문공간』 시리즈 세 번째 책을 독자에게 선보인다. 2020년 I권 러시아 북극 북서부 편, 2021년 II권 러시아 북극 중앙부 편에 이어 2022년에 III권 러시아 북극 극동부 편을 출판하게 되었다.

지구온난화 현상과 북극의 산업개발은 오늘날 북극의 모습을 빠르게 변화시키고 있다. 또한 환경오염은 해양생태계뿐 아니라 육상생태계도 위협하고 있다. 오랜 세월 북극의 혹독한 추위에 적응하면서 자연과 어우러진 삶을 영위해 왔던 북극 소수민족의 거주 공간도 점차 사라지고 있다. 북극에서 일어나고 있는 사회·문화적, 정치·경제적 변동이 그곳 주민을 포함하여 전 인류에게 선물이 될지 재앙이 될지 아직 미지수다.

이러한 문제의식 속에서 이 책은 러시아 북극 지역의 변화를 인문사회과학적 시각에서 연구하면서 북극의 지속 가능한 개발 방안을 모색하고 있다. 제1부에는 전문 연구자들의 논문 세 편을 실었으며, 제2부에는 석사와 박사과정 후속 세대 연구자들의 논문 다섯 편을 실었다. 이 글들에는 러시아 극동을 포함하여 러시아 북극 전체의 변화와 개발 방향성을 탐색하는 내용이 담겨 있다. 특히 후속 세대 연구자들의 논문은 2021년 세 번의 워크숍을 통해 다듬어졌는데, 청년 연구자의 기지와 신선함이 배어 있다. 제3부에는 2022년 2월 러시아 극동 현지 조사 과정에서 포착한 추코카 자치구 수도인 아나디리의 겨울 풍경과 탐방기를 실었다.

이 책의 출판과 연구를 지원한 한국해양과학기술원 부설 극지연구소에 감사드린다. 극지연구센터의 연구 환경 구축을 위해 애쓰는 김봉철 교수님, 러시아 북극 문화를 모니터하고 신선한 정보를 전달해 주는 라승도 교수님, 센터의 살림살이를 도맡는 정혁 교수님에게 감사의 마음을 전한다. 또한, 연구과제 수행과 센터 운영의 손과 발이 되어준 강하람, 카이롤라 굴자나라, 조은비 조교에게도 고마움을 표한다.

이 책은 현재 진행되고 있는 북극개발을 인문사회과학적 관점에서 진단하여 인간과 환경이 함께 공생하는 북극의 미래를 제시하는 데에 기여하고자 한다. 또한, 북극을 우리 곁에 실재하고 살아 숨 쉬는 현실 공간으로 그려내어 우리 국민에게 북극의 중요성을 일깨우고 흥미를 북돋는 데에도 일조할 것이다. 부디 이 책이 러시아 북극에 관심 있는 독자와 연구자에게 유익한 자료가 되기를 바란다.

2022년 4월

최 우 익

차례

머리말 ··· Ⅱ

제1부 러시아 북극의 인문공간: 인문·사회과학적 탐구

제1장 2010년대 러시아 북극권 주민의 사회경제적 상황 비교 연구 ··· 9
  최우익
제2장 극지활동진흥법의 제정과 평가 ··· 37
  김봉철
제3장 스웨덴 북극 지역 사미족들의 순록 방목에 대한 기후변화의 영향과 대응 방안 ··· 61
  정 혁

제2부 러시아 북극 이슈 분석: 후속 세대 연구자가 들려주는 북극 이야기

제1장 러시아 북극 지역의 식품 물류 현황과 문제점 개선을 위한 제언 ··· 91
  강하람
제2장 러시아 목재 산업 동향 및 영향 요인: 극동연방관구와 북서연방관구를 중심으로 ··· 123
  김현진

제3장	러시아 북극 전략과 북동 항로 주요 항만의 발전 가능성 분석	··· 165
	김혜영	
제4장	러시아 북극 소수민족의 생활 변화: 한티만시 자치구를 중심으로	··· 199
	도민지	
제5장	광산·금속회사 '노릴스크 니켈'에 관한 연구: 환경 및 인체 건강 영향을 중심으로	··· 225
	카이롤라 굴자나라	

제3부 러시아 북극 극동 지역의 시각 이미지: 추코카 아나디리

제1장	2022년 2월 희뿌연 냉기의 도시, 추코카 아나디리 탐방기	··· 239
	최우익	
제2장	아나디리의 겨울 풍경	··· 251

제1부

러시아 북극의 인문공간:
인문·사회과학적 탐구

제1장

2010년대 러시아 북극권 주민의 사회경제적 상황 비교 연구*

최 우 익**

〈요약〉

본 연구는 다양한 사회경제적 지표를 분석하여 2010년대 러시아 북극권 주민의 사회경제적 상황을 분석하였다. 러시아 북극 지역에서 인구 문제는 점차 해소되는 과정에 있지만, 소득과 빈곤 문제는 더 첨예화되어 지역 간 사회경제적 계층화가 진행되고 있으며, 삶의 질은 여전히 열악한 수준에 있다.

2010년대 러시아 북극 지역은 세 가지 사회경제적 상황으로 구분할 수 있다. 첫째는 양호한 사회경제적 지역인 야말로네네츠와 추코카이며, 둘째는 중간 수준의 사회경제적 지역인 네네츠, 무르만스크, 사하, 크라스노야르스크이며, 셋째는 불안정한 사회경제적 지역인 카렐리야, 코미, 아르한겔

---

* 이 글은 『한국 시베리아연구』 2021년 제25권 4호에 실린 논문을 수정, 보완한 것임을 밝힌다.
** 한국외국어대학교 러시아연구소 HK부교수

스크이다. 그 이전 시기와 비교하여 네네츠가 양호한 사회경제적 지역에서 중간 수준의 사회경제적 지역으로, 아르한겔스크가 중간 수준의 사회경제적 지역에서 불안정한 수준의 지역으로 사회경제적 위치가 하락하였다. 반면에 크라스노야르스크는 불안정한 수준에서 중간 수준의 지역으로 사회경제적 위치가 상승하였다.

2014년 서방의 경제 제재로 러시아 북극권 주민은 다른 지역보다 사회경제적 충격을 더 크게 받았다. 이로 인한 러시아 북극권 주민의 사회경제적 상황의 악화는 약 2~3년간 지속하였고, 대략 2017~18년부터 이들의 사회경제적 상황이 회복되고 있다.

I. 서론

최근 러시아 북극은 석유와 가스, 다양한 금속 등 지하자원 채굴과 산업개발로 사회경제적 변화가 크게 일어나는 지역이다. 또한 지구온난화로 인한 자연환경의 변화는 이곳 사회경제적 변화의 또 다른 변수가 되고 있다. 이러한 변화 속에서 이 연구는 2010년대 특히 2014년 서방의 경제 제재 시점 이후 러시아 북극권 주민의 사회경제적 상황 변화에 초점을 두고 있다. 이를 위해 2014년 전후 시점인 2010년대를 주요 연구 범위로 설정했다.

러시아는 2020년 '2035 북극 정책'을 발표했는데, 북극 정책 기본 원칙의 주요 내용에는 '소수민족을 포함한 러시아 북극권 주민 삶의 질 개선'이 포함되어 있다. 또한, 이 정책에서 러시아의 국익 여섯 가지를 제시했는데, 이 중 한 가지가 '러시아 북극권 주민의 복지와 삶의 질 제고'이다. 즉, 북극에 대한 러시아의 주권 및 영토 보장, 북극의 보호, 북극개발 및 합리적 이용, 북극항로 개발, 소수민족 보호 등과 함께 북극권 주민 삶의 질을 높이는 문제는 현재 러시아 북극 정책의 주요 내용 중

하나이다.[1]

　이 연구는 러시아 북극권 주민의 사회경제적 상황과 변화를 살펴봄으로써 현재 이들이 처한 사회경제적 특징과 수준을 분석하고자 한다. 또한, 북극권 주민 삶의 질 문제는 이들의 생존 및 행복과 관련한 궁극적 문제인 만큼 이에 대한 분석과 평가를 이 연구는 포함하고 있다. 러시아 정부가 북극권 주민의 복지와 삶의 질 제고를 위해 노력하겠다는 것은 이곳 주민의 삶의 질이 열악하기 때문임을 사실 인정해서 수립한 정책 목표라고 할 수 있다. 그런데도 러시아 북극권 주민에 대한 사회경제적 상황 연구는 여전히 부족한 편이다. 본 연구는 다양한 통계 지표 분석을 통해 북극 지역이 처한 객관적인 사회경제적 상황과 변화를 규명하고자 한다.

　지역 주민에 대한 사회경제적 특징 연구에서는 인구 및 이주 추이, 월평균 소득, 임금 수준, 최저생계비, 실업률, 빈곤율, 각종 소비지수, 교육 수준, 노동, 취업 등에 대한 다양한 사회경제 지표 분석이 이용된다. 본 연구에서는 이 중 몇몇 중요한 사회경제 지표에 초점을 두어 주로 2010년대 특히 2014년 서방의 경제 제재 시점 이후 러시아 북극권 주민의 사회경제적 양상과 변화를 분석한다. 이를 위해 이 글에서는 주로 러시아통계청에서 출간한 통계정보 및 지표를 중심으로 필자가 재구성한 통계표를 분석한다.

　인구가 상주하는 러시아 북극 지역은 총 9개 주(자치구, 공화국, 변강주 포함)에 걸쳐 있다. 이 중 4개 주는 전 영토가 러시아 법령으로 정한 북극에 해당하지만, 5개 주는 일부 지역만 북극에 해당한다.[2] 그런데 러시아통계청에서 제공하는 지역

---

1) "Путин утвердил документ об основах госполитики в Арктике до 2035 года," https://ru.arctic.ru/infrastructure/20200306/931386.html (검색일: 2021.10.13).

2) "Арктическая зона российской федерации," https://yandex.ru/images/search?text=российская%20арктичкеская%20зона&stype=image&lr=114981&source=wiz&p=3&pos=182&rpt=simage&img_url=https%3A%2F%2Fb-port.com%2Fcache%2Fnews%2F7dd%2F36868-688xW.jpg (검색일: 2020.05.25).

정보의 단위는 '주'를 기본으로 한다. '주' 안에 포함된 내부 일부 지역에 대한 통계 자료는 대부분 공식 자료로 발표되지 않거나, 기초 정보만 제공된다. 따라서 본 연구에서는 다양하고 상세한 통계 자료를 원활하게 확보하고 활용하기 위해, 그리고 9개 지역 상황을 같은 수준에서 비교, 검토하기 위해 내부 일부 지역만 북극에 해당하는 주의 경우라도 모두 통일적으로 해당 주 단위의 전체 통계 자료를 연구대상으로 한다. '주' 내의 일부 지역은 '주' 단위의 정책, 제도, 지원과 연동되어 영향을 받기 때문에 '주' 전체에 대한 분석을 통해 일부 지역의 사회경제적 상황을 유추할 수 있다. 또한, 일부 지역만 법령으로 정한 북극이라고 해도 해당 주 전체를 역사적, 사회문화적으로 북극으로 보기도 한다. 따라서 이렇게 '주'를 단위로 한 러시아 북극 지역의 사회경제적 상황 연구는 러시아가 법령으로 정한 실제 북극 지역의 사회경제적 상황 연구의 목적에서 크게 벗어나지 않는다고 할 수 있다.[3]

본 연구는 각 사회경제 지표 분석을 다음과 같은 방식으로 진행한다. 각 지표에 대한 러시아 전체에 대한 평균적 통계 수치를 러시아 북극 지역의 통계 수치와 비교하며, 또한 러시아 북극 지역 간의 통계 수치를 서로 비교한다. 이를 통해 러시아 전체 속에서 러시아 북극권 주민의 사회경제적 상황을 조망할 수 있고, 또한 북극 각 지역을 서로 비교함으로써 지역 간 공통점과 차이점을 발견할 수 있다. 그런데 개별 지역에서 나타나는 특수한 사회경제적 상황 자체에 대한 분석과 그러한 현상에 대한 개별적 인과관계까지 이 연구에서 담을 수는 없다. 이에 관한 연구는 별도의 연구과제이며 후속 과제로 남긴다.

본 연구의 자료는 러시아통계청의 『러시아 지역: 사회-경제 지표(Регионы России. Социально-экономические показатели)』에 주로 기초한다. 이 논문이 작성된 시점에

---

[3] 러시아 북극에 대한 인문학적, 사회과학적 기준과 통계청 자료의 기준과 해제에 대해서는 다음 참조. 최우익, "러시아 북극 지역의 인구학적 특성: 인구와 이주민 추이 분석," 『국제·지역연구』, 제28권, 제1호 (2019), pp. 32-37.

서 가장 최신판은 '2020'년 판인데, 여기에는 2019년 통계 수치까지 정리되어 있다. 따라서 본 연구에서 다루는 연구 범위의 가장 최근 시기는 2019년이다. 코로나19 이후, 즉 2020~21년에 러시아의 사회경제적 상황이 급변했는데, 이 시기는 본 연구의 범위로 포함되지 못하며 이 부분에 관한 연구 역시 후속 과제로 남긴다. 따라서 본 연구의 가장 최근 분석 대상 시기는 2019년이며 각 사회경제 지표에 따라 1990년대 혹은 2000년대부터 상황을 참고하지만 주로 2010년대의 사회경제적 상황에 초점을 두어 분석이 진행된다. 각 지표에 대해 여러 해의 통계 수치를 하나의 표로 종합해 살펴볼 필요가 있는데 표마다 자료의 출판 연도와 재구성 방식을 밝힌다. 본 논문은 1장 서론에 이어, 2장 기존 연구 동향, 3장 북극권 주민의 사회경제적 상황과 변화 분석, 4장 결론으로 구성되어 있다.

Ⅱ. 러시아 북극권 주민의 사회경제적 상황 연구 동향

소비에트 시대 계획경제에서는 주로 국가의 지원과 관리로 유지되었지만, 1990년대 시장 개혁기부터 러시아 북극은 홀로서기를 하며 새로운 사회경제적 상황에 적응하기 위해 심각한 몸살을 겪었다. 누구보다도 약 20만 명의 북극권 소수민족이 첨예한 사회경제적 문제에 직면했다. 이들은 러시아 북극 지역을 중심으로 러시아 영토 60% 이상 지역에 광범위하게 퍼져 있었다.[4]

1990년대 급속한 시장 개혁으로 사회경제적 상황이 복잡해지면서 북극 소수민족의 소득, 주택, 다양한 사회복지 지수들이 평균 이하로 떨어졌다. 또한, 실업 증가, 임금체납, 평균 수명 하락, 출생률 저하, 사망률 상승 등의 문제가 발생했다. 또

---

4) Л. А. Иванченко и В. А. Гневко, *Организационные и правовые приоритеты управления региональной экономикой* (СПб.: Бизнес-центр, 2006), с. 127.

한, 산업화로 생태 환경이 악화하고 외부이주민이 늘면서 사회적 인프라가 약화하였다.[5] 게다가 이미 소련 말기부터 러시아 북극 지역 산업개발이 시작되었는데 이로 인해 소수민족의 언어와 문화가 훼손되고, 전통 민속 예술이 잊히며 더 나아가 소수민족 문화가 사라질 수 있다는 전망도 나왔다.[6]

또한 러시아 북극의 항공 및 기타 운송 비용이 커졌고 물자 유통이 원활하지 않게 되었다. 순록 사육, 물고기 어획, 모피 생산, 해양 동물 포획 등 목축 및 어업이 전반적으로 위축되었으며, 버섯, 딸기, 견과류, 약용 식물, 조류 등의 생산도 감소했다. 소수민족에 대한 의료, 문화, 상업, 일상 서비스는 거의 붕괴했고, 주택 건설도 침체했다고 전문가들은 지적했다.[7]

시장 개혁 이후 이처럼 러시아 북극권 주민의 사회경제적 상황은 급속히 악화했는데, 이러한 상황이 러시아 북극 지역에 같은 모습으로 진행되지는 않았다. 2000년대 중반 러시아 북극권 주민의 사회경제적 상황을 분류한 아코포프(В. И. Акопов)와 가지예프(Ю. А. Гаджиев)의 연구에 따르면, 다음과 같이 북극을 세 지역으로 나눌 수 있다.[8]

첫째, 사회경제적으로 가장 발전한 세 지역으로 네네츠, 한티만시, 야말로네네츠를 들 수 있다.[9] 이 지역은 경제, 금융, 사회 발전 분야의 지수가 매우 높은 편이다.

---

5) "Тенденции развития регионов севера России," http://works.doklad.ru/view/gTD KjajXfzE/all.htm (검색일: 2016.06.17).

6) В. С. Ефимов и А. В. Лантева, "Будущее циркумполярных территорий: проблемы воспроизводства северных этносов," *Макрорегион Сибирь: проблемы и перспективы развития* (Москва: ИНФРА-М, 2016), с. 48-51.

7) "Тенденции развития регионов севера России," http://works.doklad.ru/view/gTD KjajXfzE/all.htm (검색일: 2016.06.17).

8) В. И. Акопов и Ю. А. Гаджиев, "Социальное развитие регионов Севера России," *Проблемы прогнозирования*, № 5 (2008), с. 64-66.

9) 기술 편의상 행정 단위 명칭을 생략한다. 예를 들어 '네네츠 자치구'를 '네네츠'로 표기한다.

특히 1인당 소득, 고정자본 투자, 무역, 유료 서비스, 소비 등 분야의 지수가 높다. 또한 네네츠를 제외하고 이들 지역의 도로가 발달했고, 극빈층 비율이 낮다.

둘째, 사회경제적으로 중간 정도 발전한 지역으로 카렐리야, 코미, 아르한겔스크, 무르만스크, 사하, 캄차카, 마가단,[10] 사할린 등 8개 지역이 포함된다. 이 지역은 주택 공급량, 고등 및 중등 교육 수준의 전문가 수, 철도 건설 등의 분야는 첫 번째 지역보다 수준이 높다. 하지만 나머지 분야는 첫 번째 지역보다 수준이 낮다.

셋째, 사회경제적 발전 수준이 중간 이하인 지역으로 에벤크, 코랴크, 추코카, 타이미르 등 4개 지역을 꼽을 수 있다.[11] 이곳은 북극권 주민을 위한 의료, 보건, 소득, 소비, 주택 공급 등의 분야는 수준이 높다. 하지만 그 외 분야는 첫 번째, 두 번째 지역보다 수준이 낮다.

그런데 2000년대 후반부터 러시아 정부는 북극개발에 대한 정책을 수립하고 북극 산업개발을 시작했다. 2008년 러시아 정부가 승인한 '2020년까지와 그 이후 북극에서 러시아연방 국가정책의 기초'와 2013년 푸틴 대통령이 승인한 '2020년까지 러시아연방 북극 지대 발전 및 국가안보 전략' 등은 북극의 탄화수소 자원, 해양 생물 자원을 확보하고, 북극 생태계와 환경을 보호하고, 정보통신, 과학기술, 국제협력을 도모하는 정책이었다.[12] 또한 2010년대부터 이가르카, 두딘카, 딕손, 틱시, 페벡, 프로비데니야 항구 시설을 현대화하고, 신형 운송 선박을 건조하며 북극항로를

---

10) 당시는 러시아 북극 지역이 법령으로 특정되지 않은 시점으로서 일반적으로 한티만시, 캄차카, 마가단도 북극 지역으로 인식되었다. 하지만 이후 러시아 법령에서 이들 지역은 북극 지역에 포함되지 않았다.

11) 이들 지역은 당시 각각 독립적인 러시아연방주체 중 하나였지만, 지금은 에벤크와 타이미르는 크라스노야르스크에, 코랴크는 추코카에 포함되었다.

12) 제성훈·민지영, 『러시아의 북극개발 전략과 한·러 협력의 새로운 가능성』 (서울: 대외경제정책연구원, 2013), pp. 50-64.

개발하기 시작했다.[13] 따라서 러시아 북극의 산업화가 추진되면서 북극권 주민의 사회경제적 상황에도 일정한 변화가 일어났다. 2000년대부터 2010년대 중반까지의 시기에 초점을 두어 러시아 북극 지역의 사회경제적 상황을 분석한 최우익(2018)의 연구 결과는 다음과 같다.[14]

첫째, 네네츠, 야말로네네츠, 추코카는 비교적 양호한 사회경제적 지역으로 분류할 수 있다. 이들 지역에서는 인구의 자연증가 현상이 나타났고, 소득 수준이 높으며 극빈층이 상대적으로 적다. 하지만 빈부격차가 큰 점은 중요한 사회문제 중 하나이다. 아코포프(В. И. Акопов)와 가지예프(Ю. А. Гаджиев)의 연구에서는 추코카의 사회경제적 수준이 하위에 있었지만 최우익(2018) 연구에서는 상위로 높아졌다.

둘째, 나머지 6개 지역 즉, 아르한겔스크, 무르만스크, 사하, 카렐리야, 코미, 크라스노야르스크는 무엇보다도 러시아 국민 평균치보다도 극빈층 비율이 높다는 점에서 사회경제적으로 상황이 좋지 않다고 볼 수 있다.

셋째, 특히 카렐리야, 코미, 크라스노야르스크는 소득과 소비 수준이 다른 지역보다 낮거나 더 떨어지고 있다. 또한 삶의 질 지수도 하락하고 있다는 점에서 9개의 러시아 북극 지역 중에서 사회경제적 상황이 가장 좋지 않다고 평가할 수 있다.

이처럼 러시아 북극 지역의 사회경제적 상황에 관한 다양한 연구들이 진행되었는데, 본 연구는 2010년대에 초점을 두며 이 중에서도 2014년 서방의 경제 제재 이후 러시아 북극의 사회경제적 상황에 어떤 변화가 있었는지 살펴본다.

---

13) С. В. Макар, "Векторы пространственного развития Арктической зоны России," *Российская Арктика – территория права* (Москва-Салехард: Юриспруденция, 2015), с. 85-96.

14) 최우익, "러시아 북극권 주민의 사회·경제적 변화와 특성," 『러시아연구』, 제28권 제1호 (2018), pp. 207-238.

III. 러시아 북극권 주민의 사회경제적 상황과 2010년대의 변화

1. 인구 및 이주

[표 1] 러시아 북극 지역 인구 변화 추이

(단위: 천 명)

	1990	1995	2000	2005	2010	2015	2016	2017	2018	2019
러시아	148274	148292	146304	143236	142865	146545	146804	146880	146781	146749
카렐리	791	764	729	676	643	630	627	622	618	614
코미	1240	1133	1043	963	899	857	850	841	830	821
아르한	1517	1433	1328	1240	1183	1130	1122	1111	1100	1092
네네츠	52	43	41	42	42	*44*	*44*	*44*	*44*	*44*
무르만	1189	1037	923	839	794	762	757	754	748	741
야말	489	487	*498*	*517*	*525*	*534*	*536*	*538*	*541*	*544*
크라스	3163	3100	3001	2869	2829	*2866*	*2875*	*2876*	2874	2866
사하	1119	1020	958	954	*958*	*960*	*963*	*964*	*967*	*972*
추코카	158	84	57	52	51	50	*50*	*50*	*50*	*50*
합계	9,718	9,101	8,578	8,152	7,924	7,833	7,824	7,800	7,772	7,744

출처: 1990~2005년은 다음 자료에서 참고하여 표로 재구성, Росстат, *Регионы России. Социально-экономические показатели* (Москва: Росстат, 2010), с. 56-57; 2010~2019년은 다음 자료에서 재구성, Росстат, *Регионы России. Социально-экономические показатели* (Москва: Росстат, 2020), с. 43-44. 인구가 전 년과 비교해 증가하거나 유지된 연도는 붉고 굵은 이탤릭체로 표시했다.

러시아 총인구는 1990년대 초반 약 1억 4,800만 명이었다가 2000년대 후반 약 1억 4,200만 명까지 감소하였다. 그 후 인구가 증가하여 2010년대 후반 약 1억 4,700만 명이 되었다. 1990년대와 2000년대 후반까지 인구가 급감한 이유는 급속한 시장 개혁의 과도기적 후유증으로 나타난 낮은 출산율과 높은 사망률 현상 때문이었다. 계획적인 산아 제한이나 선진국형 인구구조에 의한 원인을 제외하고 이처럼 인구가 급감한 경우는 보통 해당 국가의 사회경제적 상황이 심각하게 불안정했기 때문에 나타난 현상으로 볼 수 있으며, 이 경우 인구의 증가는 사회경제적 상황의 회복으로 판단할 수 있다.

그런데 러시아 북극 지역 인구(법령으로 정한 러시아 북극 지역이 속해 있는 총

9개 주의 전체 인구)는 1990년 약 970만 명에서 2019년 약 770만 명으로 현재까지도 계속 감소하고 있다. 하지만 1990년대 약 114만 명 감소, 2000년대 65만 명이 감소한 데 반해, 2010년대에는 2019년 시점까지 18만 명이 감소하여 감소세가 완화하고 있음을 알 수 있다. 이중 야말로네네츠에서는 2000년대부터, 네네츠, 크라스노야르스크, 사하, 추코카에서는 2010년대부터 부분적으로 인구가 유지되거나 증가하는 현상이 나타나기 시작했다([표 1] 참조).

[표 2] 러시아 북극 지역 인구 자연증가율 추이

(단위: 천 명당 명수)

	1990	1995	2000	2005	2006	2007	2008	2009	2010	2011	2012	2013	2014	2015	2016	2017	2018	2019
러시아	2.2	-5.7	-6.6	-5.9	-4.8	-3.3	-2.5	-1.8	-1.7	-0.9	-0.0	0.2	0.2	0.3	-0.01	-0.9	-1.6	-2.2
카렐리	3.1	-7.9	-7.8	-8.2	-6.8	-5.3	-5.1	-4.0	-4.1	-2.8	-2.8	-2.7	-2.3	-3.1	-2.8	-4.3	-5.0	-5.3
코미	6.1	-3.5	-3.5	-4.1	-2.7	-0.8	-0.5	-0.4	-0.2	0.7	1.8	2.2	2.0	1.3	0.7	-0.3	-1.7	-2.4
아르한	3.7	-6.1	-7.5	-6.3	-4.9	-2.8	-2.6	-2.1	-2.3	-1.9	-1.2	-0.7	-0.9	-1.4	-1.9	-2.7	-3.7	-4.4
네네츠	10.3	0.7	0.3	2.3	1.1	3.0	3.6	4.8	4.7	4.7	7.1	5.7	7.9	8.4	9.6	6.6	5.1	4.7
무르만	5.4	-3.2	-3.0	-3.6	-2.9	-1.4	-1.3	-1.2	-0.2	0.0	0.5	0.9	0.3	0.3	-0.3	-0.8	-1.5	-2.4
야말	13.1	6.7	6.1	7.7	7.6	8.8	9.1	9.7	10.3	10.2	11.4	11.5	11.8	11.3	10.1	9.1	8.7	7.9
크라스	4.5	-4.2	-5.5	-4.9	-2.9	-1.5	-0.7	0.2	0.1	0.5	1.5	1.7	1.7	1.7	1.4	0.1	-0.7	-1.7
사하	12.7	5.5	4.0	4.1	4.7	6.4	6.1	7.0	7.0	7.7	8.5	8.8	9.2	8.6	7.6	6.4	5.9	5.4
추코카	10.1	1.3	1.9	3.9	3.7	4.1	2.7	1.2	0.9	2.5	2.6	2.6	2.8	4.1	3.6	3.7	1.6	1.4
평균	7.7	-1.2	-1.7	-1.0	-0.3	1.2	1.3	1.7	1.8	2.4	3.3	3.3	3.6	3.5	3.1	2.0	1.0	0.4

출처: 1990~2010년은 다음 자료에서 참고하여 표로 재구성, Росстат, *Регионы России. Социально-экономические показатели* (Москва: Росстат, 2011), с. 68-69; 2011~2019년은 다음 자료에서 재구성, Росстат, *Регионы России. Социально-экономические показатели* (Москва: Росстат, 2020), с. 75-76. 러시아통계청 자료에서 아르한겔스크주의 2010년 이전 수치는 네네츠 자치구가 포함되어 계산된 것이며, 2010년 수치부터는 아르한겔스크주와 네네츠 자치구가 따로따로 계산된 것이다. 자연증가율이 플러스 상태인 연도는 붉고 굵은 이탤릭체로 표시하였다.

한 나라의 인구구조는 인구의 자연 증감과 인구의 이주 등 주로 두 가지 요인에 의해 영향을 받는다. 1990년대부터 2012년까지 러시아에서는 시장 개혁의 후유증으로 인구의 자연감소 현상이 지속되었고,[15] 2013년부터 2015년까지 자연증가 현

---

15) 러시아의 총인구가 증가하기 시작한 것은 2009년부터였다. 그런데 이것은 후술하는 [표 3]에서 알 수 있듯이 국제이주민의 유입 때문이었다. 1990년대부터 현재까지 국제이주민은 항상 유출보다 유입 규모가 더 컸는데, 이러한 국제이주민의 유입 때문에 러시아의 총인구가 덜 감소했거나 증가하기도 한 것이다.

상이 나타났다가 2016년부터는 다시 자연감소 현상이 지속되고 있다. 2016년부터 자연감소 현상이 다시 나타난 이유는 2014년부터 서방의 경제 제재로 경제 사정이 악화한 결과로 풀이할 수 있다.

러시아 전체에서는 2013년부터 인구의 자연증가 현상이 나타난 데 반해, 북극 지역의 네네츠, 야말로네네츠, 사하, 추코카 등 소수민족 지역에서는 1990년대부터 지금까지 계속 인구의 자연증가 현상이 이어지고 있고, 코미, 무르만스크, 크라스노야르스크에서도 2010년대에 자연증가 현상이 시작되었다. 자연증가 현상이 나타났다는 것은 무엇보다도 해당 지역의 인구학적 상황이 안정되었다는 것을 의미한다.

그런데 2014년 서방의 경제 제재 여파로 러시아는 2016년부터 인구의 자연감소가 시작되었고, 북극 지역에서도 2014년 이후 자연증가세가 둔화하거나 일부 지역에서 자연감소 현상이 나타나기 시작하였다. 특히 카렐리야와 아르한겔스크에서는 자연감소세가 크다. 이것은 [그림 1]을 보면 잘 알 수 있다.

[그림 1] 2010년대 러시아 북극 지역 인구 자연증가율 추이

(단위: 천 명당 명수)

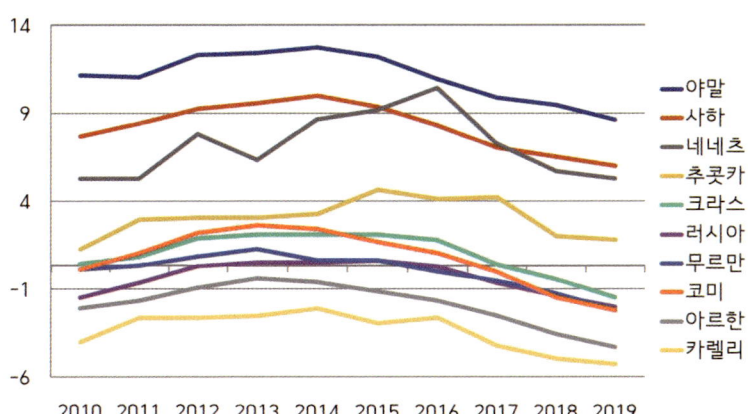

출처: [표 2]에서 2010년대 통계 수치를 꺾은선 그래프로 표현함. 2019년 기준으로 자연증가율이 높은 지역부터 위에서 아래로 꺾은선이 나열되어 있고 그래프 우측에 지역명이 표기되어 있음.

[표 3] 러시아 북극권 인구의 순이주 증감 추이

(단위: 만 명당 명수)

	1990	1995	2000	2005	2006	2007	2008	2009	2010	2011	2012	2013	2014	2015	2016	2017	2018	2019
러시아	19	44	25	20	22	25	25	24	19	22	21	21	19	17	18	14	9	19
카렐리	-35	-16	-13	-115	-93	-29	-33	-36	-54	-18	-15	-13	-7	-12	-16	-31	-21	-12
코미	-134	-176	-108	-163	-162	-98	-129	-109	-139	-112	-122	-120	-107	-102	-81	-112	-111	-94
아르한	-78	-88	-78	-72	-70	-46	-61	-49	-83	-81	-88	-85	-68	-72	-56	-70	-61	-28
네네츠	-169	-271	-62	-21	-26	-19	-47	*14*	-50	*32*	*12*	-3	*1*	*23*	-73	-53	-89	*18*
무르만	-77	-250	-165	-169	-156	-93	-105	-60	-69	-77	-101	-129	-65	-57	-57	-46	-59	-65
야말	-143	*120*	-22	-24	*4*	-45	-114	-79	-88	*118*	-21	-150	-112	-223	-65	-45	-32	-24
크라스	-27	-5	-16	-64	-54	-15	-8	-1	-15	*28*	*13*	*5*	*3*	*10*	*17*	*3*	-1	-10
사하	-60	-219	-92	-28	-29	-34	-69	-66	-71	-102	-87	-96	-70	-56	-43	-48	-31	-2
추코카	-355	-1269	-704	*73*	*64*	-56	-156	-196	-174	*102*	-66	-70	-30	-117	-103	-132	*48*	*111*

출처: 1990~2000년은 다음 자료에서 참고하여 표로 재구성, Росстат, *Регионы России. Социально-экономические показатели* (Москва: Росстат, 2011), с. 76-77; 2005~2012년은 다음 자료에서 재구성, Росстат, *Регионы России. Социально-экономические показатели* (Москва: Росстат, 2013), с. 79-80; 2013~2019년은 다음 자료에서 재구성, Росстат, *Регионы России. Социально-экономические показатели* (Москва: Росстат, 2020), с. 91-92. 러시아통계청 자료에서 아르한겔스크의 2010년 이전 수치는 네네츠가 포함되어 계산된 것이며, 2010년 수치부터는 아르한겔스크주와 네네츠 자치구가 따로따로 계산된 것이다. 순이주 증감률이 플러스인 연도는 붉고 굵은 이탤릭체로 표시하였다.

[표 3]에서 알 수 있듯이 무엇보다도 러시아 북극 지역에서 전체 인구가 계속 감소하는 원인은 다른 지역으로의 인구 유출이 큰 규모로 이루어지기 때문임을 알 수 있다. 러시아 전체에서는 국제이주민의 유출보다 유입 인구 규모가 항상 더 컸지만, 북극에서는 일부 지역(네네츠, 야말로네네츠, 크라스노야르스크, 추코카)의 몇몇 해를 제외하고 1990년대부터 현재까지 전체적으로 인구가 계속 유출되고 있다.

[표 2]에서 보는 바와 같이 북극 지역에서 인구의 자연증가 현상이 지속한 곳이 여럿 있음에도 북극 전체 인구가 계속 감소했던 이유는 바로 여전히 더 큰 규모로 인구가 지속해서 유출했기 때문이다. 2010년대에 들어와 몇몇 해 북극에서 유입 규모가 더 컸던 곳은 네네츠, 크라스노야르스크, 추코카 정도만을 꼽을 수 있다([표 3] 참조).

[표 4] 러시아 북극 지역 노동 가능 인구 비율 추이

(단위: %)

	1990	2000	2005	2006	2007	2008	2009	2010	2011	2012	2013	2014	2015	2016	2017	2018	2019
러시아	56.7	60.2	63.0	63.0	62.9	62.6	62.0	61.5	60.9	60.1	59.3	58.4	57.4	56.7	56.0	55.4	56.3
카렐리	57.8	61.8	64.3	64.1	63.5	62.9	62.0	**61.1**	**60.1**	**59.2**	**58.2**	**57.2**	**56.1**	**55.2**	**54.5**	**53.9**	**54.8**
코미	61.6	64.9	67.5	67.3	66.9	66.4	65.4	64.5	63.5	62.4	61.3	60.2	59.0	58.0	57.1	56.4	57.3
아르한	57.7	61.9	64.4	64.3	63.9	63.3	62.3	**61.3**	**60.3**	**59.2**	**58.2**	**57.2**	**56.1**	**55.2**	**54.5**	**54.0**	**54.9**
네네츠	61.1	62.9	65.8	65.9	65.6	64.8	63.7	62.9	62.1	61.2	60.5	59.6	58.6	57.6	56.8	56.0	57.0
무르만	64.5	67.9	68.6	68.3	67.6	67.0	66.1	65.3	64.4	63.6	62.5	61.6	60.6	59.7	59.1	58.6	59.6
야말	65.3	69.9	*72.6*	*72.7*	*72.2*	*71.6*	*70.7*	*70.1*	*70.1*	*69.6*	*68.6*	*67.6*	*66.2*	*65.1*	*64.3*	*63.6*	*64.3*
크라스	58.9	62.3	64.9	64.9	64.7	64.3	63.6	63.0	62.3	61.5	60.6	59.7	58.7	58.0	57.2	56.7	57.5
사하	60.8	62.6	65.3	65.5	65.3	65.1	64.4	63.9	63.1	62.3	61.4	60.5	59.5	58.8	58.1	57.6	58.6
추코카	67.7	69.5	*71.5*	*71.0*	*70.3*	*69.2*	*68.0*	*67.1*	*67.0*	*66.5*	*65.8*	*64.9*	*64.0*	*63.2*	*62.3*	*61.7*	*63.1*
평균	61.7	64.9	67.2	67.1	66.7	66.1	65.1	64.4	63.7	62.8	61.9	60.9	59.9	59.0	58.2	57.4	58.3

출처: 1990~2005년은 다음 자료에서 참고하여 표로 재구성. Росстат, *Регионы России. Социально-экономические показатели* (Москва: Росстат, 2012), с. 64-69; 2010~2019년은 다음 자료에서 재구성. Росстат, *Регионы России. Социально-экономические показатели* (Москва: Росстат, 2020), с. 51-56. 러시아통계청 자료에서 아르한겔스크의 2010년 이전 수치는 네네츠가 포함되어 계산된 것이며, 2010년부터는 아르한겔스크와 네네츠가 따로따로 계산된 것이다. 노동 인구 비율이 러시아 평균치보다 낮은 지역은 밑줄 그은 푸르고 굵은 글씨체로, 러시아 평균치보다 꽤 높은 비율(약 7~8%p)의 지역은 붉고 굵은 이탤릭체로 표시했다.

인구 문제는 사실 해당 국가나 지역에서 노동이 가능한 인구, 즉 노동력 확보 문제와 관련 있다. 러시아는 특히 1990년대 시장 개혁 과도기의 후유증으로 출산율이 급속히 낮아졌는데 이에 따라 노동 가능 인구(16~59(여: 54)세)[16]가 2000년대 중반부터 감소하기 시작하였다.

북극 지역도 이와 비슷한 추세이다. 다만 러시아 북극의 노동 가능 인구 비율은 러시아 평균치보다 꽤 높은 편이다. 예를 들어 1990년 러시아 평균은 56.7%인데, 러시아 북극은 61.7%로 약 5%가 높다. 그 이유는 북극이 인간이 보통 생활하기에 척박한 곳이어서 필수 노동 인구 중심으로 거주하는 편이기 때문이다([표 4] 참조).

그런데 러시아 전체와 북극 지역 노동 가능 인구 비율의 평균 차이가 2000년에는 4.7%. 2010년에는 2.9%, 2019년에는 2%로 줄고 있다. 이것은 그만큼 노동 가능

---

16) 2018년 연금법이 개정되면서 법적으로 남성은 65세, 여성은 60세로 노동 가능 연령이 높아졌지만, 러시아통계청 통계표에는 아직 반영되지 않고 있다.

인구가 이곳에서 많이 유출하기 때문에 나타난 현상으로 볼 수 있다. 게다가 2010년대에 들어와 카렐리야와 아르한겔스크는 러시아 평균치보다도 노동 가능 인구 비율이 낮아졌다. 이곳은 앞에서도 보았듯이 인구의 자연감소세 현상이 큰 지역이기도 하다. 반면에 야말로네네츠와 추코카의 노동 가능 인구 비율은 60%가 넘는다.

2. 소득 수준 및 빈곤 현상

[표 5] 러시아 북극 지역 취업률 추이

(단위: %)

	2010	2011	2012	2013	2014	2015	2016	2017	2018	2019
러시아	62.7	63.9	64.9	64.8	65.3	65.3	65.7	59.5	59.8	59.4
카렐리	62.2	62.2	62.3	61.1	61.7	61.9	62.2	55.8	54.8	55.0
코미	64.3	64.6	66.3	66.9	65.7	66.2	64.6	59.0	59.4	58.7
아르한	62.9	65.5	64.3	63.3	61.9	62.8	61.7	57.0	56.1	54.9
네네츠	68.7	65.4	66.7	66.7	67.4	66.2	67.1	60.4	60.5	62.1
무르만	69.0	67.5	69.2	69.0	69.3	69.3	68.8	64.8	63.2	64.2
야말	*73.0*	*75.4*	*76.3*	*74.6*	*75.1*	*72.6*	*75.1*	*73.3*	*74.5*	*74.4*
크라스	65.4	64.2	64.8	64.9	66.1	64.6	64.3	60.2	60.7	60.5
사하	62.0	62.0	64.2	65.2	65.4	65.6	64.5	63.0	63.3	63.3
추코카	*77.7*	*78.3*	*78.9*	*80.4*	*81.2*	*78.5*	*79.6*	*77.2*	*75.4*	*77.4*

출처: 2010~2016년은 다음 자료에서 참고하여 표로 재구성, Росстат, *Регионы России. Социально-экономические показатели* (Москва: Росстат, 2017), с. 194-195; 2017~2019년은 다음 자료에서 재구성, Росстат, *Регионы России. Социально-экономические показатели* (Москва: Росстат, 2020), с.с. 182. 러시아통계청에서 2010~2016년은 15~72세 중 취업자 비율을 산정했고, 2017년부터는 전 연령 중 취업자 비율을 산정해서 2017년부터는 취업자 비율이 꽤 낮아졌다. 이 글에서는 해당 연도의 러시아 평균치와 북극 지역을 비교하는 데에 초점을 둔다. 러시아 평균 취업률보다 낮은 북극 지역의 연도를 밑줄 그은 푸르고 굵은 글씨체로, 70%보다 높은 연도를 붉고 굵은 이탤릭체로 표시했다.

[표 4]에서 확인했듯이 러시아 북극의 노동 가능 인구 비율이 다른 지역보다 높은 만큼 [표 5]에서 보듯이 북극 지역의 취업률도 대체로 러시아 평균치보다 높다. 하지만 [표 4]에서 본 것처럼 2010년대에 러시아 평균치보다도 노동 가능 인구 비율이 낮았던 카렐리야에서는 취업률 역시 러시아 평균치보다 항상 낮았고, 아르한겔스크에서도 평균치보다 낮은 해가 많았으며, 2014년 이후에는 코미, 크라스노야르스크, 사하에서도 몇몇 낮은 해가 있었다. 취업률이 낮은 것은 그만큼 해당 지역

의 경제 활성도가 낮다는 것을 의미한다.

반면에 네네츠, 무르만스크, 야말로네네츠, 추코카는 러시아 평균치보다 항상 높았다. 특히 러시아 평균치보다 무르만스크는 약 4~5%p, 야말로네네츠와 추코카는 약 10~15%p 정도 취업률이 더 높다. 이러한 지역은 경제 활성도가 높다는 것을 의미한다.

[표 6] 러시아 북극권 주민의 1인당 월평균 소득 순위 추이 (85개 연방 주체 중)

	2000	2001	2002	2003	2004	2005	2006	2007	2008	2009	2010	2011	2012	2013	2014	2015	2016	2017	2018	2019
러시아									1~85											
카렐리	16	19	18	17	26	28	31	33	35	36	29	32	31	34	41	39	40	36	28	28
코미	8	5	5	7	12	11	13	10	13	14	12	15	15	15	15	15	18	19	17	18
아르한	21	17	19	19	24	22	23	23	20	19	19	18	19	21	20	20	19	18	19	19
네네츠	-	-	-	-	2	3	2	1	1	1	1	1	1	1	1	1	1	3	3	3
무르만	5	7	8	8	15	16	16	13	11	12	11	13	11	9	12	12	13	13	12	12
야말	-	-	-	-	3	2	3	3	2	3	3	3	2	2	2	2	2	1	1	2
크라스	10	10	12	13	21	24	26	19	19	20	26	21	21	20	30	31	29	30	25	26
사하	4	4	4	9	12	12	12	12	11	14	11	12	11	11	10	11	11	11	11	11
추코카	3	3	2	2	4	4	4	4	5	4	4	4	4	4	3	3	3	3	2	1
순위평균	9.6	9.3	9.7	10.0	12.9	13.6	14.4	13.1	13.1	13.3	13.1	13.1	12.9	13.0	15.0	14.8	15.1	14.8	13.1	13.3

출처: 연도마다 다음 자료에서 통계수치를 취합해 표로 재구성. Росстат, *Регионы России. Социально-экономические показатели* (Москва: Росстат, 2001), c. 110-111; Росстат(2002), 110-111; Росстат(2003), 126-127; Росстат(2004), 144-145; Росстат(2005), 32-35; Росстат(2006), 36-39; Росстат(2007), 36-39; Росстат(2008), 32-35; Росстат(2009), 34-37; Росстат(2010), 34-37; Росстат(2011), 32-35; Росстат(2012), 32-35; Росстат(2013), 32-35; Росстат(2014), 30-33; Росстат(2015), 30-33; Росстат(2016), 228-229; Росстат(2017), 242-243; Росстат(2018), 190-191; Росстат(2019), 198-199; Росстат(2020), 238-239. 2004년 통계수치부터는 그전에 산정되지 않았던 내부 소규모 자치구들의 순위가 새로 포함되면서(이들의 순위는 대체로 높다) 다른 지역들의 순위가 몇 계단씩 낮아졌다. 러시아통계청 자료에서 2013년 자료부터는 아르한겔스크와 네네츠의 순위가 각각 따로 산정되어 제시되었다. 그 이전에 아르한겔스크는 네네츠의 월평균 소득 수준 상황이 포함되어 순위가 산정되었다.

변경 지대인 러시아 북극 지역은 물가가 비싸고 최저생계비가 커서 기본적으로 높은 소득과 소비 수준이 보장되어야 삶의 유지가 가능하다. 따라서 북극 지역 대부분 1인당 월평균 소득 순위가 다른 러시아 지역보다 높은 편이다. 2010년대에 러시아 북극 지역의 1인당 월평균 소득 순위 평균은 85개 연방 주체 중에서 약 13~15위이다([표 6] 참조). 네네츠, 야말로네네츠, 추코카가 1~3위를 번갈아 차지하고 있다. 코미, 아르한겔스크, 무르만스크, 사하는 대체로 10위권 대를 유지하며, 카렐리야와 크라스노야르스크는 대체로 30위 전후를 차지한다.

2014년 서방의 경제 제재가 다른 러시아 지역보다 북극권 주민 소득 순위에 두드러진 영향을 미치지는 않았다. 2013년에 비해 2014년에 카렐리야가 7순위, 무르만스크가 3순위, 크라스노야르스크가 10순위 떨어졌고, 나머지 지역은 거의 비슷한 순위를 유지했다. 하지만 다음의 [표 7]에서 알 수 있듯이 2014년 서방의 경제 제재는 러시아 북극권 주민의 실질소득을 대부분 감소시켰다.

[표 7] 러시아 북극 지역 실질소득 변화 추이

(단위: %)

	2010	2011	2012	2013	2014	2015	2016	2017	2018	2019	평균
러시아	105.4	101.2	105.8	104.8	**99.2**	**96.4**	**95.5**	**99.8**	101.1	101.7	101.1
카렐리	103.8	100.0	108.7	100.0	**96.7**	**97.9**	**94.9**	100.7	102.3	100.8	100.6
코미	103.1	**97.7**	106.1	100.4	**94.7**	**90.9**	**94.7**	**97.5**	100.7	**97.4**	98.3
아르한	-	-	-	106.2	102.2	**95.1**	**93.0**	**98.7**	101.7	100.2	99.6
네네츠	101.4	**98.4**	110.9	101.6	**94.0**	**94.9**	**90.8**	100.9	105.9	**99.8**	99.9
무르만	**98.5**	**96.7**	107.6	105.8	**97.6**	**93.8**	**94.2**	100.2	102.0	100.8	99.7
야말	100.4	103.8	110.6	105.1	**98.3**	**98.4**	**99.8**	102.5	102.0	103.5	102.4
크라스	100.8	102.7	104.6	104.6	**95.1**	**98.6**	**97.7**	100.6	101.4	100.6	100.7
사하	102.9	103.4	105.9	103.5	100.8	100.4	**97.7**	**99.5**	102.4	102.7	101.9
추코카	106.0	109.5	105.9	102.5	102.6	**97.2**	**97.4**	103.6	104.3	101.5	103.1

출처: Росстат, *Регионы России. Социально-экономические показатели* (Москва: Росстат, 2020), с. 232-233. 실질소득률이 전 년과 비교해 100% 이하인 연도를 밑줄 그은 푸르고 굵은 글씨체로 표시했다.

2014~2017년 기간에 러시아는 실질소득이 전 해에 비해 감소했는데, 이것은 서방의 경제 제재 영향 때문이다. 북극 지역에서도 이 영향을 받아 대부분 지역에서 이 기간에 실질소득이 감소했다. 특히 카렐리야, 코미, 아르한겔스크, 네네츠, 무르만스크 등에서는 러시아 평균치보다도 실질소득 하락률이 높은 해가 많았다. 이것은 이 지역이 외부의 경제 충격에 좀 더 취약하다는 것을 의미한다.

2010년대 전체적으로 실질소득 변화율 평균을 보았을 때 추코카, 야말로네네츠, 사하만이 러시아 평균치보다 높으며, 이것은 그만큼 이 지역이 다른 북극 지역보다

주민의 경제적 사정이 양호했음을 보여준다. 반면에 코미, 아르한겔스크, 네네츠, 무르만스크는 실질소득 평균 비율이 100% 이하여서 2010년대 전체적으로 주민의 실질소득이 감소했음을 보여준다. 카렐리야, 크라스노야르스크는 100% 이상이지만 러시아 평균치보다는 낮다.

[표 8] 러시아 북극권 주민의 지니계수 변화 추이

	2010	2011	2012	2013	2014	2015	2016	2017	2018	2019	평균
러시아	0.421	0.417	0.420	0.419	0.416	0.413	0.412	0.410	0.413	0.411	0.42
카렐리	0.360	0.358	0.371	0.367	0.355	0.339	0.334	0.335	0.341	0.341	0.35
코미	0.427	0.420	0.423	0.421	0.406	0.405	0.391	0.382	0.382	0.379	0.40
아르한	0.383	0.381	0.389	0.368	0.368	0.358	0.364	0.375	0.366	0.364	0.37
네네츠	0.445	0.442	0.445	0.440	0.429	0.425	0.419	0.413	0.426	0.435	0.43
무르만	0.394	0.390	0.396	0.398	0.381	0.366	0.364	0.357	0.356	0.342	0.37
야말	0.431	0.432	0.440	0.439	0.429	0.422	0.423	0.423	0.435	0.437	0.43
크라스	0.427	0.426	0.424	0.423	0.408	0.398	0.400	0.391	0.392	0.390	0.41
사하	0.401	0.403	0.405	0.407	0.403	0.398	0.395	0.397	0.405	0.405	0.40
추코카	0.404	0.414	0.415	0.417	0.417	0.411	0.401	0.398	0.405	0.408	0.41

출처: 연도마다 다음 자료에서 통계수치를 취합하여 표로 재구성. Росстат, *Регионы России. Социально-экономические показатели* (Москва: Росстат, 2011), с. 162-163; Росстат(2012), 182-183; Росстат(2013), 176-177; Росстат(2014), 156-157; Росстат(2015), 226-227; Росстат(2016), 258-259; Росстат(2017), 272-273; Росстат(2018), 220-221; Росстат(2019), 230-231; Росстат(2020), 270-271. 러시아통계청 자료에서 2013년 통계수치부터는 아르한겔스크와 네네츠의 수치가 독립적으로 제시된 것이다. 지역마다 지니계수가 0.4 이상인 연도를 붉고 굵은 이탤릭체로 표시했다.

지니계수는 빈부격차의 정도를 나타내는데, 0.4 이상이면 빈부격차가 상당히 심하다는 것을 뜻한다. 러시아는 2010년 최대 0.421이었는데 그 후 점차 낮아져 2019년에는 0.411이 되었다. 일정 지역 혹은 국가의 경제가 발전하면서 그에 속한 일부 집단의 소득이 높아지고 소득 격차 현상이 나타남에 따라 지니계수가 높아지는데, 빈부격차를 해소해야 한다는 점은 중요한 사회경제적 과제이지만, 한편 이러한 현상은 경제 발전에 따른 일부 집단의 소득 증대 결과라는 긍정적 신호를 의미하기도 한다. 물론 일부 집단뿐이 아니라 전체 집단의 소득이 골고루 증대하는 것이 가장 바람직한 사회구조이지만 사실 이것은 현대 사회에서 상당히 실현되기 힘든 구조이다.

북극 지역에서는 네네츠, 야말로네네츠의 지니계수가 상당히 높아 2010년대 평균은 0.43에 달한다. 코미, 크라스노야르스크, 사하, 추코카도 평균이 0.4 이상이지만 러시아 평균치보다는 낮다. 카렐리야, 아르한겔스크, 무르만스크는 0.4 미만이다.

[표 9] 러시아 북극권 주민의 최저생계비 이하 소득자 비율 추이

(단위: %)

	2000	2005	2006	2007	2008	2009	2010	2011	2012	2013	2014	2015	2016	2017	2018	2019
러시아	29.0	17.8	15.2	13.3	13.4	13.0	12.5	12.7	10.7	10.8	11.3	13.4	13.2	12.9	12.6	12.3
카렐리	22.3	15.9	14.6	*16.0*	*15.6*	*15.8*	*14.9*	*15.7*	*13.6*	*13.4*	*14.1*	*16.2*	*16.7*	*16.5*	*15.6*	*15.7*
코미	26.3	14.9	14.6	*13.8*	*15.1*	*16.5*	*15.6*	*16.3*	*13.4*	*14.0*	*14.9*	*15.6*	*16.1*	*15.7*	*14.9*	*15.5*
아르한	*33.5*	17.5	*17.2*	*15.9*	*14.4*	*13.6*	*13.7*	*14.0*	*13.0*	*14.5*	*14.5*	*16.2*	*14.9*	*13.9*	12.5	*12.7*
네네츠	*37.9*	9.0	8.0	5.7	5.6	7.3	7.5	7.7	6.5	7.8	8.9	9.4	10.1	10.6	9.7	9.4
무르만	24.9	*19.1*	*17.4*	*14.6*	*13.8*	*13.2*	*13.2*	*13.6*	*11.1*	*11.0*	11.0	12.7	12.0	11.3	9.9	10.6
야말	11.1	8.4	6.8	6.5	6.2	7.4	7.3	7.4	6.4	6.4	6.7	7.5	7.1	6.1	5.8	5.6
크라스	24.4	*21.4*	*19.2*	*15.8*	*16.2*	*17.7*	*17.9*	*18.1*	*15.6*	*15.6*	*17.0*	*18.9*	*18.4*	*17.6*	*17.1*	*17.3*
사하	28.3	*20.0*	*18.9*	*20.3*	*19.0*	*19.6*	*19.0*	*18.6*	*16.7*	*16.8*	*18.0*	*19.4*	*19.8*	*19.6*	*18.6*	*17.8*
추코카	*50.1*	15.1	14.2	13.3	12.0	11.9	10.3	9.0	7.7	7.5	7.6	8.6	8.6	8.5	8.8	8.5

출처: 2000~2009년은 다음 자료를 참고하여 표로 재구성, Росстат, *Регионы России. Социально-экономические показатели* (Москва: Росстат, 2013), c. 184-185; 2010~2019년은 다음 자료에서 재구성, Росстат, *Регионы России. Социально-экономические показатели* (Москва: Росстат, 2020), c. 278-279. 러시아통계청 자료에서 2010년 통계수치부터는 아르한겔스크와 네네츠의 수치가 독립적으로 제시된 것이다. 극빈층 비율이 러시아 평균치보다 높은 연도를 붉고 굵은 이탤릭체로 표시했다.

최저생계비 이하 소득자는 극빈층을 뜻한다. 러시아 극빈층은 2000년에 거의 30%에 달했지만, 2012년 10.7%까지 낮아졌다. 하지만 2014년 서방의 경제 제재 이후 2015년 13.4%까지 높아졌다가 2019년에 12.3%로 좀 낮아졌다.

극빈층 비율은 사실 해당 지역의 사회경제적 상황을 가장 잘 보여주는 지표 중 하나인데, 북극 지역 중 다수가 러시아 평균치보다 높은 극빈층 비율을 보여주고 있다. 카렐리야, 코미, 아르한겔스크, 크라스노야르스크, 사하가 이에 해당한다. 특히 2010년대에 크라스노야르스크와 사하의 극빈층 비율이 높다. 반면에 2010년대에 네네츠, 야말로네네츠, 추코카의 극빈층 비율은 대체로 10% 미만이다. 추코카의 경우 이 세 지역 중 지니계수가 가장 낮으며, 1인당 월평균 소득 순위가 1위이고,

극빈층 비율도 낮은 편이어서 사회경제적으로 안정적이라고 평가할 수 있다. 무르만스크는 2010년대 초반까지는 러시아 평균치보다 높았지만, 2014년부터 러시아 평균치보다 극빈층 비율이 낮아졌다.

러시아 북극 지역 대부분이 2010년대 초반에 다소 극빈층 비율이 낮아지는 추세였는데, 2014년부터 급증하여 서방의 경제 제재로 사회경제적 상황이 악화했음을 보여준다. 하지만 대체로 2016~17년부터는 극빈층 비율이 조금씩 낮아지고 있다([그림 2] 참조).

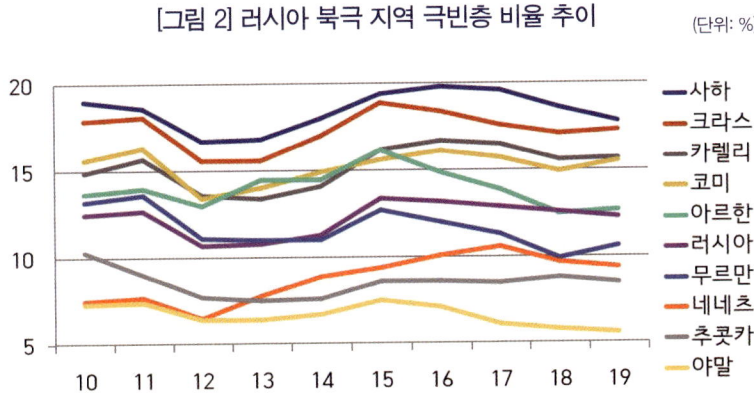

[그림 2] 러시아 북극 지역 극빈층 비율 추이 (단위: %)

출처: [표 9]에서 2010년대 통계 수치를 꺾은선 그래프로 표현함. 2019년 기준으로 극빈층 비율이 높은 지역부터 위에서 아래로 꺾은선이 나열되어 있고 그래프 우측에 지역명이 표기되어 있음.

3. 소비와 삶의 질 수준

[표 10] 러시아 북극권 주민의 1인당 월평균 소비 순위 추이 (85개 연방 주체 중)

	2000	2001	2002	2003	2004	2005	2006	2007	2008	2009	2010	2011	2012	2013	2014	2015	2016	2017	2018	2019
러시아									1 ~ 85											
카렐리	22	26	23	22	29	30	30	34	46	47	42	38	39	39	36	37	37	33	31	29
코미	10	8	8	8	9	8	7	7	10	13	10	14	14	18	19	23	33	31	33	34
아르한	36	22	25	21	25	29	29	29	27	25	25	23	23	25	22	19	18	19	19	19
네네츠	-	-	-	-	15	19	16	15	15	11	15	13	13	13	14	14	14	14	14	15
무르만	6	7	10	10	14	9	11	11	11	9	8	9	10	9	8	12	12	12	13	13
야말	-	-	-	2	2	2	2	2	2	2	3	3	3	3	3	3	4	5	4	6
크라스	11	14	14	14	22	22	27	20	20	24	23	24	22	22	27	33	34	36	34	32
사하	7	10	6	6	10	10	9	12	13	12	13	16	19	19	15	13	11	11	10	10
추코카	20	3	2	2	4	12	19	27	29	14	19	21	27	32	46	34	31	15	16	14
평균	16.0	12.9	12.6	11.9	14.4	15.7	16.7	17.4	19.2	17.4	17.6	17.9	18.9	20.0	21.1	20.9	21.6	19.6	19.3	19.1

출처: 연도마다 다음 자료에서 통계수치를 취합하여 표로 재구성, Росстат, *Регионы России. Социально-экономические показатели* (Москва: Росстат, 2001), с. 132-133; Росстат(2002), 134-135; Росстат (2003), 150-151; Росстат(2004), 170-171; Росстат(2005), 168-169; Росстат(2006), 180-181; Росстат(2007), 180-181; Росстат(2008), 180-181; Росстат(2009), 190-191; Росстат(2010), 186-187; Росстат(2011), 170-171; Росстат(2012), 192-193; Росстат(2013), 186-187; Росстат(2014), 166-167; Росстат(2015), 236-237; Росстат(2016), 268-269; Росстат(2017), 282-283; Росстат(2018), 230-231; Росстат(2019), 240-241; Росстат(2020), 280-281. 러시아통계청 자료에서 2013년 자료부터는 아르한겔스크와 네네츠의 순위가 각각 따로 산정되어 제시된 것이다. 그 이전에 아르한겔스크는 네네츠의 월평균 소비 수준 상황이 포함되어 순위가 산정되었다.

러시아 북극 지역의 소득 수준은 높은 편이다. 하지만 소득 수준만큼 소비와 지출이 이루어져야 윤택한 삶을 누린다고 볼 수 있다. 이것은 삶의 질 수준을 유추하는 데에도 중요한 지표가 된다. 그런데 북극권 주민의 소비 수준은 소득 수준보다 대체로 낮다. 2010년대 북극 지역의 매년 소득 순위 평균은 85개 연방 주체 중 대략 13~15위이지만([표 6] 참조), 소비 순위는 17~21위이다([표 10] 참조). 게다가 2000년대보다 2010년대에 소비 순위가 더 떨어져서 부정적이라고 평가할 수 있다.

2010년대 후반 카렐리야, 크라스노야르스크, 코미의 순위는 30위 전후이다. 특히 코미와 크라스노야르스크는 2014년 이후 순위가 급격히 낮아지고 있다. 야말로네네츠는 2019년 시점 6위이며 나머지 5개 지역은 대략 10~20위 사이에 있다. 추코카는 2014년 46위였는데 그 이후 순위가 급격히 올라가 2019년 14위가 되었다.

[표 11] 러시아 리아레이팅 북극 지역 삶의 질 종합순위 추이 (85개 연방 주체 중)

	2012	2013	2014	2015	2016	2017	2018	2019	2020
러시아	1~83위			1~85위					
카렐리	54	61	65	70	70	70	74	73	72
코미	46	50	53	60	59	65	64	69	71
아르한	63	64	67	74	71	74	75	74	75
네네츠	71	62	62	69	68	67	67	66	73
무르만	42	45	51	49	48	42	36	36	43
야말	29	36	45	24	24	16	12	12	11
크라스	33	47	47	43	43	38	45	38	46
사하	67	70	70	72	71	71	72	70	65
추코카	72	71	77	79	77	78	70	68	61
평균	53.0	56.2	59.7	60.0	59.0	57.9	57.2	56.2	57.4

출처: 다음 자료들로부터 수치를 취합해 표로 재구성, РИАРейтинг, Рейтинг регионов РФ по качеству жизни (Москва: Рейтинговое агентство РИА Рейтинг, 2013), с. 12-15; РИАРейтинг(2014), 20-23; РИАРейтинг(2016), 23-24; РИАРейтинг(2017), 24-25; РИАРейтинг(2018), 21-22; РИАРейтинг(2018), 24-25; РИАРейтинг(2019), 24-25; РИАРейтинг(2020), 22-23.

러시아 언론사인 리아노보스티(РИА Новости)의 전문 평가기관인 리아레이팅(РИА Рейтинг)은 2012년부터 매년 러시아 각 지역의 삶의 질을 측정하여 발표하고 있다. 리아레이팅 삶의 질 보고서는 소득 수준, 주택 여건, 사회 기반, 생태 기후, 거주 안전, 인구 상황, 건강 교육, 영토개발, 경제 발전, 소기업 등에 대해 종합적으로 분석하여 각 지역의 삶의 질 순위를 평가하고 있다. 또한 지역 주민의 개인적 지표뿐 아니라 사회 및 자연환경에 대한 지표를 다양하게 포함하고 있어 이 보고서를 통해 해당 지역 삶의 질 수준을 종합적으로 파악할 수 있다. 이 보고서에서 북극 지역만을 뽑아 작성한 것이 [표 11]이다.

리아레이팅의 러시아 지역별 삶의 질 종합순위에 따르면 2020년 시점 북극 지역 중 야말로네네츠만 11위로 상위권에 있고 나머지 지역 대부분은 중하위권에 있다. 무르만스크, 크라스노야르스크는 중위권, 나머지는 하위권이다. 북극 지역 평균 순위는 2012년에는 53위였는데 2015년에 60위로 가장 낮았다가, 2019년에는 56.2위까지 올랐다.

2014~2016년에 러시아 북극 지역의 삶의 질 평균 순위가 59~60위로 가장 낮았는데([표 11] 참조), 역시 이것도 서방의 경제 제재 영향을 받은 것으로 볼 수 있다. 야말로네네츠, 무르만스크, 크라스노야르스크를 제외하고 나머지 북극 지역의 삶의 질 순위가 2014년 이후 낮아졌다([그림 3] 참조). 러시아의 다른 지역보다 순위가 더 낮아졌다는 점은 그만큼 북극 지역이 외부의 충격에 상대적으로 더 취약하다는 것을 뜻한다. 그 외에 북극 지역의 삶의 질 순위가 대부분 낮은 이유는 특히 생태 기후, 영토개발 순위가 매우 낮기 때문임을 주목할 필요가 있다. 이것은 북극 지역이 안고 있는 자연적, 사회적 환경 문제이다. 이외에도 건강과 교육, 소기업 발전 순위가 대체로 중하위권인 점도 종합순위를 낮추는 한 원인이다.[17]

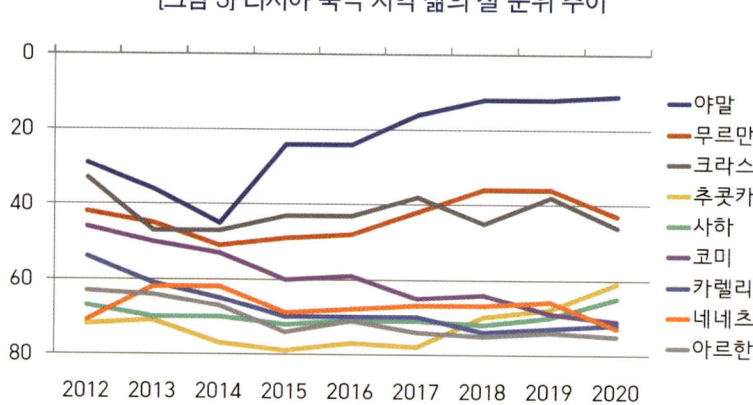

[그림 3] 러시아 북극 지역 삶의 질 순위 추이

출처: [표 11]의 통계표를 꺾은선 그래프로 표현함. 2019년 기준으로 삶의 질 순위가 높은 지역부터 위에서 아래로 꺾은선이 나열되어 있고 그래프 우측에 지역명이 표기되어 있음.

---

17) 이에 대해서는 다음 참조. 최우익, "러시아 북극권 주민의 사회·경제적 변화와 특성," 『러시아연구』, 제28권, 제1호 (2018), pp. 228-232.

Ⅳ. 결론

러시아 북극권 주민의 2010년대 사회경제적 상황을 종합하면 다음과 같이 요약할 수 있다. 북극 인구는 계속 감소하고 있지만, 1990년대, 2000년대 등 이전 시대와 비교하여 감소세는 둔화하고 있으며 일부 지역에서는 인구가 유지되거나 증가하는 현상이 나타나기 시작했다. 특히 대부분 지역에서 인구의 자연증가 현상이 나타나는데, 다만 역시 대부분 지역에서 인구의 유출이 더 큰 규모로 이루어지기 때문에 여전히 총인구가 감소하는 실정이다. 또한, 2014년 서방의 경제 제재로 인구의 자연증가세가 좀 약화했다. 북극 지역의 노동 가능 인구 비율은 러시아 평균치보다 꽤 높은 편이지만, 그 이전 시대와 비교하여 2010년대에 그 차이는 점차 줄고 있으며, 일부 지역은 러시아 평균치보다도 노동 가능 인구 비율이 낮아졌다.

평균적으로 러시아 북극 지역의 취업률은 대체로 러시아 전 지역 평균치보다 높은 편이지만, 2010년대에 러시아 평균치보다 취업률이 낮은 일부의 북극 지역들이 나타나고 있다. 하지만 일부 지역은 러시아 평균치보다 약 10~15% 초과할 정도로 취업률이 높다. 북극 지역의 1인당 월평균 소득 순위는 대체로 상위권에 속한다. 하지만 2014년 경제 제재 이후 과반의 지역에서 러시아 평균치보다도 실질소득이 낮아지는 현상이 2~3년간 나타났다. 2010년대에 일부 지역을 제외하고 대부분 지역의 지니계수는 러시아 평균치보다 낮다. 하지만 과반의 지역에서 러시아 평균치보다 극빈층 비율이 높은데 이것은 시급히 해결해야 할 중대한 사회적 과제이다. 하지만 일부 지역에서는 러시아 평균치보다 실질소득 수준도 높으며, 극빈층 비율도 낮아서 양호한 사회경제적 상황을 보인다.

러시아 북극권 주민의 소득 수준보다 소비 수준이 낮아서 이것은 그만큼 삶의 질이 떨어진다는 것을 의미한다. 또한, 일부 지역은 2014년 이후 소비 수준이 더 떨어졌다. 2010년대 삶의 질을 종합적으로 측정했을 때 일부 지역을 제외하고 다수

지역의 삶의 질은 열악하다고 평가할 수 있다. 또한, 일부 지역은 2014년 경제 제재 이후 삶의 질이 더 악화했다.

대체로 2010년대에 러시아 북극 지역에서 인구 문제는 점차 해소되는 과정에 있지만, 소득과 빈곤 문제는 더 첨예화하고 있어 지역 간 사회경제적 계층화가 진행되고 있으며, 삶의 질은 여전히 열악한 수준에 있다고 평가할 수 있다. 하지만 이러한 종합적인 상황에서도 각 지역은 자신만의 독특한 사회경제적 특징과 양상을 지니고 있다.

[표 12] 러시아 북극권 주민의 사회경제적 상황에 대한 지표별 평가치

	총인구	자연증감	이주	노동인구	취업률	소득	실질소득	지니계수	극빈층	소비	삶의질
카렐리	하	하	하	하	하	하	중	상	하	하	하
코미	하	중	하	중	중	중	하	중	하	하	하
아르한	하	하	하	하	하	중	하	상	하	중	하
네네츠	중	상	상	중	중	상	하	하	상	중	하
무르만	하	중	하	중	상	중	하	상	중	중	중
야말	상	상	중	상	상	상	상	하	상	상	상
크라스	상	중	상	중	중	하	중	중	하	하	중
사하	상	상	하	중	중	중	상	중	하	중	하
추코카	중	상	상	상	상	상	상	중	상	중	하

III장에서 러시아 북극권 주민의 사회경제적 상황에 대한 총 11개의 사회경제적 지표를 분석했는데, 지역마다 지표별 분석 결과를 상중하 세 단계의 평가치로 나누어 정리한 것이 [표 12]이다. 이러한 평가는 절대적 기준이 아닌 지역별 비교에 따른 상대적 기준에 의한 것이다. 이에 따라 러시아 북극권 주민의 사회경제적 상황을 다음과 같이 크게 세 가지로 구분할 수 있다.

첫째, 양호한 사회경제적 지역으로 야말로네네츠와 추코카를 꼽을 수 있다. 이 지역에서는 인구, 소득, 소비의 거의 전 영역이 양호한 수준이다. 다만 야말로네네츠는 지니계수가 높다는 점, 추코카는 삶의 질이 떨어진다는 점에서 일부 문제가 있다.

둘째, 중간 수준의 사회경제적 지역으로 네네츠, 무르만스크, 크라스노야르스

크, 사하를 들 수 있다. 본 연구에서 살펴본 사회경제적 지표들의 평가치는 이들 지역에서 다양한 양상을 띠지만 상, 중, 하에 골고루 분포해 있다. 이 지역들에서 주목할 만한 대표적 특징을 각각 꼽는다면 다음과 같다. 2010년대에 네네츠의 극빈층 비율은 낮지만, 실질소득이 감소하고 있다. 무르만스크의 취업률은 좋은 편이지만, 역시 실질소득이 감소세에 있다. 크라스노야르스크의 인구학적 상황은 양호한 편이지만, 극빈층 비율이 높다. 사하의 실질소득은 증가세이지만, 극빈층 비율이 높다. 이들 지역에서는 일부 사회경제적 지표의 수준은 높지만, 일부 지표의 수준은 낮은 양상을 공통으로 보인다. 따라서 이들 지역의 사회경제적 상황은 전체적으로 양호한 것도 아닌, 불안정한 것도 아닌 중간 수준으로 평가할 수 있다.

셋째, 불안정한 사회경제적 지역으로 카렐리야, 코미, 아르한겔스크를 꼽을 수 있다. 이들 지역의 사회경제적 지표들의 평가치는 대부분 중하위 수준에 있다. 유일하게 카렐리야와 아르한겔스크의 지니계수가 낮다는 점은 긍정적으로 평가할 수 있지만, 이것은 앞에서도 설명한 것처럼 이 지역의 산업 발전이 침체하여 나타난 현상으로 판단되어 큰 의미가 없다. 특히 카렐리야의 사회경제적 상황이 가장 안 좋은 것으로 평가할 수 있다.

러시아 북극권 주민의 2010년대 중반까지의 사회경제적 상황을 분석한 이전의 연구 결과와 비교했을 때, 네네츠가 사회경제적으로 상위에서 중위 수준의 지역으로 떨어졌고, 또한 아르한겔스크가 중위에서 하위 수준의 지역으로 떨어졌다는 점을 이 연구에서 발견할 수 있었다. 반면에 크라스노야르스크는 하위에서 중위 수준으로 사회경제적 상황이 다소 개선되었다. 대체로 러시아 북서연방관구에 있는 북극권 주민의 사회경제적 상황이 불안정하다. 또한, 북극 지역 대부분의 삶의 질 수준이 낮다는 점에서 러시아 정부의 북극권 주민 삶의 질 개선 프로젝트를 시급히 현실화할 필요가 있다.

2014년 서방의 경제 제재는 러시아 북극에도 상흔을 남겼다. 일부 지역의 인구

감소세가 러시아 평균치를 웃돌았으며, 특히 실질소득 감소율이 러시아 평균치보다 더 높은 지역이 과반이었다. 또한 경제 제재로 러시아 평균치보다 극빈층 비율이 더 높은 북극 지역이 과반이었다는 점에 주목할 필요가 있다. 이러한 점들로 러시아의 다른 지역보다 북극권 주민이 서방의 경제 제재로 인한 충격을 더 크게 받았다고 할 수 있으며 이를 통해 러시아 북극 지역의 사회경제적 구조는 상대적으로 다른 러시아 지역에 비해 취약하다고 평가할 수 있다. 이로 인한 사회경제적 상황의 악화는 약 2~3년간 지속되었는데, 대략 2017~18년부터는 사회경제적 상황이 회복되고 있다. 아직 통계 자료가 확보되지 않아 2020년 코로나 상황을 이 연구에서 다룰 수 없었는데, 러시아 북극은 외부의 자극에 더 민감하게 반응하고 취약한 구조임을 고려할 때 코로나 상황으로 인한 사회경제적 악화가 러시아의 다른 지역보다 더 심각하게 진행했을 수 있다. 이에 관한 연구는 후속 과제로 남긴다.

주민이 사회경제적으로 양호한 수준에 있는 지역으로 야말로네네츠와 추코카를 꼽을 수 있으며, 불안정한 지역으로 주로 북서연방관구에 있는 지역들을 꼽을 수 있는데, 이러한 차이가 난 배경은 해당 지역의 산업개발 수준과 지역 정부 정책의 영향이 주원인인 것으로 추정된다. 이에 관한 연구는 별도의 후속 과제로 남기며, 이 연구에서는 러시아 북극권 주민의 사회경제적 상황을 분석함으로써 이들이 러시아 전체에서 차지하는 사회경제적 위치를 파악하고 북극 지역 간의 공통점과 차이점을 구분함으로써 러시아 북극권 주민의 사회경제적 상황을 비교 연구한 데에 의의를 둔다. 이러한 연구 결과를 바탕으로 북극 각 지역에 대한 더 세밀한 연구를 지속해 나갈 수 있을 것이다.

참고문헌

제성훈·민지영. 『러시아의 북극개발 전략과 한·러 협력의 새로운 가능성』. 서울: 대외경제정책연구원, 2013.

최우익. "러시아 북극권 주민의 사회·경제적 변화와 특성." 『러시아연구』, 제28권, 제1호. 2018.

최우익. "러시아 북극 지역의 인구학적 특성: 인구와 이주민 추이 분석." 『국제·지역연구』, 제28권, 제1호. 2019.

Акопов, В. И. и Гаджиев, Ю. А. "Социальное развитие регионов Севера России." *Проблемы прогнозирования*, № 5 (2008).

Ефимов, В. С. и Лантева, А. В. "Будущее циркумполярных территорий: проблемы воспроизводства северных этносов." *Макрорегион Сибирь: проблемы и перспективы развития*. Москва: ИНФРА-М, 2016.

Иванченко, Л. А. и Гневко, В. А. *Организационные и правовые приоритеты управления региональной экономикой*. СПб.: Бизнес-центр, 2006.

Макар, С. В. "Векторы пространственного развития Арктической зоны России." *Российская Арктика – территория права*. Москва-Салехард: Юриспруденция, 2015.

РИАРейтинг. *Рейтинг регионов РФ по качеству жизни*. Москва: Рейтинговое агентство РИА Рейтинг, 2013.

РИАРейтинг. *Рейтинг регионов РФ по качеству жизни*. Москва: Рейтинговое агентство РИА Рейтинг, 2014.

РИАРейтинг. *Рейтинг регионов РФ по качеству жизни*. Москва: Рейтинговое агентство РИА Рейтинг, 2016.

РИАРейтинг. *Рейтинг регионов РФ по качеству жизни*. Москва: Рейтинговое агентство РИА Рейтинг, 2017.

РИАРейтинг. *Рейтинг регионов РФ по качеству жизни*. Москва: Рейтинговое агентство РИА Рейтинг, 2018.

РИАРейтинг. *Рейтинг регионов РФ по качеству жизни*. Москва: Рейтинговое агентство РИА Рейтинг, 2019.

РИАРейтинг. *Рейтинг регионов РФ по качеству жизни*. Москва: Рейтинговое агентство РИА Рейтинг, 2020.

Росстат. *Регионы России. Социально-экономические показатели*. Москва: Росстат, 2001.
Росстат. *Регионы России. Социально-экономические показатели*. Москва: Росстат, 2002.
Росстат. *Регионы России. Социально-экономические показатели*. Москва: Росстат, 2003.
Росстат. *Регионы России. Социально-экономические показатели*. Москва: Росстат, 2004.
Росстат. *Регионы России. Социально-экономические показатели*. Москва: Росстат, 2005.
Росстат. *Регионы России. Социально-экономические показатели*. Москва: Росстат, 2006.
Росстат. *Регионы России. Социально-экономические показатели*. Москва: Росстат, 2007.
Росстат. *Регионы России. Социально-экономические показатели*. Москва: Росстат, 2008.
Росстат. *Регионы России. Социально-экономические показатели*. Москва: Росстат, 2009.
Росстат. *Регионы России. Социально-экономические показатели*. Москва: Росстат, 2010.
Росстат. *Регионы России. Социально-экономические показатели*. Москва: Росстат, 2011.
Росстат. *Регионы России. Социально-экономические показатели*. Москва: Росстат, 2012.
Росстат. *Регионы России. Социально-экономические показатели*. Москва: Росстат, 2013.
Росстат. *Регионы России. Социально-экономические показатели*. Москва: Росстат, 2014.
Росстат. *Регионы России. Социально-экономические показатели*. Москва: Росстат, 2015.
Росстат. *Регионы России. Социально-экономические показатели*. Москва: Росстат, 2016.
Росстат. *Регионы России. Социально-экономические показатели*. Москва: Росстат, 2017.
Росстат. *Регионы России. Социально-экономические показатели*. Москва: Росстат, 2018.
Росстат. *Регионы России. Социально-экономические показатели*. Москва: Росстат, 2019.
Росстат. *Регионы России. Социально-экономические показатели*. Москва: Росстат, 2020.

"Арктическая зона российской федерации." https://yandex.ru/images/search?text=российская%20арктичкеская%20зона&stype=image&lr=114981&source=wiz&p=3&pos=182&rpt=simage&img_url=https%3A%2F%2Fb-port.com%2Fcache%2Fnews%2F7dd%2F36868-688xW.jpg (검색일: 2020.05.25).

"Путин утвердил документ об основах госполитики в Арктике до 2035 года." https://ru.arctic.ru/infrastructure/20200306/931386.html (검색일: 2021.10.13).

"Тенденции развития регионов севера России." http://works.doklad.ru/view/gTDKjajXfzE/all.htm (검색일: 2016.06.17).

제2장

극지활동진흥법의 제정과 평가*

김 봉 철**

〈요약〉

현대 사회에 들어 남극과 북극을 포함한 극지 지역에서 발생하고 있는 지구온난화 및 기후변화, 소수민족 및 고유문화 보존, 지속가능한 개발, 군사안보적 대결과 같은 지정학적 문제들로 인해 극지역에 대한 국제사회 및 국가들의 관심이 지속적으로 증가하고 있다. 극지는 미래 자원의 보고이자 기회의 공간인 동시에 다양한 갈등과 문제들이 발생하고 있는 곳으로 각각 북극과 남극에 관한 규율체계와 관련 규범들은 국제법의 법원과 규율방식에서 각기 다른 특성을 가지기 때문에 법제간 조화를 통해 규범의 차이를 줄이고 국제사회의 의견을 조화시키기 위한 노력이 필요한 상황이다.

---

* 이 글은 2021년 10월 29일 인천 송도에서 개최된 한국외대 극지연구센터 학술대회의 발표 자료를 기초로 보완한 것임.
** 한국외국어대학교 국제학부/EU연구소 교수/소장, 법학박사

이렇듯 극지역에 대한 중요성이 증가하고 있는 상황에서 미국, 캐나다, 러시아 및 극지 지역과 인접한 일부 유럽국가들과 중남미 국가들은 전통적으로 관련 지역에 대한 국제사회의 문제의식을 이끌고, 국제법 및 자국에서 적용하는 국내법을 마련하는 등 실효성 있는 정책을 추진하고 있다. 반면 한국의 경우, 오랫동안 극지역에 대한 관심이 떨어졌으나 이 지역에 대한 이해관계가 증가함에 따라 극지 관련 논제에 능동적인 정책을 펼치고 있으며 그 결과 2021년 10월부터 극지활동진흥법이 본격적으로 발효되었고, 이에 따른 하위규범들이 마련되어 있다.

이에 본 연구는 극지와 관련된 국제법의 발전에 대해 살펴보고, 최근 제정된 한국의 극지활동진흥법을 분석한다. 특히 극지활동진흥법의 분석을 통해 조항의 구성과 그 내용을 이해하고, 극지활동진흥법의 효과적인 실행과 발전을 위해 극지역에 대한 국제법 및 기존 국내법들과의 관계 및 정책적 조화가 가능한 방법에 대한 논의를 시도한다.

I. 서론: 극지활동에 대한 법 그리고 한국의 극지활동 진흥법 제정

현대 사회에서 극지역의 관심이 증폭되고 있다. 미래 자원의 보고로서 기회의 공간인 동시에 국제적 논제인 기후변화의 진원지이자 결과인 극지에 관한 중요성이 국제사회에서 증대되고 있다. 남극과 북극 지역을 일컫는 극지(劇地)[1]에서 심각

---

1) 극지(劇地)는 여러 목적에 따라서 그 범위는 달리 정의될 수 있으나, 일반적으로 북위와 남위 각각 66도 이상의 지역을 포괄한다. 북극에는 북미, 러시아 유럽의 8개의 국가가 인접해 있으며, 남극 지역은 남극대륙과 남아메리카 일부 지역을 포함하며 오세아니아의 뉴질랜드와 가깝다. 북극과 남극에 가까운 국가들은 개별적인 이해관계에 따라 정책이나 전략을 추구해왔으며, 필요에 따라서는 갈등을 해결하기 위해서 국제사회에서 협력과 논의를 한다. [김봉철, "북극항로 협력 등 한-러 무역활성화 구축을 위한 연구," 『무역학회지』,제44권, 제4호 (서울: 한국무역학회, 2019), p. 116.]

하게 나타나고 있는 지구온난화와 환경오염,[2] 소수민족과 고유문화의 파괴, 지속가능성 있는 개발 등 국제사회에서 민감하게 다루어지고 있는 논제가 국제사회 전체의 관심 대상인 것이다.

극지역의 분쟁들은 국제사회의 규율과 규범의 마련이라는 과제로 연결되었으며, 많은 노력으로 국제법에 근거한 규율과 체계가 견고해지고 있다. 그러나 여전히 북극과 남극의 문제에 관한 규율체계와 관련 규범들은 각기 다른 특성을 가지고 있으며 통일되지 못하고 있다.[3] 남극에는 영유권 주장을 동결하고 과학적, 평화적 이용과 환경보호를 목적으로 하는 다자간 남극조약체제가 확립되어 있지만, 북극에는 8개국 국가들의 정치적 협력에 기초한 북극이사회 중심의 법제도와 북극 지역 국가의 국내법, 양자 또는 지역협정 등이 공존하고 있다.[4]

일부 극지역과 가까운 국가들과 선진국들은 오래전부터 이 지역에 관심을 가져왔으며, 적극적인 문제의식으로 국제사회를 주도하고 있다. 이러한 모습은 주로 미국 및 캐나다와 러시아 및 일부 유럽국가들, 그리고 남극 지역에 가까운 칠레와 아르헨티나 등이다. 이들은 극지역에 관한 논의를 한층 발전시키며 자국에서 적용하는 국내법을 마련하여 실효적인 정책을 추구하려고 한다. 이와 같은 인접국들의 극지 관련 국내법 제정은 대체로 국제법의 형성에도 영향을 줄 수 있다. 동시에 한국과 같이 극지역에 인접하지 않는 국가들의 극지 관련 법제의 수립에도 간접적인 영향을 주거나 기여하는 면도 있다.

---

2) 최근에는 지구온난화의 영향으로 이와 같은 기후적 특성이 빠르게 변화하고 있다. [이용희, "북극 북서항로의 국제법적 지위에 관한 연구," 『경희법학』,제47권, 제4호 (서울: 경희대학교 경희법학연구소, 2012), pp. 89-90.]

3) 김기순, "남극과 북극의 법제도에 대한 비교법적 고찰," 『국제법학회논총』,제55권, 제1호 (서울: 대한국제법학회, 2010), p. 14.

4) 김민수, "북극 거버넌스와 한국의 북극정책 방향," 『해양정책연구』,제35권, 제1호 (부산: 한국해양수산개발원, 2020), p. 182.

한국도 이 지역에 대한 이해관계를 가지면서, 최근에는 극지 관련 논제에 능동적인 정책적 대응이 필요하다는 의견이 힘을 얻었다. 한국은 남극 세종/장보고 기지, 북극의 다산과학기지, 쇄빙연구선 아라온호 등 인프라 구축을 통해서 극지에 진출하였고, 북극이사회의 옵서버 국가로 활동하는 등 국제사회에서도 활동반경을 넓히고 있다. 국내에서는 남극과 북극에 관한 정책 기본계획이 수립되고, 극지활동에 관한 법적 기반이 마련되어야 한다는 주장이 지지를 얻었다.

이러한 국내법 제정의견은 한국의 극지활동이 지속가능성을 가지고 국익에 도움이 되면서도 국제사회에 기여하는 정책을 안정적으로 실천하는 목표를 추구하였다.[5] 극지활동에 관한 일반법을 마련하고자 국회는 오랜 시간 논의를 계속하였고, 실제로 몇 차례 극지활동진흥법안이 제출되기도 하였다. 이러한 법안은 또다시 논의의 대상이 되었으며, 2021년이 되어서야 결과를 얻을 수 있었다. 2021년 10월부터는 법률로 제정된 극지활동진흥법이 본격적으로 발효되었고, 이에 따른 하위규범들이 마련되어 극지활동에 관한 기본법으로서 체계를 구축하고 있다. 그러나 이 법의 발효와 함께 기존 국내법들과의 관계, 국제법과의 조화, 정책수립을 위한 세밀한 노력 등 과제들이 여전히 남아 있다.

아래에서는 현대 국제사회에서 극지와 관련된 국제법을 개략적으로 살펴보고, 최근 제정된 한국의 극지활동진흥법을 분석한다. 이와 같은 극지활동진흥법의 분석은, 조항의 구성과 그 내용을 이해하고 조항들의 의미와 이 조항들의 특성을 파악하는 것에서 출발하여 적절한 활용과 발전을 위한 향후 과제에 관하여 논의한다. 특히 이 글은 극지활동과 관련된 국제사회의 기준과 극지활동진흥법 및 다른 국내법들의 조화를 위한 논의도 시도한다.

---

5) 극지활동에 관한 기본적 사항을 규율하면서도 정책의 일관성을 확보할 수 있는 극지활동에 관한 일반기본법의 구축이 필요하다는 의미였다.

Ⅱ. 극지와 극지활동에 관한 국제법적 기반

1. 극지 전반에 적용되는 일반적 국제법: 국제해양법과 국제환경법 등

남극 지역은 바다로 둘러싸인 대륙이지만, 북극 지역은 일부 육지와 이에 둘러싸인 얼음과 바다로 구성된다. 따라서 남극대륙에 인접한 바다와 북극해는 유엔해양법협약(United Nations Convention on the Law of the Sea, UNCLOS)의 규율대상이 된다. 유엔해양법협약에서 극지 해역에 대해 직접적으로 언급한 유일한 조항으로는 다음과 같은 유엔해양법협약 제234조가 있다.

> 연안국은 특별히 가혹한 기후조건, 연중 대부분 그 지역을 덮고 있는 얼음의 존재가 항해에 대한 장애나 특별한 위험이 되고 해양 환경오염이 생태학적 균형에 중대한 피해를 초래하거나 돌이킬 수 없는 혼란을 가져올 수 있는 경우, 배타적경제수역에 있는 결빙해역에서 선박으로부터의 해양오염을 방지, 경감 및 통제하기 위한 차별 없는 법령을 제정하고 집행할 권리를 가진다. 이러한 법령은 항행과 이용 가능한 최선의 과학적 증거에 근거하여 해양환경의 보호와 보존을 적절하게 고려한다.

이 조항은 유엔해양법협약 협정문 협상 당시 러시아와 캐나다의 주도로 극지 해역이 직접적으로 언급된 유일한 것이다. 이 조항은 결빙해역에서 선박으로부터의 해양오염 방지, 감소 및 통제를 위한 차별 없는 법령을 제정하고 집행할 권리가 연안국에 있음을 규정하여, 북극 연안들의 결빙해역에 대한 국내 규제의 근거를 제공하고 있다. 이에 따라서 러시아와 캐나다는 북극 선박 운항에 대한 국내법을 제정하였다.

국제해사기구(International Maritime Organization, IMO)는 국제협약 중 국제해양오염방지협약(MARPOL) 부속서 I(유류),[6] II(독성액체), III(유해물질), IV(오수), V(쓰레기), VI(오존피해물질, 질소산화물, 황산화물, 유기화합물) 등의 일반적 규제에 더하여 부속서 I, II, V는 특별구역을 규정하여 엄격한 배출기준을 적용하였다.[7] 1989년에는 알래스카 해역에서 발생한 엑손발데즈 유류오염 사고를 계기로 극지해역을 운항하는 선박의 건조, 설비, 운항방식 등에 대한 통일된 규칙의 필요성이 부각되었다.[8]

이후 독일은 1991년 극지 조건에 상응하는 적합한 선박 강도를 규정하는 국제해상인명안전협약(SOLAS) 개정을 제안하였다. 이를 기반으로 IMO 외부작업반(Outside Working Group, OWG)이 1998년에 초안을 마련하였으며, 이러한 작업들은 2002년 북극결빙수역 운항선박가이드라인(Guideline for Ships Operating in Arctic Ice Covered Waters), 2009년 남극 해역도 포함된 극지해역운항선박가이드라인(Guideline for Ships Operating in Polar Waters), 그리고 2017년 IMO에서 채택된 북극 해상운송 관련 대표적 규범인 '극지 해역 운항 선박을 위한 국제기준'(International Code for Ships Operating in Polar Waters, Polar Code)으로 발전하였다.

특히 IMO Polar Code는 2007년 남극에서 발생한 M/S Explorer 선박 사고를 계기로 2010년부터 IMO에서 기존 가이드라인을 강제규범으로 전환하기 위한 논의에서 비롯되었다. 현재 Polar Code의 비준국들이 이를 국내법으로 전환하여 이

---

6) 2011년 남극에서의 중유 사용과 금지를 규율하는 협약의 발효 이후 2020년에는 북극에서도 중유 운송과 사용을 금지하는 내용으로 하는 MARPOL 협약 제1부속서 개정이 채택되었다. 개정된 내용은 2024년 7월부터 발효될 예정이다.
7) 이밖에 IMO에서 논의된 국제선박평형수관리협약, 국제항만국통제 등이 극지 해역에서 적용된다.
8) 특히 미국, 캐나다, 노르웨이, 러시아 등 북극 연안국의 각기 다른 관할수역에서 선박 기술기준을 통일해야 할 필요성이 논의되었다.

규정의 최소 기준을 따르지만, 러시아와 캐나다 등 일부 국가에서는 유엔해양법협약 제234조(결빙해역)에 근거하여 자국 관할권의 북극 연안 해역에 대해 Polar Code보다 높은 기준을 적용하고 있다.[9]

IMO Polar Code는 기후변화 및 인간 활동 증가로부터 북극을 보호할 목적으로 제정되었으며, 법적 구속력을 가진 규범으로 북극 및 남극 운항 선박에 모두 적용된다. 이 법의 본문은 Part I (안전관련 강제규정과 권고규정)과 Part II (환경오염방지 관련 강제규정과 권고규정)로 구성되었으며, 극지 해역 항행 선박의 설계, 건조, 설비, 항행 및 훈련 요건, 수색과 구조, 극지 환경과 생태계 보호 등을 규정한다.[10]

극지역의 안전 및 환경표준이 구체화된 Polar Code 제정은 북극해 진입 선박에 대한 러시아 등 북극해 연안국 중심의 폐쇄적 규제체제에서 국제기구인 IMO 중심의 개방적·보편적 규제체제로의 전환을 의미한다.[11] 그러나 극지항행선박의 중유 사용과 운송 규제, 대기오염물질의 배출 규제, 비토착생물종의 배출 규제, Polar Code의 적용대상이 아닌 비 SOLAS 선박에 대한 안전 조치 적용, 중수 방출과 수중소음 규제 등의 문제가 Polar Code에서 제외되었다.[12]

---

9) 김지혜·김민수·김주현·이슬기·정성엽, "북극 해상운송 규범 분석을 통한 우리나라 대응방안 연구,"『연구보고서』(부산: 한국해양수산개발원, 2020), pp. 32-34.

10) Part I에서는 극지항행선박의 극지선박증서(Polar Ship Certificate) 발급받을 의무, 선박 시스템과 설비의 국제해상인명안전협약(International Convention for the Safety of Life at Sea; SOLAS) 성능표준 충족의무, 극지항행선박의 '극지해역운항매뉴얼'(Polar Water Operational Manual; PWOM) 선내 비치의무 등을 규정하였다. Part II에서는 북극 해역에서 유류, 유해액체 물질 또는 유해액체 물질이 포함된 혼합물 등의 배출 금지 의무, 선박유형별 연료탱크 구조 요건 등을 규정하였다.

11) 유진호, "지구온난화에 따른 국제해사기구 Polar Code 발효와 향후의 과제: 북극과 남극의 개방적 규제와 친환경정책 어젠다 확장의 기점,"『최신외국법제정보』(세종: 한국법제연구원, 2019), p. 85.

12) 김기순, "Polar Code의 의미와 국내 이행을 위한 과제,"『극지와 세계』,제20-3호 (인천: 극지연구소, 2020), pp. 10-12.

2. 남극과 남극 지역 활동에 관한 국제법: 남극조약체계

남극대륙은 인류의 접근과 실효적 지배가 곤란한 장소였으나, 20세기부터는 과학기술의 발달로 상황이 달라졌다. 1940년대 이후 남극에 본격적으로 과학기지가 건설되면서, 연구와 탐사를 위한 인력이 남극에 체류하고 있다. 이와 함께 남반구에 위치한 호주, 뉴질랜드, 칠레, 아르헨티나 및 포경어업 관련 산업이 활발했던 영국, 노르웨이, 프랑스 등은 남극에 대한 자국의 영유권을 주장하였다. 미국과 구소련은 이들의 주장을 인정하지 않고 자국의 영토권도 유보하였다.

남극조약(Antarctic Treaty)은 여러 국가들의 영유권 주장에 대한 반응으로 1950년대부터 마련되었다. 1957년과 1958년의 국제지구관측년(International Geophysical Year, IGY)이 설정되어 과학조사와 국제협력, 국제분쟁의 방지와 평화적 해결의 분위기가 조성되었다. 미국의 제안으로 1959년에는 워싱턴 국제회의에서 남극 지역에 관한 사항을 규율하는 기본적인 조약으로 남극조약이 채택되어 1961년에 발효되었다.[13]

남극조약은 전문과 14개 조항으로 구성되어 있으며, 주요 내용은 남극의 군사 사용 금지와 평화적 목적의 사용(제1조), 과학조사의 자유 보장(제2조), 과학조사를 위한 국제협력 증진을 위한 조사계획, 과학자, 조사 결과의 교환(제3조), 영유권 주장의 동결(제4조), 핵실험, 방사능 유출, 발암물 처분의 금지(제5조), 남위 60° 이남의 협약 적용 범위(제6조), 조약 가입에 관한 사항(제13조) 등이다. 특히 이 조약 제7조는 어느 활동도 영토주권의 근거로 활용될 수 없음을 명시하여 기존의 영유

---

13) 이 조약은 한국을 포함한 전 세계의 많은 국가들이 가입하여 남극 지역에 관한 일반적/다자적인 조약의 성격을 가지게 되었다.

권 주장을 동결하였다.[14]

기본조약인 남극조약은 자원개발과 환경보호에 관한 상세한 규정이 결여되어 있다. 실제로는 남극 지역에서 실질적인 과학적 연구 활동을 실시하고 있는 협의국을 중심으로 개최된 협의국회의가 이 조약의 원칙과 목적을 위한 조치들을 제안 및 심의하고, 각 정부에 권고하는(제9조) 기능을 하도록 설계되어 있다. 이렇게 남극조약은 국제사회에서 논의의 장과 절차를 만들어 구체적인 사안들에 대하여 융통성 있고 빠르게 대응할 수 있도록 한 것이다.

실제로 1964년에는 '남극동식물보존을 위한 합의조치'를 채택하였다. 이후 1972년에 '남극의 바다표범보호에 관한 협약'(Convention for the Conservation of Antarctic Seals), 1980년에는 '남극해양생물자원보존에 관한 협약'(Convention on the Conservation of Antarctic Marine Living Resources)이 각각 채택되어, 해양생물자원의 보존기준이 마련되었다. 또한 1970년대 이후 특히 현저해진 남극 지역에서의 광물자원의 탐사 및 개발에 대한 움직임을 배경으로 규제의 필요성이 높아져 1988년에 '남극광물자원활동규제조약'(Convention on the Regulation of Antarctic Mineral Resource Activities)이 채택되었다. 이후 환경보호가 불충분하다는 비판으로 환경보호를 위해 과학적 조사 이외의 광물자원 활동을 50년간 금지한 '환경보호에 관한 남극조약의정서'가 1991년에 채택되었다.

남극조약은 이러한 다양한 조약들과 함께 남극 지역을 규율하는 고유의 '남극조약체제'(Antarctic Treaty System)라는 하나의 포괄적인 법체제(regime)를 형성하여 운영되고 있다.[15] 남극조약체제는 남극조약을 기본법처럼 활용하면서 분야별

---

14) 서현교, "우리나라 남북극 기본계획 통합방안과 평가," 『한국 시베리아연구』, 제24권, 제1호 (대전: 배재대학교 한국-시베리아센터, 2020), p. 69.

15) 이길원, "환경보호에 관한 남극조약 의정서(마드리드 의정서)상 환경영향평가제도에 관한 연구," 『성균관법학』, 제30권, 제4호 (서울: 성균관대학교 법학연구원, 2018), p. 556.

로 체결된 조약들이 포괄적으로 하나의 규범체계를 형성한 것을 의미한다. 남극의 해양, 광물, 그리고 환경에 관련된 조약들은 "남극조약협의당사국"(Antarctic Treaty Consultative Party)에 의하여 논의되었으며, 이 조약들은 남극조약의 기본적인 원칙들을 확인한다는 규정을 삽입하여 남극조약을 기반으로 다른 조약들이 성립되었음을 나타내고 있다.[16]

3. 북극과 북극 지역 활동에 관한 국제법: 북극이사회와 다양한 조약체계

'스피츠베르겐의 지위를 규정하고 노르웨이에 주권을 부여하는 조약'(Treaty regulating the status of Spitsbergen and conferring the Sovereignty on Norway)이라는 공식 명칭을 가진 '스발바르 조약'(Svalbard Treaty)은 북극 지역에서 가장 오랜 역사를 지닌 국제조약이다. 이 조약은 10개의 조항과 부속서로 구성되어 있으며 노르웨이의 주권과 스발바르 제도[17]에 관련된 기타 원칙을 인정하였다.[18]

이 조약은 스발바르 제도를 노르웨이의 제한적인 주권이 적용되는 것으로 규정하여, 이 섬들을 평화적 이용을 위한 경제특구와 비무장 지대로 만들었다.[19] 스발

---

16) 박수진·이창열·김윤화·이용희·진동민·양희철, "국가남극정책 추진전략에 관한 연구,"『연구보고서』(부산: 해양수산개발원, 2012), pp. 11-13.

17) 스발바르 제도는 유럽 본토에서 북부의 대서양에 위치한 군도이며, 노르웨이와 북극점의 중간에 자리하고 있다. 이 제도에 속하는 몇 개의 섬에 정착지가 있으며 러시아인 탄광촌과 연구 기지 등이 있다. 한국의 북극 '다산과학기지'도 스발바르 제도에 위치하고 있다. 스발바르 제도는 18세기까지 고래잡이 기지로 이용되었으며, 20세기 초에 석탄 채광이 시작되면서 사람들의 정착이 시작되었다.

18) 이 조약은 1920년 제1차 세계 대전 후 베르사유 협상 중에 노르웨이 북쪽 스발바르 제도에 대한 자치권 행사를 인정하는 내용으로 파리에서 체결되었다.

19) 스발바르 조약의 서명국은 평등하게 경제활동을 할 권리를 가지는데, 2012년 노르웨이와 러시아가 이 권리를 이용하여 현재 채굴활동을 하고 있다. 그러나 이제는 연구와 관광이 스발바르 제도의 추가적인 산업이 되었다.

바르 조약은 1920년에 14개 국가들[20]이 체결하였으나, 1924년 구소련에 이어 1925년 독일과 중국이 추가로 서명하였으며, 이후 많은 회원국들이 추가되었다.[21]

1992년 파리에서 북동대서양 해양환경보호협약(Convention for the Protection of the Marine Environment of the North-East Atlantic, 이른바 'OSPAR' 협약)이 서명되었다. 이 협약은 기존 대서양 환경에 관한 유럽의 협약이었던 오슬로 협약과 파리 협약을 대체하면서 그 협약의 당사국[22]과 룩셈부르크가 서명하여 1998년에 발효되었다. OSPAR 협약은 현재 해양 생물다양성, 영농화, 해양으로의 위험 및 방사능 물질 방출, 연안 석유 및 가스 산업, 환경 조건의 기본 모니터링에 대한 유럽 표준을 규제하고 있다.

북극곰보존조약(Agreement on the Conservation of Polar Bears)은 1960년대 증가한 북극곰 사냥으로 북극곰 개체가 멸종위기에 놓이자 1973년 11월 오슬로에서 캐나다, 덴마크(그린란드), 노르웨이(스발바르), 미국, 소련 등 북극곰 개체 수가 많은 5개국이 체결한 조약이다. 이 조약은 북극곰에 대한 스포츠 사냥, 항공기 및 쇄빙선으로부터의 사냥 등을 규제한다. 이 조약의 회원국들은 북극곰의 생태계를 보호할 책임이 있으며, 최선의 과학적 자료에 기초하여 북극곰 개체를 관리해야 한다.[23]

1989년 북극 지역 국가들은 북극 환경보존을 위한 논의를 시작하였고, 1991년

---

20) 최초의 스발바르 조약 체결국은 미국과 덴마크, 프랑스, 이탈리아, 일본, 네덜란드, 노르웨이, 스웨덴, 영국, 캐나다의 영국 해외 자치령, 오스트레일리아, 인도, 남아프리카, 뉴질랜드를 포함한다[라미경, "스발바르조약 100주년의 함의와 북극권 안보협력의 과제," 김정훈, 라미경, 한종만 편, 『지금 북극은-제2권 북극, 인문 지리 공간』(서울: 학연문화사, 2021), p. 45.]

21) 이용희, "북극 스발바르조약에 관한 연구," 『해사법연구』, 제25권, 제2호 (부산: 한국해사법학회, 2013), pp. 113-115.

22) 벨기에, 덴마크, 유럽공동체, 핀란드, 프랑스, 독일, 아이슬란드, 아일랜드, 네덜란드, 노르웨이, 포르투갈, 스페인, 스웨덴 및 영국 및 북아일랜드

23) 과학적 목적과 다른 생물자원의 심각한 혼란을 막으려는 사냥이나 정당한 법에 따라 전통적 방법을 사용하는 소수 토착민의 사냥만 허용된다. 또한 회원국들의 북극곰 무역 등이 금지된다. 회원국들은 북극곰 연구 결과를 공유하고 연구작업을 조정한다.

6월 북극환경보호전략(Arctic Environmental Protection Strategy)이라는 기구를 설립하였다. 이후 이 국가들은 북극의 석유, 가스, 광물 등 천연자원 개발에 주목하고 북극해를 통한 해상운송과 급격한 기후변화 등의 문제들이 발생하면서 새로운 협의체가 필요하였다. 이에 핀란드를 비롯한 북극권 8개국은 1996년 9월 캐나다에서 오타와 선언(Ottawa Declaration)을 통하여 북극의 환경보존 및 지속가능한 개발을 위한 북극 관련 정책을 논의하는 정부 간 협의기구로 북극이사회(Arctic Council)를 발족하였다.[24]

오타와 선언의 주요 내용은, 북극 지역 국가[25] 정부 대표 회의는 ① 특수 관계에 대한 인정과 원주민 및 공동체에 대한 독특한 기여를 포함하여 북극 거주자들의 복지에 대한 헌신, ② 경제 및 사회 발전, 건강 상태 개선, 문화 복지를 포함한 북극 지역의 지속 가능한 발전에 대한 약속, ③ 북극 생태계의 건강, 북극 지역의 생물다양성 유지, 천연자원의 보존 및 지속가능한 사용을 포함한 북극 환경보호에 대한 약속 ④ 북극 환경보호 전략의 기여 ⑤ 원주민과 지역사회에 대한 전통적인 지식 인정 ⑥ 원주민과 지역사회 및 북극의 다른 거주자들과의 협의와 참여 보장 등이다.

북극이사회 회원국은 북극권 8개국이며, 이뉴잇족 등 북극 원주민 6개 단체에게 상시참여자(permanent participants) 지위가 부여되었다.[26] 또한 북극이사회에는 12개의 비북극권 국가[27]와 국제적십자사연맹과 국제자연보존연맹 등 9개의 정부 간 기구 및 해양보호자문위원회와 국제북극과학위원회 등 11개의 비정부기구가 옵서버로 참여하고 있다. 옵서버에게는 회의에 참석해 정보를 교환하고 의견을 개진할 수

---

[24] 윤영미, "러시아의 북극 지역에 대한 해양안보 전략: 북극해 개발과 한-러 해양협력을 중심으로," 『동서연구』, 제21권, 제2호 (서울: 연세대학교 동서문제연구원, 2009), p. 52.

[25] 캐나다, 덴마크, 핀란드, 아이슬란드, 노르웨이, 러시아, 스웨덴, 미국.

[26] 최우익·라승도·김봉철, 『북극의 이해』(서울: HUiNE, 2021), pp. 115-126.

[27] 프랑스, 독일, 네덜란드, 폴란드, 스페인, 영국, 중국, 이탈리아, 일본, 한국, 싱가포르, 인도.

있는 자격이 주어진다.[28]

북극의 환경과 기후, 생물다양성, 북극해, 거주민 등 북극을 둘러싼 각종 현안과 정책을 논의하는 정부 간 협의체인 북극이사회에는 회원국 사이의 국제법 형성에도 영향을 준다. 북극이사회에 참여하는 국가들이 체결한 대표적인 조약들은 북극 검색 및 구조 협정(2011), 북극해 해양 석유 오염 준비 및 대응 협정(2013), 북극 과학 협정(2017) 등이다. 2021년에 발효된 '중앙북극공해 비규제어업방지협정(CAOFA)'은 해빙이 가속화되는 공해인 중앙북극해 지역에서 한시적으로 조업 활동을 유예하고, 어족자원 보호 및 관리를 위한 협력 기반을 마련하였다.[29]

III. 극지활동진흥법의 제정과 과제

1. 남극활동법에서 극지활동진흥법의 제정까지

한국의 극지에 관한 관심은 비교적 늦은 면도 있었으며, 관련 정책이 남극과 북극에 관한 활동진흥기본계획으로 나뉘어 수립되었다는 점도 특징이다. 남극 지역에 관하여는 2004년에 '남극활동 및 환경보호에 관한 법률'(남극활동법)이 제정되었다.[30] 이 법은 한국이 남극조약과 환경보호에 관한 남극조약 의정서 시행 등 남극조약체제에 적극적으로 참여하기 위하여 남극활동에 관한 사항을 규정한다. 남

---

28) 임유진·이연호, "북극의 정치학과 북극정책의 새로운 길," 『동서연구』, 제26권, 제4호 (서울: 연세대학교 동서문제연구원, 2014), pp. 176-178.
29) 이 협정은 실제로 조업이 이뤄지기 전에 사전예방주의 원칙(precautionary principle)을 도입하였으며, 공동 과학연구 모니터링 프로그램을 통해 어업 자원 조사 및 어업 가능성 평가 등을 위해서 북극·비북극권 국가들이 협력할 수 있도록 하였다. 한국은 협약의 논의과정에서부터 원당사국으로 참여하였으며 2019년에 비준하였다.
30) 남극활동법은 외교부, 환경부, 해양수산부가 공동으로 발의하였다.

극활동법의 목적은 궁극적으로 이러한 남극활동을 통하여 남극환경의 보호와 과학기술의 발전에 기여하려는 것이다.[31]

남극활동법은 전체 28개 조의 본문과 부칙으로 구성되어 있으며, 그 기능은 대체로 남극조약과 남극조약 체계의 환경 논제 등에 관한 국제법들의 내용을 국내법으로 수용하고 구체화하는 것이다. 즉 이 법은 남극활동을 관리 감독하기 위하여 활동의 허가신청을 포함한 환경영향평가서의 작성, 동식물 보호를 위한 관련 활동의 허가, 남극특별보호구역 출입 및 활동, 폐기물 처리 및 관리, 해양오염 방지, 남극활동의 모니터링, 활동 결과의 보고에 관한 내용 등을 정하고 있다. 본문 조항의 구성은 다음과 같다.

> 제1장 총칙
>   제1조(목적) / 제2조(정의) / 제3조(금지행위)
> 제2장 남극활동의 허가
>   제4조(남극활동의 허가) / 제5조(남극활동 허가의 신청) / 제6조(결격사유)
>   제7조(환경영향평가서 작성 등) / 제8조(허가에 관한 협의 등)
>   제9조(조건부 허가) / 제10조(허가의 제한)
>   제11조(허가를 받지 아니하는 남극활동 등) / 제12조(허가의 취소 및 정지 등)
> 제3장 남극환경의 보호
>   제13조(남극토착동식물의 포획 등의 승인) / 제14조(남극특별보호구역 등의 보호)
>   제15조(폐기물의 처리 및 관리) / 제16조(해양오염방지)
>   제17조(남극환경 모니터링)
> 제4장 지도 및 감독
>   제18조(남극활동감시원의 지명 및 활동 등) / 제19조(남극활동 결과 등의 보고)
>   제20조(시정명령)
> 제5장 남극 연구 활동의 진흥 등
>   제21조(남극연구활동진흥기본계획의 수립·시행) / 제21조의2(실태조사)
>   제22조(홍보 및 교육)
> 제6장 벌칙
>   제23조(벌칙) / 제24조(벌칙) / 제25조(벌칙) / 제26조(양벌규정)/ 제27조(과태료)

---

31) 김지희, "남극조약 체제의 발전과정과 환경보호위원회의 역할과 전망," 『Ocean and Polar Research』,제40권, 제4호 (부산: 한국해양과학기술원, 2018), p. 263.

이 법은 남극조약 체계를 국내법으로 수용하는 측면에서 '국제법의 국내법화'라는 기능을 가지며, 한국이 남극 지역에서 활발히 연구 및 기타 활동을 하도록 지원하는 여러 가지 규정들도 포함하였다. 특히 제5장 남극연구활동의 진흥 등에 관한 조항들은 남극연구활동진흥기본계획의 수립과 시행(제21조), 실태조사(제21조의 2), 홍보 및 교육(제22조)에 관한 내용을 담았다.

한국이 남극조약 체계에 참여하고 남극활동법을 제정하면서 남극활동에 관한 정책과 법체계가 마련되었으나, 북극의 활동에 관하여는 2013년에 북극이사회의 정식 옵서버 지위를 취득하고 북극 정책 기본계획을 수립하였다.[32] 이러한 상황은 극지활동에 관한 통일된 국가정책과 통합적 근거법이 마련되어야 한다는 논의로 연결되었다. 결국 남극활동법에서 시작된 극지활동에 관한 국내법 제정은 북극 지역 활동을 포함하는 일반법(기본법) 제정의 과제로 이동하였다.

극지활동 전반에 관한 법률이 마련되어야 한다는 논의는 계속되었고, 실제로 극지활동진흥법의 제정이 19대[33]와 20대[34] 국회에서 시도되었다. 이러한 법안들은 극지 관련 국가의 책무를 규정하면서, 극지활동 관련 기본계획 등의 수립에 관한 근거를 확보하고자 하였다.[35] 이후 제21대 국회에서 정부가 제출한 「극지활동진흥법안」은 이전의 국회제정안과 유사한 내용을 담고 있었으며, 외교, 과학, 환경 등 관련 정부 부처 사이의 이견 및 상임위원회의 수정 의견을 조율하여 반영하였다고 평가

---

32) 서현교·최영준, "한국북극연구컨소시엄(KoARC)의 진단과 미래방향," 한종만, 라미경, 배규성 편, 『지금 북극은-제3권 북극, 지정·지경학적 공간』(서울: 학연문화사, 2021), p. 165.

33) 극지활동 진흥법안 (2012년 11월 19일 황우여 의원 대표발의), http://likms.assembly.go.kr/bill/billDetail.do?billId=PRC_D1J2J1X1M1Y9J1R0T1Q7U0W5O8W2C4&ageFrom=19&ageTo=19

34) 극지활동 진흥법안 (2016년 12월 1일 안상수 의원 대표발의), http://likms.assembly.go.kr/bill/billDetail.do?billId=PRC_K1A6R1H2S0Z1P1G7I2W7D0C9N8D2G9&ageFrom=20&ageTo=20

35) 이러한 법안들은 관련 분야의 연구개발을 지원하고 극지활동 기반시설을 조성하는 등 극지활동을 체계적으로 육성하고 지원 규범적 틀을 마련하는 것도 포함되었다.

되었다. 이렇게 마련된 법안은 2021년 「극지활동진흥법」으로 국회의 절차를 통과하고 법률 제18055호로 제정되었다.

2. 극지활동진흥법의 내용과 특징

극지활동진흥법의 목적은 극지의 지속가능한 발전과 체계적인 극지활동을 육성·지원하여, 국가의 경제발전과 국민의 삶의 질 향상을 도모하고, 국제사회에서 인류 공통의 문제를 해결하고자 하는 것이다. 이 법은 2021년 10월 14일부터 시행되었는데, 이 법을 통하여 한국의 극지활동에 관한 국내법적 기반과 일관성 있는 극지 정책을 위한 기준이 마련되었다고 평가할 수 있다.

극지활동진흥법은 전체 16개 조문으로 이루어진 본문과 부칙으로 구성되어 있으며, 대체로 ① 극지활동진흥기본계획의 수립, ② 실태조사, ③ 연구개발 등의 지원 및 전문인력의 양성, ④ 북극에서의 경제 활동 진흥, ⑤ 극지활동 기반시설의 설치·운영, ⑥ 통합정보시스템의 구축·운영 등의 지원 근거를 규정하고 있다. 16개 조항의 구성은 다음과 같다.

```
제1조(목적)
제2조(기본이념)
제3조(정의)
제4조(국가의 책무)
제5조(다른 법률과의 관계)
제6조(극지활동진흥기본계획 및 시행계획의 수립·시행)
제7조(실태조사)
제8조(연구개발 등의 지원)
제9조(전문인력의 양성)
제10조(북극에서의 경제 활동 진흥)
제11조(극지활동 기반시설의 설치·운영)
```

> 제12조(국제협력의 촉진)
> 제13조(극지통합정보시스템의 구축·운영)
> 제14조(극지환경의 보호 및 안전관리)
> 제15조(교육·홍보)
> 제16조(권한 또는 업무의 위임·위탁)

극지활동진흥법 제1조와 제2조는 이 법의 목적과 취지를 규정하면서 제3조의 정의규정과 함께 기초를 제공하고 있다. 제4조는 관련 국제조약의 준수, 국제협력 증진, 인류 공동의 문제 해결을 위한 국가의 기본적인 책무를 규정하였다. 또한 제5조는 다른 법률과의 관계를 규정하여, 이 법이 극지활동과 관련된 일반법적인 성격을 가진다는 점을 명시하면서 총론적인 기능을 하고 있다.

제6조는 극지활동 진흥을 위하여 극지활동진흥기본계획을 수립하도록 하고, 이에 합치하는 시행계획을 수립하도록 하였다. 극지와 관련된 정부의 기본계획이 '남극연구활동진흥기본계획'과 '북극활동진흥기본계획'으로 나뉘었던 것을 감안하면, 장기적 안목에서 남북극의 활동을 종합하는 '극지활동진흥기본계획'을 수립하고 시행하는 법적 근거를 마련하였다는 점에서 의미가 있다. 제7조는 극지의 전반적인 분야에 대한 조사와 관련 자료 제출 요청의 근거를 마련하여 기본계획과 시행계획의 내실화를 기하였다.

극지활동진흥법 제8조는 연구개발을 촉진하고 공동 연구 등을 지원하는 국가의 책무를, 제9조와 제10조는 전문인력의 양성 및 북극에서의 경제 활동 진흥을 위해 필요한 시책을 규정하였다. 또한 제11조는 극지활동 기반시설의 설치와 운영, 제12조는 극지연구 관련 국제협력, 제13조는 통합정보시스템의 구축에 관한 사항을 규정하였다. 이 밖에 제14조는 극지환경의 보호와 안전관리에 관한 체계, 제15조는 극지활동 관련 교육 및 홍보사업, 제16조는 해양수산부 장관의 권한, 업무의 위임과 위탁에 관한 사항을 규정하였다.

2021년 10월부터 적용되기 시작한 극지활동진흥법은 한국의 극지 연구와 관련 활동에 튼튼한 법적 근거와 기준을 제공하는 중요한 역할을 할 것이다. 이 법의 주요 기능이 극지활동에 관련되는 분야에 대한 국가의 지원을 약속하고 지속가능성 높은 정책을 수립하여 시행하도록 하는 것이므로, 향후 한국의 극지 정책에 일관성을 부여하고 관련 기관이 안정적으로 사업을 시행할 수 있는 법적 인프라(Legal Infrastructure)를 구축했다고 평가할 수 있다.

3. 극지활동진흥법의 문제점과 개선을 위한 과제

극지활동진흥법의 제정에 대한 긍정적인 평가와는 별도로 일부 문제점도 발견된다. 우선 이 법의 명칭을 다시 한번 해석할 필요가 있다. 사실 이 법('극지활동진흥법')은 '극지활동'을 보다 '진흥'하고자 하는 목적도 분명히 있으나, 실제로는 한국의 여러 극지활동에 대한 법적 근거의 부족을 채우고, 활동의 효과성과 일관성을 높이기 위한 '기본법'이라는 측면이 강하다.[36] 따라서 (이 법의 명칭이 '진흥법'이라고 하는 것도 어느 정도 수긍할 수는 있으나) 이 법의 우선적인 기능에 충실한 '기본법'이라는 명칭이 오히려 타당하다.[37]

극지활동진흥법 제6조의 극지활동진흥기본계획에 관하여, 남극과 북극을 아우르는 통합적인 기본계획과 실행계획을 수립하고 실천하기 위한 노력이 필요하다. 남극과 북극에 개별적으로 적용되는 정책이 양 지역의 차이에서 비롯되고, 여러 배

---

36) 물론 그렇게 함으로써 극지활동을 진흥하는 효과도 당연히 기대할 수 있다.
37) '진흥'이라는 단어 자체가 일본식 한자어의 느낌이 크다는 점도 고려해 볼 필요가 있다.

경과 근거에 따라서 다르게 수립되고 시행되었다는 지적은 이미 명확하지만,[38] 이 법 제6조는 정책의 통합과는 다른 '법의 메커니즘'이라는 차원에서 조금 다른 의미가 있다.

예를 들어, 이 법에 의하여 조화·통합된 극지활동 정책과 계획이 수립되고 시행될 수 있다고 하더라도, (그것이 통합된 남북극기복계획이나 정책과 다른 의미를 가지는 것이라고 하더라도) 남극연구활동진흥기본계획이라는 별도의 정책 및 남극활동법 제21조 등 법적 근거가 이중으로 양립한다는 문제가 있다. 이러한 문제는 극지활동진흥법과 남극활동법의 대체적인 주무부처가 해양수산부와 외교부라는 차이와도 연결될 수 있다. 따라서 양 법을 개정 또는 보완하여 ① '극지활동기본계획'과 '남극연구활동진흥기본계획' 사이에 근본적인 차이를 두거나 중첩이 없도록 하는 방법 또는 ② 완전히 통합된 극지종합계획(정책)과 혼란이 없는 단일의 근거법을 만드는 것이 필요하다.

이 기본법이 '기본법으로서의 역할'을 하기에 제5조와 관련된 법적 메커니즘(법적 정합성 또는 연결관계)에 어수선함이 있다는 과제도 있다. 남극활동법은 이 법과 연관성이 있는 것이 명확하지만, 최근에 발효된 이 법 제5조에서 말하는 '다른 법률'의 의미나 범주는 명확하지 못하다. 만약 환경 분야의 어느 특별법이 이 극지활동진흥법과 충돌 또는 경합하는 경우가 발생한다면, 제5조에 의하여 '이 법이 적용된다'거나 다른 법이 우선 적용된다고 확신할 수 있는 해석기준이나 그러한 전례가 아직 없다.

---

38) 한국의 북극 정책은 2013년 북극이사회의 옵서버 지위를 획득하면서 수립된 '북극정책기본계획'(2013~2017)과 '북극활동진흥기본계획'(2018~2022)이 대표적이다. 반면에 남극 정책은 '남극연구활동진흥기본계획'은 2004년 제정된 남극활동법에 따라서 2006년에 처음 마련되어 현재까지 주기적으로 수립되고 있다. [서현교, "우리나라 남북극 기본계획 통합방안과 평가," 『한국 시베리아연구』 제24권 1호 (대전: 배재대학교 한국-시베리아센터, 2020), p. 83.]

극지활동진흥법의 발효로 인하여 하위규범인 시행령[39] 및 시행규칙[40]도 마련되었다. 이러한 하위규범들은 법률이 위임한 사항을 규정하거나, 법률의 내용을 구체화하는 역할을 한다. 하위규범과 상위법과의 관계를 명확하게 하려는 노력은 당연하지만, 이 법의 하위규범들 역시 제5조 및 제6조와 관련하여 남극활동법 등과 같은 다른 상위법 또는 그것의 하위규범들과 정합성에 문제가 발생할 여지가 있다.

극지활동은 외국과의 적극적인 교류나 국제기구와 협력을 수반하는 경우가 많다. 따라서 이 법의 국제협력 규정(제12조)을 활용한 '극지국제협력활동'을 기대할 수 있으므로, 이 조항을 다양하게 활용하는 연구와 노력이 필요하다. 예를 들어, 공공외교 개념과 연계한 '극지분야 공공외교활동'이 가능하다. 이러한 경우에 전혀 다른 분야의 법이라고 여겨지는 법들과 연결하고 이를 통하여 효과성 높은 사업을 추진하는 '법제 연계'도 생각해 볼 수 있다. 이 법을 활용하는 새로운 방법들 중 하나일 것이다.

IV. 결론: 장기적인 안목에서 극지활동 정책과 기본법의 조화

남극 지역과 북극 지역은 국제법의 법원과 규율방식에서 차이가 있으며, 그러한 차이를 완전히 통일하는 것은 현실적으로 어렵다. 인위적으로 법제의 전면적인 통일성을 추구하기보다는 '조화'라는 정도에서 각 법제의 차이를 발전시키는 것이 나

---

39) 극지활동 진흥법 시행령 (대통령령 제32025호, 2021.10.5.), https://www.law.go.kr/법령/극지활동진흥법시행령
40) 극지활동 진흥법 시행규칙 (해양수산부령 제501호, 2021.10.12.), https://www.law.go.kr/법령/극지활동진흥법시행규칙

을 것이다. 최근 해양법 분야를 중심으로 양 극지역에 공통적으로 적용되는 국제법 기준이 마련되고 있다는 점은 고무적이다. 국제사회의 의견을 조화시키기 위해서는 지속가능성 개념과 같은 공통의 원칙을 추구하는 것은 필요하다.

한편 기후온난화로 인한 환경변화와 교통기술의 발달로 인한 접근 가능성의 확대 등 전 지구적 문제와 상황들은 북극과 남극 지역에 관한 국제법의 발전에 있어서 변화를 요구하고 있다. 이러한 문제들은 양 극지역이 가지는 지역적 특색을 반영한 조약의 발전보다는, 인류와 지구에 공통적인 가치와 원칙이 중요하게 반영된 국제법의 발전을 요구한다. IMO의 Polar Code와 같이 극지역 해양을 항해하는 선박에 모두 적용되는 기준들이 이와 같은 '조화와 통합'이라는 극지 관련 국제법의 변화를 반영하는 것이다.

남극 지역과 북극 지역은 공통적으로 기후변화와 같은 자연현상 및 국제적 이해관계로 인하여 다른 지역과의 '연결성'(connectivity)이 크다. 이러한 이유로 한국이 다른 국가들과 협력을 통하여 국제사회의 '공조'(collaboration)'를 수행하고 '기여'(contribution)'할 부분이 많은 공간이다. 예를 들어, 생태계와 소수민족들의 보호 등 다양한 주제에서 국제사회의 협력을 이끌어 내야 할 과제가 많다. 이와 같은 공통된 특징은 점차 조밀해지고, 두드러질 것이다.[41] 따라서 극지역에 공통적으로 적용되는 국제법을 발전시킬 필요성은 더욱 크고, 이에 합치하는 국내법의 마련도 자연스러운 것이다.

한국은 오랫동안 극지역 국제법의 발전에 적극적이지 못하였던 것이 사실이다. 그러나 국제사회에서 경제 발전과 기술발전이 높게 평가되고 있으며, 최근 국제 개발협력과 왕성한 원조, 코로나바이러스와 같은 재해에 대한 비교적 성공적인 대처 사례 등을 통해서 이전보다 많은 국제사회에 대한 기여와 역할을 요청받고 있다. '중

---

41) 김민수, "극지활동 기본법의 제정과 평가(김봉철 한국외대 교수) 토론문," 『코로나 이후 북극의 미래』, 한국외국어대학교 극지연구센터 학술대회, 2021.

립적 이해관계자'로서의 한국이 국제사회에서 '오피니언 리더'로서 나서게 된다면, 극지에 관한 국제법 발전에도 기여할 수 있을 것이다.

이러한 목적을 위해서, 이 분야의 국내법 정비는 필수적이고 전제가 되기도 한다. 극지활동진흥법은 한국의 극지활동에 전반적인 체계를 세우고 지도를 그리는 법이다. 남극과 북극에 대한 한국의 접근은 양 지역의 차이를 인정하면서도 공통점을 추출하여 정책을 수립하고 근거법에서도 이를 반영하려는 모습을 보이고 있다. 최근 제정되어 발효된 극지활동진흥법에서 정책의 변동에 따른 융통성이 요구되는 이유가 여기에 있다. 이미 제정된 남극활동법을 포용하면서도 특색을 존중하는 방향으로 개정이 필요하다.

장기적으로 보면, 이 법을 국제사회에 등장하는 새로운 논제들에 대해서 융통성 있게 대응할 수 있는 기본법으로 꾸준히 진화시킬 수 있는 노력이 있어야 한다.[42] 이런 점은 향후 한국의 극지활동과 관련된 정책과 법제의 개선 전체의 과제로 인식되어야 하며, 이에 대한 단편적인 문제 해결이 아닌 장기적인 안목과 다른 분야와의 연관성 등을 발굴하고 입체적인 대응 방향을 꾸준히 고민하는 것이 필요하다. 앞으로 이 법에 대한 보다 세밀한 분석과 문제점 발견을 위한 논의가 지속되기를 기대한다.

---

42) 예를 들어, 일반적인 환경 문제에 관하여 이미 많은 국제법과 국내법이 나름의 '법제 메커니즘'을 형성하고 있는데, '극지에서의 환경 문제'는 다른 것이지만 지구 환경 문제라는 점에서 공통점이 있기도 하고 극지의 환경 문제가 더욱 심각하게 평가되기도 한다. 극지활동은 이러한 문제들에 관하여 융통성을 가지고 빠르게 대응할 수 있어야만 한다.

참고문헌

극지활동 진흥법안 (2012년 11월 19일 황우여 의원 대표발의). http://likms.assembly.go.kr/bill/billDetail.do?billId=PRC_D1J2J1X1M1Y9J1R0T1Q7U0W5O8W2C4&ageFrom=19&ageTo=19.

극지활동 진흥법안 (2016년 12월 1일 안상수 의원 대표발의). http://likms.assembly.go.kr/bill/billDetail.do?billId=PRC_K1A6R1H2S0Z1P1G7I2W7D0C9N8D2G9&ageFrom=20&ageTo=20.

극지활동 진흥법 (법률 제18055호, 2021. 4. 13.). https://www.law.go.kr/법령/극지활동진흥법.

극지활동 진흥법 시행령 (대통령령 제32025호, 2021.10.5.). https://www.law.go.kr/법령/극지활동진흥법시행령.

극지활동 진흥법 시행규칙 (해양수산부령 제501호, 2021.10.12.). https://www.law.go.kr/법령/극지활동진흥법시행규칙.

김기순. "남극과 북극의 법제도에 대한 비교법적 고찰."『국제법학회논총』, 제55권, 제1호. 서울: 대한국제법학회, 2010.

＿＿＿. "Polar Code의 의미와 국내 이행을 위한 과제."『극지와 세계』, 제20-3호. 인천: 극지연구소, 2020.

김민수. "북극 거버넌스와 한국의 북극정책 방향."『해양정책연구』,제35권, 제1호. 부산: 한국해양수산개발원, 2020.

＿＿＿. "극지활동 기본법의 제정과 평가(김봉철 한국외대 교수) 토론문."『코로나 이후 북극의 미래』, 한국외국어대학교 극지연구센터 학술대회, 2021.

김봉철. "북극항로 협력 등 한-러 무역활성화 구축을 위한 연구."『무역학회지』, 제44권, 제4호. 서울: 한국무역학회, 2019.

김지혜·김민수·김주현·이슬기·정성엽. "북극 해상운송 규범 분석을 통한 우리나라 대응방안 연구."『연구보고서』. 부산: 한국해양수산개발원, 2020.

김지희. "남극조약 체제의 발전과정과 환경보호위원회의 역할과 전망."『Ocean and Polar Research』, 제40권, 제4호. 부산: 한국해양과학기술원, 2018.

라미경. "스발바르조약 100주년의 함의와 북극권 안보협력의 과제." 김정훈, 라미경, 한종만 편.『지금 북극은-제2권 북극, 인문 지리 공간』. 서울: 학연문화사, 2016.

박수진·이창열·김윤화·이용희·진동민·양희철. "국가남극정책 추진전략에 관한 연구."『연구보고서』. 부산: 한국해양수산개발원, 2012.

서헌교. "우리나라 남북극 기본계획 통합방안과 평가."『한국 시베리아연구』, 제24권, 제1호. 대전: 배재대학교 한국-시베리아센터, 2020.

서현교·최영준. "한국북극연구컨소시엄(KoARC)의 진단과 미래방향." 한종만, 라미경, 배규성 편. 『지금 북극은-제3권 북극, 지정·지경학적 공간』. 서울: 학연문화사, 2021.
유진호. "지구온난화에 따른 국제해사기구 Polar Code 발효와 향후의 과제: 북극과 남극의 개방적 규제와 친환경정책 어젠다 확장의 기점."『최신외국법제정보』. 세종: 한국법제연구원, 2019.
윤영미. "러시아의 북극 지역에 대한 해양안보 전략: 북극해 개발과 한-러 해양협력을 중심으로." 『동서연구』, 제21권, 제2호. 서울: 연세대학교 동서문제연구원, 2009.
이길원. "환경보호에 관한 남극조약 의정서(마드리드 의정서)상 환경영향평가제도에 관한 연구." 『성균관법학』, 제30권, 제4호. 서울: 성균관대학교 법학연구원, 2018.
이용희. "북극 북서항로의 국제법적 지위에 관한 연구."『경희법학』, 제47권, 제4호. 서울: 경희대학교 경희법학연구소, 2012.
_____. "북극 스발바르조약에 관한 연구."『해사법연구』, 제25권, 제2호. 부산: 한국해사법학회, 2013.
임유진·이연호. "북극의 정치학과 북극정책의 새로운 길."『동서연구』, 제26권, 제4호. 서울: 연세대학교 동서문제연구원, 2014.
최우익·라승도·김봉철.『북극의 이해』. 한국외국어대학교 극지연구센터 극지연구총서 02. 서울: HUiNE, 2021.

제3장

스웨덴 북극 지역 사미족들의 순록 방목에 대한 기후변화의 영향과 대응 방안*

정 혁**

〈요약〉

본 논문은 스웨덴 북극 지역의 원주민인 사미족의 순록 방목에 기후변화가 미치는 영향들과 그 영향들의 경감을 위한 대응 방안들을 분석, 논의하고, 그 궁극적인 방안을 제시하는 데 주요 목적을 둔다.

스웨덴의 북극 지역에 관한 1, 2차 북극 지역 전략은 스웨덴 북극 지역의 원주민인 사미족들의 순록 방목에 기후변화가 주는 영향을 인지하고 그에 대한 정책 마련 필요성을 강조한다. 스칸디나비아반도의 사프미에 거주하는 스웨덴 사미족들의 순록 방목은 최근 북극 지역의 평균 온도의 급상승으로 여러 영향들이 가시화되고 있다. 빙설의 해빙으로 인한 관광지 및 개발사업 등으로 축소되는 방목지역, 남은 순록 방목지대의 지속 가능

---

* 이 글은 『유럽연구』 2021년 Vol. 39 No. 2에 실린 논문을 수정, 보완한 것임을 밝힌다.
** 한국외국어대학교 극지연구센터 책임연구원

성 결여, 스웨덴 정부의 맹수 피해 보상 시스템인 영역 사전 평가 보상 시스템의 보완 필요성, 방목 가능 지역들 간 순록 이동을 위한 이동 수단 운용 지원 필요성 등이 그 영향 및 정책상의 과제들로 제기되고 있다. 이러한 영향들에 대한 경감 방안들로는 스웨덴 정부의 인공 보조 사료 사용의 확대, 기존 초지의 선순환 활용을 위한 이동 수단의 활용 장려와 이동 수단 현대화 지원 기금 확대, 그리고 맹수 피해 보상 시스템 강화 및 맹수들의 개체 수를 고려한 수렵 허가 등이 논의될 수 있을 것이다.

그러나 무엇보다도 지역 차원에서 운영되는 스웨덴 주 행정 이사회와 사미족 51개 마을들과의 방목 가능 지역과 관련한 정보 업데이트, 공유 및 그 전파 활성화를 위한 더욱 긴밀한 협조가 절실하다.

I. 서론

북극과 남극 지역을 일컫는 극 지역에서는 기후변화로 인한 영향을 그 어느 지역보다도 쉽게 파악할 수 있다. 기온의 상승 폭이 커서 가시적으로도 빙설이 녹아내리는 정도와 그에 따른 주변 환경의 변화가 쉽게 인지될 수 있기 때문이다. 거주 인구가 적은 남극보다는 거주 인구가 상대적으로 많으며, 개발의 정도도 상대적으로 빠르게 진행되고 있는 북극 지역에서의 그러한 환경의 변화는 거주하는 사람들의 삶에도 영향을 준다. 북극 지역에서 주거 지역의 확대와 그에 따른 개발이 진행되면서 주거 환경과 삶의 질적 측면에서의 향상도 기대해 볼 수 있지만, 역설적으로 특정 그룹의 사람들에게는 개발 전의 삶보다 악화될 수도 있다.

유럽연합 회원국들 중 북극권에 가장 많은 자국민들이 거주하고 있는 국가는 스웨덴이다.[1] 스웨덴은 2011년에 북극 지역 전략(Sweden's Arctic Strategy for the Arctic Region)을 채택하였다. 스웨덴 정부는 스웨덴의 북극 지역에 거주하는 원주민(Indigenous People)들인 사미족(the Sámi)도 포함한 자국민들의 전반적인 삶의 질에 대한 향상을 이 전략 수립에 대한 주요 목표들 중 하나로 설정하였다. 이 북극 지역 전략에서는 생물다양성 정책 영역과 에너지 자원 사용을 통한 경제 개발 정책의 시행도 각각 그 첫째, 둘째 우선 정책영역으로 설정하고 있다.[2] 이러한 목표들의 수립 배경에는 스웨덴 정부가 북극 지역의 환경보호와 에너지 개발 과정에서 발생할 수 있는 불가항력적인 피해가 북극 지역에 거주하는 자국민들의 삶에 영향을 줄 수 있다는 점을 인지하고 우선 정책영역들로 설정했다는 점이 읽힌다.

스웨덴의 북극 지역은 스칸디나비아반도의 사프미(Sápmi)라고 하는 사미족들의 전통적인 주거 지역도 포함한다.[3] 스웨덴의 사프미 지역에는 약 51개의 사미족 마을이 있으며 이곳에 거주하는 사미족들의 약 2,500명이 순록 방목(reindeer herding)을 생업으로 하고 있다.[4] 그러나, 최근 북극 지역에서의 기온상승은 사프미 지역에서 순록 방목지대의 감소화를 초래하며 순록 목축업자들의 삶에 적지 않은 영향을 주고 있다. 기온상승으로 인해 강우량이 많아지고 북극 지역의 낮은 온도에 순록의 주요 먹이 지대인 이끼류(lichen)가 얼어붙은 얼음 밑에 있게 되면서 순

---

[1] "Population distribution in the circumpolar Arctic, by country (including indigenous population)," https://www.grida.no/resources/6997 (검색일: 2021.3.10).
북극권에 있는 유럽연합 회원국들은 스웨덴, 핀란드, 그리고 그린란드를 자국령으로 하고 있는 덴마크이다. 2021년 기준, 덴마크의 그린란드에는 57,700명, 핀란드에는 201,000명, 그리고 스웨덴에는 264,000명이 거주하고 있다.

[2] Ministry of Foreign Affairs, "Sweden's strategy for the Arctic region," 2011, https://www.government.se/contentassets/85de9103bbbe4373b55eddd7f71608da/swedens-strategy-for-the-arctic-region (검색일:2021.3.11).

[3] "SAMI IN SWEDEN," https://sweden.se/society/sami-in-sweden/ (검색일: 2021.3.11).

[4] Maria Furberg, Birgitta Evengård, and Maria Nilson, "Facing the limit of resilience: perceptions of climate change among reindeer herding Sami in Sweden," *Global Health Action, 4: 8417* (2011), p. 2.

록들의 먹이 섭취가 점차적으로 어려워지고 있는 것이다.[5] 이러한 여건들은 북극 지역에 일부 포함되는 스웨덴의 북부지역에서 순록 방목을 하는 순록 목축업자들에게는 생계에 있어 치명적인 결과를 초래한다. 이에 스웨덴 정부는 북극 지역 전략에서 북극 지역과 스웨덴의 원주민인 사미족들의 삶의 질적 측면의 향상을 정책 영역에서 언급하고 있으며, 기후변화로 인한 영향들이 일부 사미족의 생계수단인 순록 방목에 미치는 영향에 대한 중요성을 인정하고 그 대응 방안 마련에 대한 필요성을 강조한다.[6]

이에 북극 지역에서 쉽게 파악되고 있는 최근의 평균 기온 상승으로 인한 자연 현상들이 인간의 생계에 실제로 어떤 직접적인 영향을 주고 있는지, 특히 자연과 함께 하는 순록 목축업자들에게는 어떠한 영향들을 미치고 있는지에 대한 실증적 차원의 질문을 제기할 수 있다. 따라서, 본 연구는 북극 지역에서 발생하고 있는 기온 상승이라는 기후변화의 한 현상이 스웨덴 북극 지역의 원주민인 사미족들의 순록 방목 분야에 직접적으로 미치는 영향들과 그 영향 경감 방안들을 논의해 보고자 한다. 본 연구는 북극 지역에서 발생하고 있는 기후변화의 영향이 북극 지역의 인간들의 삶에 미치는 실증적인 영향과 그 대응 방안의 기반을 모색하게 하는 한 예에 대한 연구가 될 것으로 보인다.

국내에서는 스웨덴의 북극 지역은 물론 스웨덴 북극 지역 내 사미족들의 순록 방목지역들에 미치는 기후변화의 영향과 그 영향 경감 방안에 대한 연구논문은 현재까지 발표되지 않고 있다.

---

5) Alessia Uboni, Birgitta Åhman, and Jon Moen, "Can management buffer pasture loss and fragmentation for Sami reindeer herding in Sweden?," *Pastoralism: Research, Policy and Practice*, 10:23 (2020), p. 2.

6) Ministry of Foreign Affairs, "Sweden's strategy for the Arctic region," 2011, https://www.government.se/contentassets/85de9103bbbe4373b55eddd7f71608da/swedens-strategy-for-the-arctic-region (검색일: 2021.3.11).

상술한 바와 같이, 국외에서는 본 연구의 주제와 직접적으로 관련된 연구들은 아니지만, 주제와 관련해서 소수의 연구논문들이 발표된 바 있다. 먼저, 스웨덴 순록 목동들이 인식하는 기후변화에 관한 인터뷰 내용을 분석하고 발표한 연구논문이 발표되었다.[7] 기후변화가 순록들의 방목에 미치는 영향에 관한 실증적 차원의 연구 결과물로서 본 연구의 본론 내용인 기후변화가 스웨덴 북극 지역 내 방목지역들에 미치는 영향에 관한 분석, 논의에 있어 부분적으로 유용한 정보를 제공한다. 스웨덴을 포함한 스칸디나비아반도에 거주하는 사미족들의 이동에 기후변화가 주는 영향을 조사, 분석한 연구도 수행되었다.[8] 유럽연합 내 사미족의 건강, 안위, 그리고 문화에 대한 기후변화의 총체적인 영향을 다룬 연구도 이루어졌다.[9] 상기한 연구들은 스웨덴에 거주하는 순록 목동들을 포함한 사미족들의 기후 변화의 영향을 피하기 위한 이동의 변화를 다룸으로써 본 연구에 기본적인 관련 정보를 제공한다. 기후변화로 인해 식물군 내에서 발생할 수 있는 변화상의 역동성과 더불어 사미족 순록 목동들의 관점으로 북극 지역과 북극 지역의 근접 지역(subarctic)에서의 순록들의 관리에 대해 조사, 분석한 연구 결과물도 발표된 바 있다.[10] 스웨덴을 비롯한 북유럽지역에서의 순록 목동들이 직면한 기후변화, 토지용도 관련 갈등, 생

---

7) Maria Furberg, Birgitta Evengård, and Maria Nilson, "Facing the limit of resilience: perceptions of climate change among reindeer herding Sami in Sweden," *Global Health Action*, 4: 8417 (2011), pp. 1-11.

8) Ilan Kelman, Marius Warg Næss, "Climate Change and Migration for Scandinavian Saami: A Review of Possible Impacts," *Climate*, 7, 47 (2019), pp. 1-14.

9) Jouni J.K. Jaakkola, Suvi Juntunen, Klemetti Näkkäläjärvi, "The Holistic Effects of Climate Change on the Culture, Well-Being, and Health of the Saami, the Only Indigenous People in the European Union," *Current Environmental Health Reports*, 5 (2018), pp. 401-417.

10) T. Horstkotte, T. Aa. Utsi, Å. Larsson-Blind, P. Burgess, B. Johansen, J. Käyhkö, L. Oksanen, and B. C. Forbes, "Human-animal agency in reindeer management: Sámi herders' perspectives on vegetation dynamics under climate change," *Ecosphere*, 8:9 (September 2017), pp. 1-17.

태계 악화 등의 과제들에 관해 집중적으로 분석한 연구가들도 있다.[11] 이 연구는 본 연구 주제에 대해 총체적인 관점을 제공하고 기존 관련 연구들의 연구 방향도 가늠하게 하여 본 연구의 진행에 적지 않은 도움을 제공했다고 여겨진다. 또한 북부 스칸디나비아의 사미족 순록 목동들이 정부 차원의 정책들과 겨울 기후가 주는 기상 조건의 변동성 사이에서 어떻게 조율과 적응을 해오고 있는 지에 관해 논의한다. 동시에 순록 방목에 있어 실제로 해당 정책과 겨울 기상 조건의 다양성이 주는 차이를 면밀하게 살펴본 연구물도 발표되었다.[12] 스웨덴의 사미족 순록 목동들의 순록 방목에 대한 어려움이 목초지들의 점진적인 손실로 인해 가중된다는 배경을 제시하며 그 해결안을 목초지의 관리에서 모색해 보려는 연구도 있었다.[13] 이처럼 상기한 기존 문헌의 검토에서 알 수 있듯이, 본 연구와 관련한 기존 연구들은 파상적으로 그리고 부분적으로 본 연구와 관련성은 있다고 볼 수 있다. 그러나, 스웨덴 정부의 사미족들의 순록 방목을 강조하는 북극 전략, 스웨덴 사미족들의 순록 방목지역 및 방목 현황, 그리고 스웨덴 북극 지역에서 기후변화가 야기하는 일반적인 현상, 스웨덴 사미족들의 순록 방목에 미치는 기후변화의 영향과 그 영향들의 경감방안에 이은 궁극적인 해결안에 관한 본 연구는 기존 연구들과는 충분한 차별성을 둘 수 있다고 판단된다.

본 연구의 구성은 다음과 같다. 서론에 이어, Ⅱ장에서는 스웨덴의 북극 전략들

---

11) Roland Pape, Jörg Löffler, "Climate Change, Land Use Conflicts, Predation and Ecological Degradation as Challenges for Reindeer Husbandry in Northern Europe: What do We Really Know After Half a Century of Research?," *Ambio*, 41 (2012), pp. 421-434.

12) Jan Åge Riseth, Hans Tømmervik, Jarle W. Bjerke, "175years of adaptation: North Scandinavian Sámi reindeer herding between government policies and winter climate variability (1835-2010)," *Journal of Forest Economics*, 24 (August 2016), pp. 186-204.

13) Alessia Uboni, Birgitta Åhman, and Jon Moen, "Can management buffer pasture loss and fragmentation for Sami reindeer herding in Sweden?," *Pastoralism: Research, Policy and Practice*, 10:23 (2020), open access.

을 간략히 분석, 논의해 본다. Ⅲ장에서는 스웨덴 북부지역 사미족들의 거주지역 및 순록 방목 지역과 방목 현황, 그 지역 내에서 파악되는 기후변화로 인한 주요 현상을 분석, 논의한다. Ⅳ장에서는 스웨덴 북부지역 사미족들의 순록 방목에 있어 기후변화로 인한 주요 영향들을 분석, 논의한다. 그리고 Ⅴ장에서는 Ⅳ장에서 논의된 스웨덴 북부 사미족들의 순록 방목에 있어 기후변화로 인한 주요 영향들에 대한 경감방안들을 제시, 논의한다. 그리고 마지막 Ⅵ장, 결론에서는 본문의 내용을 정리하고, 궁극적인 해결안과 함의를 제시하며 본 연구를 마무리한다.

Ⅱ. 스웨덴의 북극 지역 전략

1. 스웨덴의 제1차 북극 지역 전략

2011년에 스웨덴 정부는 '스웨덴의 북극 지역 전략(Sweden's strategy for the Arctic Region)'을 채택하였다.[14] 당시 스웨덴은 북극이사회 회원국 들 중 가장 마지막으로 북극에 관한 국가 차원의 전략을 승인한다. 스웨덴 정부의 북극에 관한 구체적인 전략 마련과 채택은 국제사회의 압력과 자국민들의 요구도 그 배경으로 기저하고 있었다. 실제로 스웨덴 정부가 '스웨덴의 북극 지역 전략'을 승인한 날에 스웨덴 정부는 북극이사회의 의장국이 되었으며 2011-2013년 동안의 북극이사회 의장국의 활동 계획을 주요 내용으로 하는 '2011-2013 북극이사회 의장국 프로그램(Chairmanship Programme for the Arctic Council 2011-2013)'을 공식적으로 발표하기도

---

14) Government Office of Sweden, Ministry for Foreign Affairs, "Sweden's strat egy for the Arctic region," 2012, https://www.government.se/contentassets/85de9103bbbe4373b55eddd7f71608da/swedens-strategy-for-the-arctic-region (검색일: 2021.3.13).

하였다.[15] 스웨덴은 100년 넘게 극지 지역들에 관한 연구 노력에 상당히 기여해 왔음에도 불구하고, 북극 지역에 대한 스웨덴 정치인들의 공식적인 정치적인 성명서나 정치적인 연설은 자주 이루어지지 않았다.[16] 이러한 점을 감안하면 스웨덴 정부의 '스웨덴의 북극 지역 전략'의 공식적인 발표는 의장국으로서의 역할 수행이라는 점을 넘어 큰 의의를 주고 있다고 볼 수 있다. 서론에서 간략하게 논의했듯이, '스웨덴의 북극 지역 전략'은 후반부에 스웨덴 정부의 북극 지역에 대한 우선 정책 영역들을 제시하고 있다. 이 전략에서는 스웨덴 정부의 기후와 환경 영역들의 정책 필요성과 시행 중요성을 명기하고 있다. 특히, 생물다양성(Biodiversity) 정책 영역에 대한 특별한 관심과 정책 효용성의 중요성을 강조한다.[17] 지구온난화로 인한 기온상승으로 해빙이 증가하면서 발생할 수 있는 생태계상의 큰 변화를 주지한 정책 방향으로 이해될 수 있을 것이다. 이 전략은 경제 개발(Economic Development) 정책 영역을 두 번째 우선 정책 영역으로 설정하고 있는데, 광업(Mining), 석유(Petroleum), 산림(Forestry) 분야들에서 해당 정책 발전, 특히, 바렌츠해 지역(Barents Sea region)에서의 석유 관련 정책 발전을 강조한다.[18] 첫 번째 우선 정책 영역을 생물다양성으로 설정하고, 두 번째 우선 정책 영역을 바렌츠해 지역의 석유, 광업, 산림 분야 등의 자원 개발 측면에서의 해당 정책 발전으로 설정하고 있다. 이는 스웨덴 정부의 자연자원의 보존과 에너지 자원의 개발 및 경제적 가치를 감안한 환경 및 에너지 정책들의 병행적 시행이라는 스웨덴 정부의 환경 및 에너지 정책 방향을 가늠하게 한다. 세 번째로는 북극 지역 원주민들을 위한 정책 영역으로서, 스웨덴 북극 지역 원

---

15) Lassi Heininen, "Arctic Strategies and Polices-Inventory and Comparative Study," presented at Northren Research Forum, the University of Lapland, (2012), pp. 49-51.

16) Lassi, op. cit., p. 49.

17) Government Office of Sweden, op. cit., p. 28.

18) Ibid., p. 30.

주민인 사미족과 토착 언어(Indigenous Language)들의 보존 증진을 포함하면서 북극 지역 원주민들의 전반적인 주거 환경(Living Conditions)향상을 그 목표로 한다. 더불어 사미 원주민들을 위한 정책 마련 과정에서 사미족 젊은이들의 적극적인 참여를 권유하고 있다.[19] 이는 앞서 우선시 되었던 생물 다양성과 석유 자원 개발 관련 정책들의 효용성 담보를 위해서는 토착민들의 관련 정책 의사결정과정에서의 참여도 중요할 수 있다는 것을 암시해 주고 있는 부분이다. 더불어 스웨덴 정부의 토착민들의 경제적인 기반 향상이라는 정책 방향 설정이 읽히는 부분이라고 할 수 있다. 이 전략은 토착민 공동체에 미치고 있는 기후변화의 부정적인 영향들과 오염에 대한 심각성도 인정하였다. 기후변화는 토착민 공동체들의 많은 전통적인 관습과 생계유지를 어렵게 한다고 추가적으로 명시되어 있다.[20] 스웨덴 정부의 북극 전략의 세 번째 정책 방향인 토착민들의 경제 기반 향상이라는 정책 방향과 일맥을 같이 한다고 볼 수 있다.

2. 스웨덴의 제2차 북극 지역 전략과 사미족의 순록 방목

스웨덴 정부가 2020년에 채택한 제2차 북극 지역 전략은 제1차 북극 지역 전략의 연장선상에서 기존 정책 영역들이 조금 더 강화되었다. 스웨덴 정부는 높은 환경 기준을 적용하는 북극 지역 국가로서 북극 지역에서의 국제적인 역할 상의 중요성을 인정하면서, 스웨덴 지역 산업부문의 온실가스 배출량 감축을 위한 로드맵을

---

19) Ibid., p. 41.
20) Lassi Heininen, Karen Everett, Barbora Padrtova, Anni Reissell, "Arctic Policies and Strategies-Analysis, Synthesis, and Trends," International Institute for Applied Systems Analysis, Schlossplatz 1, A-2361, Laxenburg, Austria, (2020), p. 92.

제시하였다.[21] 병행적으로 북극 지역에서의 스웨덴 정부의 기후 행동 범위의 확대를 강조하였는데, 스웨덴을 제외한 타 북극이사회 회원국들도 북극 지역으로 유입되거나 그 지역에서 배출되는 온실가스들의 배출량 감축에 대한 책임 있는 행동을 요구하였다. 아울러서 북극 지역 내 기후변화의 영향 경감 및 신재생에너지의 사용 증진과 관련하여 북극이사회 내 관련 조치들의 강화도 주장하였다. 북극 지역의 민감한 자연환경의 법적 보호, 오일 시추 위험 방지, 그리고 어류 남획 방지 등과 관련한 법적 강화도 주장한다.[22] 특히, 스웨덴의 제2차 북극 지역 전략에서 괄목할만한 점은 제1차 북극 지역 전략에서 강조한 기후변화가 사미족의 전통적인 관습의 유지와 생계에 미치는 영향에 대한 심각성은 물론 구체적으로 기후변화가 사미족들의 순록 방목에 대해 미칠 수 있는 영향을 인지하고 기후변화 영향 경감방안 마련을 약속했다는 점이다.[23] 사미족들의 전통적이며 독특한 문화의 유지는 물론 사미족들의 생계 수단인 순록 방목을 스웨덴 정부가 그 문화의 일부로서 독점적으로 보존시켜야 한다는 점도 역설, 강조하고 있다.

---

21) Bram De Botselier, Sofia López Piqueres, and Simon Schunz, "Addressing the 'Arctic Paradox': Environmental Policy Integration in the European Union's Emerging Arctic Policy, EU Diplomacy 03/2018," working paper, Department of EU International Relations and Diplomacy Studies, College of Europe (2017), p. 14.

22) "New Swedish Envionmental Policy for the Arctic," https://polarconnection.org/new-swedish-environmental-policy-arctic/(검색일: 2021.3.21).

23) Government Offices of Sweden, 2020, "Sweden's strategy for the Arctic region," https://www.government.se/4aaec5/contentassets/85de9103bbbe4373b55eddd7f71608da/swedens-strategy-for-the-arctic-region-2020.pdf (검색일: 2021.3.21).

Ⅲ. 스웨덴 북극 지역 사미족의 순록 방목 지역과 기후변화 주요 영향

이번 장에서는 스웨덴 북극 지역에 거주하는 사미족들에 관한 간략한 논의와 함께, 사미족 거주지역 및 사미족의 순록 방목 지역에 발생하는 기후변화로 인한 일반적인 현상들을 분석, 논의해 본다. 이러한 배경은 후에 논의되는 기후변화가 미치는 스웨덴 사미족의 순록 방목에 있어 그 영향들을 이해하는 데 도움이 될 것으로 보인다.

1. 스웨덴 북극 지역 사미족과 기후변화

스웨덴 북부지역은 북극 지역(Arctic Circle)의 일부 지역을 포함하는데, 사프미로 불리는 지역이 있다. 이곳에는 북극 지역 원주민들인 사미족들이 거주한다. 이 지역은 노르웨이 북부, 스웨덴 북부, 스칸디나비아반도의 노르웨이의 대부분의 북부 지역에 이르고 있으며, 러시아의 Kola반도까지 이르고 있다. 이 지역들에 거주하는 사미족 인구는 전체적으로 대략 10만여 명에 달하며 스웨덴에서는 약 3만 6천 명이 거주하고 있다.[24] [그림 1]은 스웨덴 사미족의 주요 주거 지역을 보여준다. 스웨덴의 북부 지역에 사미족의 주거 지역들이 주로 분포하고 있으며 주거 지역들 간에도 상당한 거리가 있다. 51개의 사미족 마을에서 약 2,500명의 스웨덴 사미족들이 순록 방목을 주요 수입원으로 하고 있다. 2021년 1월 기준, 스웨덴 북극 지역 내 사미족들에 의해 방목된 순록들의 수는 변동성이 있지만 약 260,000두에 달한다.[25]

---

24) "SAMI IN SWEDEN," https://sweden.se/society/sami-in-sweden/ (검색일: 2021.3.24).
25) Maria, op. cit., p. 2.

스웨덴 내 사미족들의 순록 방목이 이루어지고 있는 지역들은 주거 지역들 내 또는 근접 지역들이며 교통, 전자 통신 네트워크의 인프라 상태가 양호하지만 인구 밀도가 적은 지역들이 대부분이다. 수렵, 어업, 수공예품 제작, 그리고 순록 방목 등이 이 지역 사미족의 전통적인 생계업종 분야들이다. 스웨덴 사미족들의 10%가 순록 목축업 분야에 종사하고 있지만, 직업과 교육 측면에서 대부분의 스웨덴 사미족들은 스웨덴 사회에 융합되어 일반 시민들과 다름없는 생활을 하고 있다. 사회, 경제적 기준 측면에서 1970년대부터 2000까지의 스웨덴 내 사미족들의 전체 연간 평균 순 수입도 스웨덴 내 비 사미족 인구들과 비교하면 아주 근소한 차이로 적을 뿐이다.[26]

[그림 1] 스웨덴 내 사미족 거주 지역

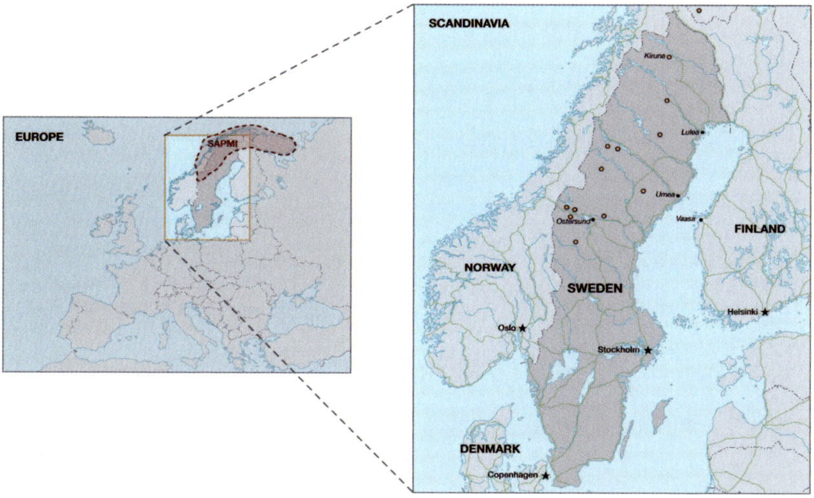

출처: Maria (2011), p. 2

---

26) Ibid., p. 2.

스웨덴 내 사미족들의 주요 순록 방목 지역은 스칸디나비아반도 북쪽에 위치함으로써 기온상승으로 인한 기후변화 영향이 다양한 측면에서 나타나고 있다. 스칸디나비아 북부 지역에서 발견되는 전형적인 기후변화의 영향으로 인한 현상들은 다음과 같이 정리될 수 있다.[27]

- 해안선까지의 거리가 길어지며 지표면의 평균 기온 상승
- 하절기 대비 동절기 기온 상승폭의 증가
- 기온상승으로 인한 동절기 강수량 증가와 일부 지역 눈 감소
- 폭풍우 증가와 더 거친 파도, 북극 폭풍우 횟수 감소 기간에도 해안 침식 확대
- 눈 및 바다 얼음 지역과 적설 지역의 범위 감소
- 영구 동결토 해빙
- 해양환경의 산성도(acidity)증가와 염분(salinity)감소

기온상승으로 인한 해빙과 지류(run-offs)들을 포함한 수역들의 건조화로 해안선과의 거리가 증가하여 노출된 지역은 상대적으로 그 표면 기온이 상승한다는 사실을 위 내용은 보여준다. 앞서 언급한 북극 증폭 현상의 전형적인 예라고 볼 수 있는 기온상승 폭의 증가는 여름보다는 겨울에 더 자주 나타나고 있다. 대기 중에서의 기온상승으로 인한 눈 입자들의 용해로 강우량의 증가, 대기권 기류의 불안정이 야기하는 폭풍우 현상의 횟수 증가와 강한 비바람이 그 주요 원인인 해안 침식의 확대, 그리고 해빙 지역의 증가도 발생하고 있다. 또한, 해빙수와 바닷물의 융합 이후의 해수의 염류 성분들의 약화, 그리고 해수 온도 상승이 주요 원인인 바닷물의 산성도 증가 현상들은 기온상승으로 인한 스웨덴 사미족의 순록 방목지역들에서 나타나는 기후변화 야기 주요 현상들이라고 볼 수 있다.

---

27) Ilan, op. cit., p. 4.

2. 스웨덴 북극 지역 사미족 방목지역과 기후변화 주요 영향

순록 방목은 날씨, 교통, 그리고 맹수들에 항상 취약하며, 날씨, 목동의 방목 방식에 대한 결정에 따라 방목지역은 정해진다. 스웨덴 정부는 순록 방목을 기후변화 영향에 민감하고 취약한 직업군으로 평가를 한 바 있다. 스웨덴 사미족의 역년(calender year)은 1년을 8계절로 나누고 있으며 각 계절들은 순록을 위한 중요 사항들을 주요 내용으로 하고 있다.[28] 그만큼 스웨덴의 사미족에 있어서 순록과 순록 목축업자들은 날씨에 의존하고 있으며 그들의 생활은 날씨와 함께 한다고 해도 과언이 아니라고 볼 수 있다. 겨울 중 순록들이 섭취하는 주요 먹이는 상대적으로 건조한 내륙지역에서 쉽게 발견되는 지상 지의류(ground lichen), 즉 이끼이다[29]. 겨울 중 기후변화로 인한 온, 냉 기간들의 급속한 변화는 일년 내내 이어지는 강수량의 집중도에 대한 증가와 함께 습한 날씨의 횟수 증가, 심설(deep snow), 얼음 지각(ice crust)형성 등으로 이어지고 있다. 이러한 주위 여건들은 순록 방목에 있어 지의류 섭취를 어렵게 하는 요인들이다.[30] 특히, 지의류는 눈이 덮히더라도 순록들이 발굽을 이용하여 지의류 주위의 눈을 털어내며 섭취를 할 수 있지만, 겨울의 평균 기온 상승으로 눈이 녹아 영하 기온에 다시 얼면서 지의류 섭취를 어렵게 하고 있다. 또한 1-2도의 기온상승도 순록의 평소 방목지역에 서식하는 식물군들의 구성에도 변

---

28) Maria Furberg, "Towards the Limits-Climate Change Aspects of Life and Health in Northern Sweden, studies of tularemia and regional experiences of changes in the Environment," Doctoral thesis, Faculty of Medicine, Department of Public Health and Clinical Medicine, Umeå University, (2016), p. 9.

29) Jan Åge Riseth, Arild Vatn, "Modernization and Pasture Degradation: A comparative study of Two Sámi Pasture Regions in Norway," *Land Economy*, 85 (2009), pp. 88.

30) E.J.Solberg, P.Jordhoy, O.Strand, R.Aanes, A.Loison, B.E.Saether, J.D.C. Linnell, "Effects of density-dependence and climate on the dynamics of a Svalbard reindeer population," *Ecography*, 24 (2001), p. 442.

화를 준다. 버드나무(willow)와 자작나무(dwarf birch)의 성장과 울창함은 순록 방목지대에서 지의류 이외에도 순록의 평소 먹이인 약초(herb)와 풀들의 성장을 저해하며, 순록들의 먹이를 찾기 위한 이동을 어렵게 한다.[31]

위에서 논의한, 기상 조건과 그에 따른 순록들의 주요 먹이 식물군의 변화는 방목지역에 서식하는 지상 지의류를 포함한 식물군들의 서식지를 줄임으로써 방목 가능 지역을 축소시킨다.[32] 이러한 기후변화의 순록 먹이 지역에 대한 영향은 순록 목동들의 기후변화의 다양성의 인지와 방목지들 간의 이동성 향상 등 그 대처 역량에 따라 상대적으로 작게 나타나기도 한다.[33] 상기한 배경들을 추해 보면, 기후변화에서 기인하는 기상 여건으로 인한 순록의 주요 먹이인 이끼류의 서식 지역들은 향후 지속적으로 감소될 것으로 보인다. 1991년과 2019년 사이 스웨덴 동부와 북부지역의 평균 기온이 1860년과 1900년 사이의 평균 기온보다 섭씨 2도 가량 높았다는 사실은 이러한 예상 역시 가능하게 한다.[34]

IV. 스웨덴 북극 지역 사미족 순록 방목에 미치는 기후변화의 영향

III장에서 논의되었던 스웨덴 사미족들의 거주 지역과 순록 방목지역에 기후변

---

31) "WWF, Fact sheet, Effects of climate change on reindeer," https://d2ouvy59p0dg6k.cloudfront.net/downloads/reindeer_factsheet_1.pdf (검색일: 2020.3.21).

32) T. Horstkotte, op. cit., pp. 6-7.

33) W.G.Rees, F.M.Stammler, F.S.Danks, P.Vitebsky, "Vulnerability of European reindeer husbandry to global change," *Climate Change*, 87 (2008), p. 199.

34) "How Sweden's Sami reindeer herders are being forced to adapt to climate change," https://www.thelocal.se/20200529/how-swedens-sami-reindeer-herders-are-being-forced-to-adapt-to-climate-change/ (검색일: 2021.3.24).

화가 주고 있는 영향에 관한 논의를 바탕으로 이번 IV장에서는 스웨덴 사미족의 순록 방목 자체에 미치고 있는 영향들을 분석, 논의해 본다.

1. 해빙으로 인한 관광지 및 개발 사업 등으로 축소된 방목지역

북극 지역의 일부인 스웨덴 북부지역은 연간 평균 기온상승으로 해빙이 이루어짐에 따라 개발의 속도도 빨라지고 있다. 이에 기존 토지 용도가 목초지였던 지역들이 개발지역들로 전환되면서 관광지 및 주거 지역의 확대, 그리고 그에 따른 제반 시설들의 설립 및 운용 역시 확대되고 있다. 이에 따라 스웨덴 북부 사프미 지역 내 순록들의 방목이 가능했던 기존 초지들에는 수력 발전, 숲길, 벌목작업, 풍력 발전 터빈 설치, 관광 리조트 개발 등으로 인한 순록 방목지역들의 축소 현상도 진행되고 있다.[35] 사미족들은 전통적인 순록 이동 방식을 벗어나 트럭으로 순록들을 이동시킨다. 방목지역 간 이동에 있어 주요 루트들이 수력 발전을 위한 대규모 저수지들에 의해서 막혀 있는 곳도 있다. 또한 대규모 저수지들은 얼지 않거나, 얼음층이 얇아 이동 시 위험을 초래한다. 이러한 지역들을 피하기 위해 순록들을 이동시키고 방목이 가능한 지역들의 분산화가 심해져 트럭을 이동수단으로 선택할 수 밖에 없는 상황이다.[36] 더불어 해빙으로 인한 관광지들의 개발은 순록 방목이 가능한 방목지역을 줄일 뿐만 아니라 주변 인구의 항시적인 관광지 내 산행이나 레저활동도 증가시킬 수 있다. 즉, 해빙으로 인해 특정 계절 또는 달에 제한되지 않고 일년 내내 이러한 활동들이 이루어짐으로써 방목 중인 순록들의 정신건강에도 해를 준다.

---

35) Alessia, op. cit., p. 1.
36) Maria, op. cit., p. 6.

2. 순록 방목지대의 지속 가능성 결여

스웨덴 순록 목축업자들에 대한 재정적인 상황은 악화되고 있지만, 순록 목축업자들은 방목 순록의 수에 비례하여 증가하는 수익 구조 특성상 대부분 대규모로 순록을 방목하고 있다.[37] 상술했듯이, 방목 가능한 목초지가 점차적으로 줄어듦에 따라 그나마 방목 가능한 목초지들은 방목업자들의 집중적인 순록 방목으로 인해 이끼류 등의 먹이들이 단기간에 줄어들게 된다. 또한 상당 부분들이 줄어든 이후 재회복되어 충분한 먹이 지대로 되기까지에는 적정 시간이 소요된다. 이러한 순록 방목이 가능한 목초지들의 순록들을 위한 먹이 지대로의 지속 가능성 결여도 기후변화가 가져다 주는 하나의 악 순환적인 결과로 지적되고 있다.[38] 순록 목동들이 순록 방목을 위해 사용하는 트럭 등의 운송 수단의 사용으로 인한 토양 압축 현상도 순록 방목 지대의 이끼류들의 성장을 저해하면서 순록 방목지대의 지속성 결여의 한 요인으로 작용할 것으로 보인다. 토양 압축 현상은 운송 수단의 운행 시 토양 상층이 받는 압력으로 토양층 내 영양분인 유기물들이 손실되면서 그곳 이끼들의 성장을 막거나 더디게 하기 때문이다.[39]

3. 맹수 피해 보상 정책(Predator Policy)의 보완 필요성

스웨덴 정부의 사미족 순록 방목을 위한 정책들 중에 사미족의 순록 방목을 가장 위협하는 정책은 바로 맹수 피해 보상 정책이다. 순록에 공격하는 맹수(곰, 회색

---

37) Ibid., p. 6.

38) Alessia, op. cit., p. 9.

39) 정 혁, "EU 토양 정책 발전과 기후변화 대응 위한 토지사용과 토지용도 변경에 관한 소고(토양 탄소격리 를 통한)," 『EU 연구』, 제 36호 (서울: 한국외국어대학교 EU연구소, 2014), p. 204.

곰 등)들의 습격으로 인해 순록 목축업자들에게 주어지는 스웨덴 정부의 보상은 미미하여 그 피해를 보상하기에는 턱없이 부족하다.[40] 스웨덴 정부는 맹수 피해 보상 정책으로서 영역 사전 평가(territorial ex-ante evaluation) 보상 시스템을 운영하고 있다. 영역 사전 평가 보상 시스템은 순록들의 공격행위에 가담한 맹수들의 숫자와 그 맹수들이 유발한 피해 규모를 대략적으로 미리 산정하여 보상한다.[41] 맹수들의 순록들에 대한 공격은 순록 목축업자들에게 경제적 손실도 안겨주지만, 방목하는 순록들을 개별적으로 모두 인지하는 목동들이 맹수들의 공격을 받고 난 후에 도살된 순록들을 보고 받는 정신적인 스트레스도 상당할 것으로 보인다. 빙설이 녹으며 초지에 방목된 순록들에 대한 맹수들의 공격도 용이해져서, 순록들에 대한 맹수들의 공격 횟수 증가 가능성, 그리고 이에 따른 맹수 피해 보상액의 산정 문제들은 순록 목축업자들에게 점점 더 큰 부담으로 다가올 것으로 예상된다.

4. 순록 이동을 위한 이동 수단 운용 능력 지원 필요

스웨덴 사미족 중 순록 방목을 생업으로 하는 대부분의 순록 목축업자들은 스웨덴 정부의 생계보조금(state subsidies)에 의존하고 있다. 스웨덴 정부의 순록 목축업자들에게 지원되는 생계보조금은 맹수 습격으로 인한 보상(predator compensation), 순록에 대한 영양 보조금(supplementary feeding), 순록 도축 지원금(slaughter support)형태로 지원되고 있다. 순록 방목을 하는 대부분의 사미족들이 정부가 지원하는 생계보조금에 의존하는 현재 상황은 순록 목동들의 순록 방목에

---

40) Maria, op. cit., p. 7.

41) Pekkarinen Antti-Juhani, Kumpula Jouko, and Tahvonen Olli, "Predation Costs and Compensations in reindeer husbandry," *Wildlife Biology*, 3 (2020), p. 2.

있어 대표적인 이동 수단인 트럭 등의 운용 자체도 어렵게 하고 있다.[42] 사프미 지역들 내 수 세대 간에 걸쳐 전해 내려온 양호한 순록 방목지역들도 최근 평균 기온상승으로 예전의 풍부한 이끼류의 성장을 보장할 수 없는 지역들이 된 곳이 많다. 특히 사프미 지역에서의 기온의 하락과 상승에 영향을 주는 급격한 기상 패턴은 순록 목동들의 적합한 순록 방목지역의 예상을 더욱 힘들게 하고 있다.[43] 즉, 토지 용도가 변경된 방목지역이나 전반적으로 축소된 방목지역들의 증가는 전통적인 순록 방목 방식이었던 육지 이동을 예전처럼 수월하지 않게 할 수 있으며 순록 방목 지역들의 위치에 대한 지식도 더 이상 세대를 거쳐 계승할 수 없을 것으로 보인다. 이러한 맥락에서 분산된 방목 지역들 간의 이동성 향상을 위한 스웨덴 사미족 순록 목축업자 또는 목동들의 이동 수단 운영을 지원할 수 있는 정부 지원금 확대 등이 필요할 것으로 보인다.

V. 스웨덴 북극 지역 사미족 순록 방목에 미치는 기후 변화 영향 대응 방안

1. 스웨덴 정부의 인공 보조 사료(supplementary feed)들의 사용 확대

스웨덴 사미족의 기후변화로 인한 순록 방목 가능 지역의 축소와 목초지 지대의 손실로 인한 순록의 먹이 문제에 대한 대응으로는 순록이 섭취할 수 있는 대안

---

42) Maria, op. cit., p. 7.

43) Weronika Axelsson-Linkowski, Anna Maria Fjellström, Camilla Sandström, Anna Westin, Lars Östlund, Jon Moen, "Shifting Strategies between Generations in Sami Reindeer Husbandry: the Challenges of Maintaining Traditions while Adapting to a Changing Context," *Human Ecology*, 48 (2020), p. 487.

식량 자원의 개발과 그 보급 확대가 필요하다.[44] 건초 또는 공장에서 제조한 순록용 사료들은 그러한 대용 식량으로서 기능적 역할을 할 수 있다. 이러한 보조 사료들의 사용 확대는 자연 사료와의 혼용으로 특정 지역 내 순록들의 수를 추가적으로 늘릴 수도 있을 것이다. 스웨덴 정부는 1986년에 발생한 체르노빌 사고 이후 스웨덴 내 주요 순록 방목지역들에서는 순록 살코기 내 세슘(cesium)의 함유량을 줄이기 위해 순록들에게 인공 보조 사료들을 섭취를 허용하고 있다.[45] 실제로, 이 인공 보조 사료들은 자연 사료(natural forage)의 부족을 보충하면서 한때 순록들의 수요가 급격히 증가한 바도 있다.[46] 이러한 인공 보조 사료들과 자연 먹이들과의 혼용으로 한 해 겨울에 이끼류가 충분히 자랄 수 있는 시간을 줄 수 있을 뿐만 아니라, 다가오는 수차례의 겨울도 나게 할 수 있을 것이다. 그러나 순록용 인공 보조 사료들의 사용은 순록들의 성장을 돕는 그룹 이동과 순록들의 그 의존성을 줄이며 순록 목동들의 순록의 통제 및 방목 관리를 어렵게 할 수도 있다. 이러한 인공 보조 사료들의 사용은 자연 먹이 지대로의 접근을 어렵게 하는 과도한 적설량, 또는 두꺼운 얼음층의 결빙으로 방목지역의 양호하지 않은 여건이 조성되었을 때 더욱 효용성을 보여줄 수 있을 것이다.

2. 기존 초지의 선순환 활용의 수월성을 위한 이동성 향상

순록의 주요 먹이 식물군인 이끼류의 초지 손실은 남은 지역의 이끼류의 성장

---

44) Alessia, op. cit., p. 7.

45) Birgitta Åhman, "Transfer of radiocaesium via reindeer meat to man-Effects of countermeasures in Sweden following the Chernobyl accident," *Journal of Environmental Radioactivity*, 46:1 (1999), p. 114.

46) Alessia, op. cit., p. 4.

을 빠르게 함으로써 그 손실을 보완할 수도 있다.[47] 이끼류의 성장은 느리기 때문에 한 번 심하게 섭취가 이루어진 지역은 이끼류 성장을 돕는 토양층 저변의 바이오매스가 충분히 남아 있지 않아 다음 먹이 시즌에 맞춰 충분히 자라지 않는다. 이러한 현상은 그 이끼류 자리(lichen-mat)의 두께 감소 등 그 목초지의 질적 측면의 하락이라는 결과를 양산하게 된다.[48] 겨울 기간 중 순록에게 충분한 영양을 공급해 주기 위해서는 이끼류 자리의 두께가 최소 3cm 정도는 되어야 한다. 이끼류 자리가 너무 두껍거나 너무 얇지 않고 적정 두께를 유지하였을 때 순록의 다음 먹이 시즌까지의 그 충분한 번식과 성장도 기대해 볼 수 있다.[49] 과도하게 이끼류가 소비되어 얇게 된 이끼류 자리는 6cm 정도의 양호한 길이의 두께를 가진 이끼류의 성장까지 약 15-45년의 시간이 필요하다. 이끼류의 지속성 있는 성장과 순록의 섭취라는 반복적인 선순환을 위해서는 3-8cm 정도의 두께를 항상 유지해야 한다. 이끼류가 풍부한 스웨덴 북부지역의 순록 방목지역을 대상으로 실시한 최근 이끼류 자리 두께에 대한 조사 결과는 그 지역의 이끼류 자리의 평균 두께가 3cm이하인 것을 보여준다.[50] 이는 스웨덴 북부지역에서의 순록 방목업자들이 순록 방목의 회수가 많고 너무 집중적으로 방목이 이루어지며 지속 가능한 방식으로의 이끼류의 성장을 저해하고 있다는 것으로 풀이될 수 있을 것이다. 이에 스웨덴 정부는 이끼류 성장의 선순환 활용을 위해 사미족 순록 목동들의 방목 가능한 지역 간 이동의 원활성과 수월성을 위한 이동 수단의 사용 장려 목적의 조치가 필요할 것으로 보인다.

---

47) Timo Helle, and Ilpo Kojola, "Population trends of semi-domesticated reindeer in Fennoscandia-Evaluation of explanations," *In Reindeer management in Northernmost Europe: Linking practical and scientific knowledge in socio-ecological systems*, B.C.Forbes, M.Bölter, L.Müller-Wille, J.Hukkinen, F.Müller, N.Gunslay, and Y.Konstantinov, (eds.), (Berlin: Springer-Verlag, 2006), p. 319.

48) Timo, op. cit., p. 320.

49) Alessia, op. cit., p. 8.

50) Alessia, op. cit., p. 9.

3. 맹수 피해 보상 시스템 강화와 맹수 개체 수 고려 수렵 허가

스웨덴 정부의 사미족 순록 방목을 위한 맹수 피해 보상 정책은 영역 사전 평가 시스템을 운영하고 있다. 이 시스템은 순록 목축업자들이 순록 방목지역에 출현한 맹수들의 숫자와 그 맹수들이 유발한 피해 규모에 의해 보상받도록 하고 있다. 이러한 가해 개체와 피해 규모와 관련한 금전적인 보상은 사미족들의 순록 방목 중 발생할 수 있는 물질적 피해를 보상할 수는 있을 것이다. 하지만, 장기적인 측면에서는 향후 맹수에 대한 공격이 없을 경우를 가정한 적정 기간 내 거둘 수 있는 수익의 보전 그리고 순록 목동들의 정신적인 피해도 담보할 수 있는 강화된 보상 시스템의 마련과 운용이 필요할 것으로 보인다.

스웨덴 정부는 2010년과 2011년에 순록 보호를 위해 일반 시민들도 늑대 사냥을 할 수 있도록 늑대 사냥 허가(license)제를 도입하였다. 그러나 스웨덴 정부는 늑대 사냥 허가를 무분별하게 남발하다가 유럽연합 집행위원회와 자국 내 환경론자들의 압력으로 그 허가제를 취소한 바 있다.[51] 순록과 순록의 방목지역 보호를 위한 목적으로 시작된 이 조치는 늑대 사냥을 위해 이동하는 사냥꾼들의 이동 수단과 장비의 과도한 사용으로 인한 목초지 훼손이 그 주요 원인이었다.[52] 스웨덴 사미족들의 순록 방목은 스웨덴 사미족들의 문화로서 상징성이 큰 만큼, 정기적으로 피해가 심한 스웨덴 순록 방목이 가능한 특정 지역들을 지정하여 늑대의 개체 수를 적정 수준 유지하는 선에서의 늑대 사냥을 재허가하는 것도 하나의 방안이 될 수 있을 것이다.

---

51) Ilan, op. cit., p. 4.

52) Ibid., p. 5.

4. 순록 관리를 위한 현대 장비들의 사용 증대

스웨덴의 순록 목초지들에서는 1960년대부터 스노우모빌, 산악용 사륜차(all-terrain vehicle), 헬리콥터, 트럭 등의 사용이 점점 더 확대되어 오고 있다.[53] 스노우모빌, 산악용 사륜차, 그리고 헬리콥터 등은 순록들의 그룹 이동을 통제하고 그 이동 자체에 대한 관리를 원활하게 할 수 있도록 사용할 수 있는 장비들이다. 트럭들은 여름과 겨울 목초지 간 순록들의 수송을 위해 사용되며 헬리콥터와 함께 대형 그룹을 형성하여 이동하는 순록들의 이동 경로 조정과 통제를 위해 사용되고 있다. 현재는 많은 수의 순록 방목 지역들에서 순록들의 이동 경로와 주요 목초지대들의 위성항법시스템과 지리정보시스템(Geographic Information System)이 사용되고 있다.[54]

스웨덴 정부는 1973년 이래 정부 지원 프로그램을 통해 스웨덴 사미족들의 순록 방목업자들의 순록 이동과 순록 관리를 위해 사용되는 장비의 현대화를 지원해오고 있다. 순록 방목업자들은 그들의 사업체 발전과 자금 지원을 받기 위해 사업 지원 기금에 신청할 수 있다. 1997년부터 2014년까지 구체적으로 그 지원항목들은 밝혀지지 않고 있지만, 기금을 통해 스웨덴 사미족들의 순록 방목을 위한 장비 지원 명목으로 지원된 연평균 지원금 총액은 640만 스웨덴 크로나(한화 약 8억 6천5백만 원)로 알려져 있다.[55] 스웨덴 정부는 스웨덴 사미족들의 순록 방목지역 간 이동성 향상을 위해서는 사용 장비와 이동 수단들의 현대화 지원 기금을 확대할 필요가 있다.

---

53) Jan, op. cit., p. 188.
54) Ibid., p. 188.
55) Alessia, op. cit., p. 8.

VI. 결론

극 지역에서 쉽게 인지할 수 있는 온도 상승 등의 기후변화의 영향은 오랜 세월 동안 극 지역에서 거주해온 원주민들의 삶의 터전에 큰 영향을 주고 있다. 유럽연합 회원국들 중 북극 지역에 가장 많은 인구가 거주하는 스웨덴의 북극 지역에 대한 전략들은 이러한 점을 충분히 반영하고 있다. 이 전략들은 환경보호와 에너지 자원 개발이라는 어떤 의미에서는 대척점에 있는 두 정책 방향들의 구체적인 목표들의 실현 과정에서 스웨덴의 북극 지역 원주민인 사미족들의 순록 방목이 받을 수 있는 잠재적인 기후변화로 인한 그 영향을 고려하여 마련되었다. 스웨덴 정부의 북극 전략의 이러한 설정 방향은 스웨덴 정부가 스웨덴 사미족들의 순록 방목에 기후변화가 미치는 영향을 인지하고 있다는 것을 의미한다. 아울러서, 스웨덴 사미족들의 순록 방목은 스웨덴 사미족들의 생계 수단으로서의 그 의의를 넘어 스웨덴 원주민인 사미족들의 고유한 문화, 생활방식으로서 스웨덴 정부는 이러한 상징성을 인정하고 강조하며, 그 보존에 대한 필요성을 역설하고 있다.

북극 지역 내 일부 위치하고 있는 스웨덴 북부 사미족들의 순록 방목 지역들은 지표면의 평균 기온 상승, 동절기 기온 상승폭의 증가, 동절기 강수량 증가, 해안 침식의 확대, 얼음 지역과 적설 지역의 감소 등의 기후변화로 인한 영향들을 경험하고 있다. 특히, 온도 상승으로 순록 방목지역에서 강수량이 많아지고, 동절기 기온하락으로 인한 결빙으로 인해 순록들의 주요 먹이 지대인 이끼류 자리 지대가 줄어들고 있다. 이에 따라 순록들의 방목 가능 지역이 축소되며 스웨덴 사미족들의 순록 방목은 점점 더 어려워지고 있다. 이러한 어려운 점들로는 순록 방목 가능 지역의 축소, 순록 방목지대의 지속가능성 결여, 맹수 피해 보상 정책의 보완 필요성, 그리고 순록 이동을 위한 이동 수단 지원 필요성 등이 논의되고 있다. 이러한 어려움들에 대한 해결 접근으로는 인공 보조 사료들의 사용 확대, 기존 초지의 선순환 활용의 수월성을 위한 이동성 향상, 맹수 피해 보상 시스템 강화 및 맹수 개체 수를 고려한 수렵 허가, 그리고 순록 관리들을 위한 현대 장비들의 사용 확대 등을 고려해 볼 수 있을 것이다.

스웨덴은 지역(regional level) 차원에서 주 행정 이사회(County Administrative Board)가 순록 목축업계 관련 사안들에 관한 정책 결정을 하고 있다. 이러한 사안들에는 주 내 사미족 마을의 순록 방목지역에서 방목 가능한 순록들의 수에 대한 결정도 포함되어 있다.[56] 이는 주 행정 이사회가 관할 구역 마을들 내 또는 근접 지역에서 순록 방목이 가능한 지역들에 관한 정보 네트워크가 있다는 것을 의미한다. 주 행정 이사회와 상술한 51개 사미 마을들과의 더 긴밀한 협조를 통한 순록 방목 가능 지역들에 대한 정보 업데이트와 공유, 그리고 그 전파 활성화는 스웨덴 북극 지역에서의 사미족들의 순록 방목에 미치는 기후변화 영향에서 완전히 벗어나게 할 수는 없겠지만, 당분간은 기후변화 그 적응과정에서 생각해 볼 수 있는 최선의 방안으로 사료된다.

북극 지역 스웨덴 북부 사미족들의 순록 방목 인구는 스웨덴 사미족 전체 인구들의 1/10에 불과하다. 그럼에도 불구하고 스웨덴 정부는 스웨덴의 북극 지역 전략에서 기후변화로 인한 사미족들의 순록 방목의 영향에 대해 인지하고 이에 대한 대응책 마련 필요성을 강조한다. 이는 스웨덴의 북극 지역에서 순록을 방목하는 사미족들의 생활에 기후변화가 미치는 영향이 직접적이면서도 상당히 위중하다는 것이라는 점을 스웨덴 정부가 충분히 인정하고 있다는 점을 알 수 있게 한다. 마지막으로 본 연구가 차후 지역학 차원에서 접근하는 기후변화가 인간의 생활권역에 직접적으로 미치는 영향에 관한 연구들을 위한 작은 초석이 될 수 있기를 기대해 본다.

---

56) "Sámi-Sweden," https://reindeerherding.org/sami-sweden (검색일: 2021.4. 10).

참고문헌

정 혁. "EU 토양 정책 발전과 기후변화 대응 위한 토지사용과 토지용도 변경에 관한 소고 (토양 탄소격리 를 통한)." 『EU 연구』, 제 36호. 서울: 한국외국어대학교 EU연구소, 2014.

Åhman, Birgitta. "Transfer of radiocaesium via reindeer meat to man-Effects of countermeasures in Sweden following the Chernobyl accident." *Journal of Environmental Radioactivity*, 46:1 (1999).

Antti-Juhani, Pekkarinen, Jouko Kumpula, Olli Tahvonen. "Predation Costs and Compensations in reindeer husbandry." *Wildlife Biology*, 3 (2020).

Axelsson-Linkowski, Weronika, Maria Fjellström Anna, Sandström Camilla, Westin Anna, Östlund Lars, Moen Jon. "Shifting Strategies between Generations in Sami Reindeer Husbandry: the Challenges of Maintaining Traditions while Adapting to a Changing Context." *Human Ecology*, 48 (2020).

De, Botselier Bram, Piqueres Sofía López, and Schunz Simon. "Addressing the 'Arctic Paradox': Environmental Policy Integration in the European Union's Emerging Arctic Policy, EU Diplomacy 03/2018." working paper, Department of EU International Relations and Diplomacy Studies, College of Europe, 2017.

Furberg, Maria. "Towards the Limits-Climate Change Aspects of Life and Health in Northern Sweden, studies of tularemia and regional experiences of changes in the Environment." Doctoral thesis, Faculty of Medicine, Department of Public Health and Clinical Medicine, Umeå University, 2016.

Furberg, Maria, Evengård Birgitta, Nilson Maria. "Facing the limit of resilience: perceptions of climate change among reindeer herding Sami in Sweden." *Global Health Action*, 4: 8417 (2011).

Heininen, Lassi. "Arctic Strategies and Polices-Inventory and Comparative Study." presented at Northren Research Forum, the University of Lapland, 2012.

Helle, Timo, and Kojola Ilpo. "Population trends of semi-domesticated reindeer in Fennoscandia-Evaluation of explanations." In *Reindeer management in Northernmost Europe: Linking practical and scientific knowledge in socio-ecological systems*, B.C.Forbes, M.Bölter L.Müller-Wille, J.Hukkinen, F.Müller, N.Gunslay, and Y.Konstantinov, (eds.), (Berlin: Springer-Verlag), 2006.

Horstkotte, T., T. Aa. Utsi, Å. Larsson-Blind, P. Burgess, B. Johansen, J. Käyhkö, L. Oksanen, and B. C. Forbes. "Human-animal agency in reindeer management: Sámi herders' perspectives on vegetation dynamics under climate change." *Ecosphere*, 8 (9) (2017).

Jaakkola, Jouni J.K., Juntunen Suvi, Näkkäläjärvi Klemetti, "The Holistic Effects of Climate Change on the Culture, Well-Being, and Health of the Saami, the Only Indigenous People in the European Union." *Current Environmental Health Reports* 5, 2018.

Kelman, Ilan, Næss Marius Warg. "Climate Change and Migration for Scandinavian Saami: A Review of Possible Impacts." *Climate*, 7: 47 (2019).

Pape, Roland, Löffler Jörg. "Climate Change, Land Use Conflicts, Predation and Ecological Degradation as Challenges for Reindeer Husbandry in Northern Europe: What do We Really Know After Half a Century of Research?." *Ambio*, 41 (2012).

Rees, W.G., Stammler F.M., Danks F.S., Vitebsky P. "Vulnerability of European reindeer husbandry to global change." *Climate Change*, 87 (2008).

Riseth, Jan Åge, Vatn Arild. "Modernization and Pasture Degradation: A comparative study of Two Sámi Pasture Regions in Norway." *Land Economy*, 85 (2009).

Riseth, Jan Åge, Tømmervik Hans, Bjerke Jarle W. "175 years of adaptation: North Scandinavian Sámi reindeer herding between government policies and winter climate variability (1835-2010)." *Journal of Forest Economics*, 24 (2016).

Solberg, E. J., Jordhoy P., Strand O., Aanes R., Loison A., Saether B. E., Linnel J. D. C. "Effects of density-dependence and climate on the dynamics of a Svalbard reindeer population." *Ecography*, 24 (2001).

Government Office of Sweden. "Sweden's strategy for the Arctic region." Ministry of Foreign Affairs, (2012). https://www.government.se/contentassets/85de9103bbbe4373b55eddd7f71608da/swedens-strategy-for-the-arctic-region (검색일: 2021.3.13).

Government Office of Sweden. "Sweden's strategy for the Arctic region." https://www.government.se/4aaec5/contentassets/85de9103bbbe4373b55eddd7f71608da/swedens-strategy-for-the-arctic-region-2020.pdf (검색일: 2021.3.21).

"How Sweden's Sami reindeer herders are being forced to adapt to climate change." https://www.thelocal.se/20200529/how-swedens-sami-reindeer-herders-are-being-forced-to-adapt-to-climate-change/ (검색일: 2021.3.24).

Ministry of Foreign Affairs. 2011. "Sweden's strategy for the Arctic region." https://www.government.se/contentassets/85de9103bbbe4373b55eddd7f71608da/swedens-strategy-for-the-arctic-region (검색일: 2021.3.11).

"New Swedish Environmental Policy for the Arctic." https://polarconnection.org/new-swedish-environmental-policy-arctic/ (검색일: 2021.3.21).

"Population distribution in the circumpolar Arctic, by country (including indigenous population)." https://www.grida.no/resources/6997 (검색일: 2021.3.10).

"SAMI IN SWEDEN." https://sweden.se/society/sami-in-sweden/ (검색일: 2021.3.11).

"Sámi People." https://en.wikipedia.org/wiki/S%C3%A1mi_people#Sweden (검색일: 2021.3.24).

"Sámi-Sweden." https://reindeerherding.org/sami-sweden (검색일: 2021.4.10).

"WWF, Factsheet, Effects of climate change on reindeer." https://d2ouvy59p0dg6k.cloudfront.net/downloads/reindeer_factsheet_1.pdf (검색일: 2020.3.21).

제2부

러시아 북극 이슈 분석:
후속 세대 연구자가 들려주는 북극 이야기

제1장

러시아 북극 지역의 식품 물류 현황과 문제점 개선을 위한 제언

강 하 람*

〈요약〉

본 연구는 러시아에 경제적으로, 정치적으로 중요한 공간인 북극에 주목한다. 북극 지역은 러시아에 중요한 공간이지만 이런 중요성 대비 거주민의 삶의 인프라가 부족하여 영양부족, 사고 등 다양한 어려움을 겪고 있다. 특히, 부족한 식품 물류 시스템으로 원활히 식품 공급이 조달되지 않고 있어 그들의 영양 상태가 위협을 받고 있다. 이에 러시아 북극 지역의 식품 물류의 현상을 파악하고 문제점을 도출해 식품 물류 구축을 위한 과제 및 시사점을 제기하고자 한다.

* 한국외국어대학교 국제지역대학원 러시아·CIS학과 석사과정

I. 서론

1. 연구 배경 및 목적, 연구 방법

연구 배경은 북극 지역의 높은 경제력 대비 부족한 식품 물류 시스템으로 원활히 식품 공급이 조달되지 않고 있어 그들의 영양 상태가 위협을 받는 것에 주목했다.

러시아에서 법률로 정한 북극 영토를 지닌 주는 총 9개 주로 이 주들에서는 정책적으로나 현실적으로나 '북극'이 중심 위치를 차지할 수밖에 없다. 이 주들의 총면적은 약 827만 ㎢이며 전체 국토의 48%를 차지하는 반면 인구는 전체의 약 5.3%로 적은 인구만 거주한다. 총생산은 2018년 시점 약 6조 5,561억 루블로 러시아 전체의 약 9.5%를 차지해 이 지역의 인구 대비 경제적 비중이 크다는 것을 알 수 있다.[1]

또한 북극 지역의 1인당 평균 GRP가 USD 32,649로 모스크바 1인당 GRP USD 22,060보다 높으며 러시아 1인당 평균 GDP는 USD 11,290으로 거의 3배 북극 지역의 1인당 평균 GRP가 높은 경제적으로 중요한 공간이다. 하지만 그에 비해 물류 인프라 나아가 온도 조절이 필요한 식품 물류 인프라는 더욱 부족하다.

최근 지구온난화로 인한 해빙 면적의 감소로 북극항로가 열리고 북극 자원의 개발이 가능해짐에 따라 북극을 둘러싼 여러 국가 간의 정치, 군사, 경제, 환경에 관해 관심이 증가하며 북극 지역은 뜨거운 이슈로 떠올랐다. 이에 러시아는 북극개발 정책을 국책 과제로 실행하고 있다. 하지만 정부의 관심과 산업 발전에 대비하여 해당 지역의 거주민, 원주민, 이주민의 삶의 질과 건강은 좋지 않다. 특히, 부족한 식품 물류 시스템으로 원활히 식품 공급이 조달되지 않고 있어 그들의 영양 상태가 위협을 받아 각종 질병 문제가 일어나고 있다. 이에 주목해 본 논문에서는 러시아

---

[1] 최우익, "러시아 북극 지역의 인구학적 특성: 인구와 이주민 추이 분석," 『국제·지역연구』, 28권, 1호 (2019-봄), pp.29-55.

북극 지역의 식품 물류의 현상을 파악하고 문제점을 도출해 식품 물류 구축을 위한 과제 및 시사점을 제기하고자 한다.

연구 범위는 러시아 북극 지역 중 식품 물류 범위로 지정한다. 크게 러시아 북극 물류의 현주소와 "북극개발 및 국가안보 전략 2035" 중 물류 개발 등 러시아 정부의 정책을 통해 향후 방향을 알아본다. 또한, 러시아 식품 물류의 구조를 보고 식품 물류 현황과 특성을 본다. 이를 통해 러시아 북극 식품 물류의 문제점을 파악하여 시사점을 도출한다.

연구 방법은 문헌 조사 분석을 통해 기술하는 것을 기초로 물류의 현상 파악, 식품 물류의 구조 및 개념 정리, 정책을 통해 진행한다.

2. 선행연구 검토

러시아 북극 지역 관련하여 주로 북극의 거버넌스, 자원 산업에 관한 연구가 중점적으로 이뤄지고 있으며 물류 관련 선행연구는 많지 않으며 주로 전반적인 북극 물류를 설명하고 있다. 박종관(2016)은 『러시아 교통·물류 발전전략: 북극 지역을 중심으로』에서는 북극개발을 위해 물류가 중요하다는 점을 강조하며 러시아의 인프라 발전 프로젝트를 중심으로 우리나라 역시 이를 활용하여 미래 발전의 구심점으로 삼을 것[2]을 말했다. 전체적인 북극 물류에 대해 언급은 했으나 우리나라에 주는 시사점은 미비했다. 이재혁(2016)은 『러시아 북극 지역의 현황과 개발 동향』에서 러시아 북극에 대한 개괄적인 개념과 북극해를 통한 복합운송망 구성 및 개발정책,

---

2) 박종관, "러시아 교통·물류 발전전략: 북극 지역을 중심으로," 『슬라브학보』, 제31권, 제1호 (2016), pp. 53-56.

북극항로 개발에 대해 언급했다.[3] 예병환(2020)은 『러시아 내륙 수운 현황 및 활성화 방안연구』에서는 내륙 수운 루트와 운하에 대한 설명과 개발 산업을 소개하며 우리나라와 협력방안 모색에 대해 시사점을 주었다. 박종삼(2014)은 『한국기업의 러시아 물류 시장 진출 방안연구』에서는 러시아 전반적인 물류 시스템과 향후 전략에 관해 설명하며 우리나라의 러시아 물류 시장 진출 방안에 대해 제안했다.

다음은 러시아의 식품과 북극 물류 관련 선행연구이다. 쟈블로프 안드레이 알렉산드로비치(Зяблов Андрей Александрович)(2016)는 『Инновационное развитие пищевой промышленности России: возможности и ограничения』에서 러시아 식품 산업에 대한 전반적인 것을 다루며 산업의 개발을 위해 러시아 특성상 정부 주도로 이뤄져야 한다고 강조하고 있다. 데이비드 테일러(David H. Taylor)(1994) 『Problems of Food Supply Logistics in Russia and the CIS』는 전반적인 러시아 식품 물류 구조가 모스크바 중심으로 구축되어 있으며 주로 선박과 철도로 운송된다는 특징을 갖고 있음을 밝혔다. 시파크 알라 블라디미로브나(А.В. Шпак)(2011)의 『К ВОПРОСУ О ЛОГИСТИЧЕСКОЙ КООРДИНАЦИИ ТОВАРОДВИЖЕНИЯ В АРКТИЧЕСКИХ РЕГИОНАХ РОССИИ』에서는 러시아 북극 지역의 생필품을 위한 물류 시스템의 현황과 문제점을 지적하고 주로 해운을 통해 가는 경우가 많으며 인프라가 열악하여서 헬기를 이용하여 전달을 받는 현실의 모습을 서술했다.

연구들은 전반적인 물류 시장에 관한 연구에 초점이 맞춰 있거나 식품 산업에 대한 구조에 대해 다루고 있다. 러시아 식품 물류에 대한 문제점을 파악하는 연구가 있었지만, 북극을 위주로 식품 물류를 연구한 것은 없는 것을 확인할 수 있었다. 이에 해당 연구를 통해 러시아 북극 지역의 식품 물류 현황을 분석하여 러시아가

---

3) 이재혁, "러시아 북극 지역의 현황과 개발 동향," 『한국노어노문학회 학술대회 발표집』(2016), pp. 60-66.

나아가야 할 방향과 우리나라가 함께할 방향에 시사점을 제시한다.

II. 러시아 북극 지역 물류체계

1. 러시아 북극 지역 개발 확대 및 물류 정책, 현황

북극권은 북위 66.5도 이북 지역으로 면적은 약 2,100만㎢에 이른다. 러시아의 북극권 지형에 해당하는 부분은 콜라-카렐리야 지역, 서시베리아 저지, 중앙시베리아고원, 동부 산악지대가 포함되며 오비강, 이르티시강, 예니세이강, 레나강 등은 북극해로 흘러든다. 러시아는 자국의 북극 지대를 자체적으로 설정하고 있다. 2008년 9월 18일 메드베데프 당시 대통령이 승인한 "2020년까지와 그 이후 북극에서 러시아연방 국가정책의 기초"에서 행정구역에 따라 북극 지대에 속하는 지역[4]을 규정하고 있으며 해당 논문에서도 북극 지역을 위와 같이 인지하고 기술한다.

최근 지구온난화로 북극항로가 개발되며 북극에 대한 세계의 관심이 커지고 있다. 북극항로와 더불어 풍부하게 매장된 북극 자원의 개발도 함께 진행 중이다. 북극해 대부분 해빙으로 되어있는데 미국 항공우주국(NASA, The National Aeronautics and Space Administration)과 국립빙설자료센터(NSIDC, National Snow and Ice Data Center)의 관측에 따르면 1979년 관측 이래 해빙의 면적은 꾸준히 13%씩 줄어들어

---

4) 행정구역상 북극 지대: 무르만스크주, 카렐리아 공화국의 로우히(Лоухи), 켐(Кемь), 벨로모르스크(Беломорск)시 단위 행정구, 아르한겔스크주 오네가(Онега), 프리모르스키, 메젠(Мезень)시 단위 행정구, 아르한겔스크, 세베로드빈스크, 노보드빈스크시와 부속 도서, 코미 공화국의 보르쿠타(Воркута)시, 네네츠 자치구, 야말로네네츠 자치구, 타이미르(돌간-네네츠)시 단위 행정구, 노릴스크시, 투루한시 단위 행정구의 이가르카시, 사하 공화국(야쿠티아)의 아비(Абый), 알라이하(Аллаиха), 불룬(Булун), 니즈네콜리마(Нижнеколыма), 올레뇨크(Оленёк), 스레드네콜리마(Среднеколыма), 우스티-야나(Усть-Яна), 에벤-비탄타이(Эвено-Бытантай), 베르흐네콜리마(Верхнеколыма) 행정구, 추코카 자치구 등.

2020년 해빙 면적은 374만㎢로 관측되었다. 이로 인해 북극권의 북동 항로와 북서 항로의 개방이 주목을 받게 되었다. 러시아는 북극 지방 영토의 약 40%를 점유하고 있는데 이 지역에 거주하는 러시아인들은 전체 러시아 인구의 약 2%로 약 200만 명이 거주하고 있으며 그중 87%는 도시에 거주하고 있으며 러시아 북극 지대에는 인구 5,000명 이상이 거주하는 46개의 도시가 있으며, 10만 명 이상 거주하는 도시도 4개(무르만스크, 노릴스크, 노비 우렌고이, 노야브리스크)가 있다. 북극 지역의 GDP는 전체 GDP의 약 10% 수준이다.

러시아 전체 니켈과 코발트 생산량의 95%가 북극에서 생산되고 있으며 가스는 80%, 구리는 60%, 중정석 및 인회석은 100%, 해산물은 15%가 북극 지역에서 개발, 생산되고 있다. 미국 지질학자들에 따르면 러시아, 노르웨이, 그린란드, 미국 및 캐나다에 매장돼 있는 천연가스의 90% 이상이 러시아 북극에 집중돼 있다. 그리고 세계 니켈 매장량의 약 10%, 백금류 금속 매장량의 약 19%, 아연 매장량의 3% 이상이 북극에 매장돼 있는 것으로 확인된다. 아직도 발견되지 않은 석유와 가스 자원이 각각 13%(900억 배럴), 30%(1,670 Tcf의 천연가스)가 매장되어있다.[5]

미개발 석유·가스의 약 84%는 대륙붕에 존재하는데, 매장량 대부분이 북극해 연안 국가들의 배타적 경제수역에 있다. 여기서 가장 석유가 많이 매장된 지역은 알래스카 대륙붕이며, 가스와 가스 콘덴세이트가 가장 많이 매장된 지역은 러시아의 카라해와 바렌츠해 대륙붕이다. 북극해에 매장된 석유와 가스의 60% 이상이 러시아가 유엔 해양법협약에 따라 주권 또는 관할권을 행사하고 있는 지역에 매장되어 있는데, 러시아 전문가들은 이 가치가 30조 달러에 달할 것으로 추정하기도 한다.[6]

러시아 석유·가스 자원의 약 90%가 북극권에 매장되어있고, 그중 66.5%가 바렌

---

5) https://www.koreapolarportal.or.kr/info/arcticDevInfo.do (검색일: 2021.06.05).

6) А. Истомин, К. Павлов и В. Селин, "Экономика арктической зоны России," *Общество и экономика*, No. 7 (2008), cc. 158-172.

츠해와 카라해에 매장되어있으며, 동시베리아해, 추코카해, 랍테프해 등도 유망하다.

1990년대 소련 해체 후 경제위기로 큰 관심을 기울이지 못했지만 2000년대 급속한 경제성장에 힘입어 북극개발에 서서히 관심을 기울이기 시작했다. 이로 인해 2008년 9월 소련 해체 이후 최초로 북극개발 전략의 기본방향을 설정하는 문서인 '2020년까지와 그 이후 북극에서 러시아연방 국가정책의 기초'의 채택은 그 전환점으로 해석될 수 있다. 그 이후로 2013년 2월 푸틴 대통령이 '2020년까지 러시아연방 북극 지대 발전 및 국가안보 전략'을 승인하고, 러시아 지역개발부가 발의한 '러시아연방 북극 지대 법'안과 국가 프로그램 '2020년까지 러시아연방 북극 지대 사회경제 발전'이 시행됐다. 2020년 10월 푸틴 대통령은 "2035년까지 러시아연방 북극 지대 발전 및 국가안보 전략"을 발표했다. 해당 정책에서 밝히고 있는 개발전략은 크게 광물자원과 원유 및 가스 자원, 북극항로, 인프라 구축 나뉜다.

현재 진행되고 있는 자원 관련 개발 산업은 다음과 같다. 야말로네네츠 지역에서 진행되는 산업으로 해당 지역의 총 147조㎥의 천연가스와 160억 톤 이상의 기름이 하층토에 매장 혹은 응축돼 있다고 알려져 있다. 러시아의 '북극개발을 위한 국가 위원회(State Commission for the Development of the Arctic)'에 따르면 2020년까지 북극 지역 광물 개발과 가공을 위한 전략 프로젝트 56개 중 36개가 야말 지역에서 추진되며, 이들 36개 프로젝트의 총 규모는 1,230억 달러에 이를 것으로 보인다.[7]

1) 러시아 북극 지역 물류 정책

앞서 본 바와 같이 러시아는 북극 지역의 중요성을 느끼고 해당 지역을 개발하고 있다. 해당 지역 개발에 있어 물류 개발이 필요하므로 '에너지 전략 2030', '교통 전략 2030', '철도발전전략 2030', '러시아연방 사회-경제 장기적 발전 구상과 우랄

---

7) https://arcticreview.no/index.php/arctic/article/view/1929/3857 (검색일: 2021.11.21).

연방관구 2020까지' '극동 바이칼지역 사회경제 발전전략 2025', '시베리아 사회경제발전 전략 2020', '야말로네네츠 자치구 사회경제발전 전략 2020' 등 러시아의 북극 물류 개발을 위해 다양한 방법으로 정책을 펼치고 있다.

먼저 북극항로와 연관된 정책은 주로 해양 항만 인프라 개발 정책과 연관되어 있다. 주요 내용으로는 북동 항로는 주요 항인 무르만스크-칸달라크샤-벨로모르스크-오네가-알데르마-두딘카-이가르카-틱시-딕슨-페백-프로비데니야 등의 러시아 북극 주요 거점 항을 통과하며 거리 및 시간 단축으로 경쟁력 있는 조건을 제공한다는 것이다. 이를 위해 극동 항만 개수를 22개에서 17개로 축소 및 통합하여 항만의 2030년까지 극동으로 항만 환적 화물량은 최소 3억 4,500만 톤에서 최대 4억 2,500만 톤으로 높이는 것을 목표로 한다.[8]

시베리아횡단철도(TSR)와 바이칼아무르철도(BAM)를 연결하여 북극항로로 통하는 하천교통의 인프라를 구축하고 있다. 러시아는 TSR과 BAM 철도의 확장으로 틴더부터 야쿠츠크까지 805km의 새로운 노선을 2013년에 완공했다.

현재 러시아는 바이칼-아무르철도(BAM)의 현대화와 야쿠츠크 지선과의 연결로 태평양 및 북극 통로인 추코카까지의 연결을 진행 중이다. '러시아철도발전전략 2030'에 따르면 러시아 정부는 2030년까지 야쿠츠크부터 마가단까지 철도를 연결하게 하는데 이 노선은 아무르-야쿠츠크 노선과 야쿠츠크-마가단 노선은 향후 추코카반도까지 이어지면서 베링 해협 철도 건설의 가능성을 높여주고 있다.[9]

---

8) 한은영, 서종원, "2020 러시아 항만인프라 현황과 시사점," 『동북아·북한 교통물류 이슈페이퍼』, 제2020-19호, p. 3.

9) http://government.ru/docs/36094/ (검색일: 2021.11.21).

[그림 1] BAM 철도와 베링 철도 연결구상[10)]

러시아는 전체적으로 중요 북극 지역에 거점 항구를 개발함과 동시에 내륙철도가 바로 연결되도록 하여 내륙 운송과 항만 운송이 함께 이루어지도록 프로젝트를 추진하고 있다. 그 중 대표적인 철도연결 프로젝트 벨코무르(벨코무르 프로젝트)는 아직 미완성된 카르포고리-벤딩가(215km), 시크티브카르-가이니-솔리캄스크(590km)의 2구역의 철도연결 계획으로 우랄과 시베리아에서 아르한겔스크까지의 거리를 800km 단축하게 된다.[11)] 또한 북위도 철도는 야말과 기단반도 자원개발과 내륙과의 철도를 연결하는 프로젝트다. 야말로네네츠 자치구의 옵스카야만-살레하르트-나딤-판고디-노비 우렌고이-코로체예보를 철도로 연결하고, 야말반도로의 지선인 옵스카야만-카르스카야와 노비 우렌고이-얌브르그 지선을 연결한다.[12)]

2) 러시아 북극 지역 물류 현황

러시아 전 지역의 물류 구조는 크게 육상운송(파이프라인, 철도, 자동차) 내륙

---

10) http://www.liveinternet.ru/community/norillag/page4.shtml (검색일: 2021.06.05).
11) http://www.belkomur.com/belkomur/1.php (검색일: 2021.11.21).
12) https://company.rzd.ru/ru/9382/page/103290?redirected&id=16988 (검색일: 2021.11.21).

수운, 해상운송, 항공운송 등으로 나뉘어 있다. 이 중 화물 운송을 중심으로 보자면 파이프라인 수송이 가장 많고, 그다음이 철도 운송, 도로운송, 내륙 수운, 해상 운송, 항공운송 순이다. 파이프라인이 다른 화물수송 비중 4년 연속 가장 많은 순위를 차지한 이유는 광물자원(특히 석유, 천연가스)에 의존도가 높기 때문이다.

또한 북극 지역에 해당한 곳의 화물 운송 비중 순위는 파이프라인 60%, 해상 16%, 철도 15%, 항공 6%, 내륙 수운 6% 순으로 이루어졌다.[13] 현재 북극은 운송 및 물류 인프라가 없거나 제대로 개발되지 못하고 있다. 이 점이 러시아 북극 지역의 개발의 큰 장애물이기 때문에 발전을 위해 운송 및 물류 인프라를 구축해야 한다.

[표 1] 2020년 러시아 북극 지역의 주요 노선 항구[14]

항구	위치	총 화물 처리량/연(톤)	선박 치수 (흘수/길이/너비) (m)	터미널 수
바렌츠해				
바란데이	네네츠 자치구	12100.4	120/15/3.5	2
무르만스크	무르만스크	24647.2	제한 없음	23
나리얀마르	나리얀마르	501016	제한 없음	2
백해				
아르한겔스크	아르한겔스크	11772.9	190/30/9.2	28
비티노	무르만스크	11000	230/32.2/11.1	1
칸다라크샤	무르만스크	1500	200/33/9.8	1
메젠	아르한겔스크	192	120/20/4.2	3
오네가	아르한겔스크	261.5	242/32.4/13.6	4
동시베리아해				
페백항	추코카 자치구	330	172.2/24.6/9	1
카라해				
암데르마	네네츠 자치구			
딕손	크라스노야르스크	120	100/20/8	1
두딘카	크라스노야르스크	1885	260.3/32.2/11.8	2
사베타	야말로네네츠			1
이가르카	크라스노야르스크			1

---

13) https://company.rzd.ru/ru/9377 (검색일: 2021.11.21).

14) http://morflot.gov.ru/deyatelnost/napravleniya_deyatelnosti/portyi_rf/reestr_mp.html (검색일: 2021.06.05).

항구	위치	총 화물 처리량/연(톤)	선박 치수 (흘수/길이/너비) (m)	터미널 수
랍테프해				
틱시	야쿠티아	67	129.5/15.8/3.9	1
하탄가	크라스노야르스크	95	136/16.5/4.17	1
베링해				
안디르	추코카	900	177/25/7	1
베링고브스키	추코카	646	34/7/2	1
브로피데니아	추코카	345.4	200/24/10	2
엑베키노트	추코카	350	177/25/12	1

러시아의 항구는 5개 해역의 67개의 항만을 보유하고 있으며, 연간 항만 처리능력은 약 10억 3,060만 톤이다. 대부분 석유, 석유제품(35.3%), 석탄, 코크스(5.7%) 등으로 수입–수출제품의 운송이 주를 이룬다. 러시아 항구의 주요 문제점은 화물 회전율이 높지 않다는 점이다. 러시아 대외교역에서 해운을 통한 화물 운송이 60% 이상으로 러시아 경제에서 해운의 역할은 매우 절대적이고 러시아 항만의 화물수송은 급증하고 있으나, 화물 터미널 등의 복합단지 개발이 많이 뒤처져 있어, 전 항만에 컨테이너 터미널 건설이 요구되고 있다. 특히 북서 연안과 남부 연안의 경우 대량 화물을 처리할 수 있는 터미널이 절대적으로 부족한 실정이다.

[그림 2] 러시아 시베리아 북극해 유입 하천망[15]

---

15) https://en.wikipedia.org/wiki/File:Siberiariverroutemap.png (검색일: 2021.07.01).

[표 2] 러시아 북극 지역 내 선박 항해가 가능한 운하 목록[16]

운하명	길이(km)	항해 조건(m)
백해-발트해 운하	227	14.3(폭), 3.5(깊이)
볼가-발틱 운하	369	17.6(폭), 4.2(깊이)
사이마 운하	42.9	12.6(폭), 4.35

러시아는 117개의 강의 항구를 보유하고 있으며 200개 이상의 업체들이 내륙 수로를 통해 화물을 운송하고 있다. 러시아 내륙 수로 네트워크는 세계에서 가장 크며 내륙 수운의 총 길이는 101,700km이다. 러시아의 내륙 수로 운송이 적극적으로 이루어지는 곳이 아무르강과 레나강 유역이다. 아무르강 유역에는 가장 큰 항구들이 집중되어 있는데 이들은 기계화된 정박 시설과 철도 인접성을 갖춘 하바롭스크항, 콤소몰스크나아무레항, 블라고베셴스크항, 스바보드니항, 포야르코보항 등이다. 북극의 내륙 수로 운송 항만은 아르한겔스크항, 크라스노야르스크항, 야쿠츠크항이다.

[표 3] 2019년 러시아 북극 지역의 도로포장 비중[17]

종류	총 도로(km)	포장도로(km)
카렐리야 공화국	11,014	4,403
코미 공화국	7,659	4,508
아르한겔스크주	20,059	4,322
네네츠 자치구	382	96
무르만스크주	3,585	2,685
야말로네네츠 자치구	2,770	2,282
크라스노야르스크	32,761	12,032
사하 공화국	30,370	2,271
추코카 자치구	2,158	56

---

16) https://en.wikipedia.org/wiki/List_of_canals_in_Russia (검색일: 2021.07.01).

17) https://rosstat.gov.ru/folder/23455 (검색일: 2021.06.05).

러시아 도로의 총 길이는 154만km이고 30%는(45만km) 비포장도로로 열악한 환경이며 상품 평균 이동속도가 매우 낮다. 러시아의 주요 고속도로는 122개로 일련의 식별번호로 나뉘어 있다.

[표 4] 2020년 러시아 북극 지역의 주요 노선 길이 및 물동량[18]

이름	총 길이(km)	화물운송량(만톤)	승객량(만명)
옥탸브리스카야	10,432	29,480	16,830
크라스노야르스크	3,158	7,870	640
극동	6,872	19,360	80,800

러시아의 철도는 세계에서 가장 널리 쓰이는 1,435mm 표준궤가 아닌 독자적인 1,520mm 러시아 광궤를 사용한다. 러시아 철도의 총 길이는 85,500km로 러시아 철도공사 (RZD)에서 17개의 지사로 나눠 담당하고 있으며 41개의 노선으로 이뤄져 있다. 주요 철도 노선으로는 시베리아횡단철도(TSR)가 바이칼 아무르철도(BAM)가 있다.

북극의 대표적 철도는 옥탸브리스카야 철도(Oktyabrskaya Railway), 크라스노야르스크철도(Krasnoyarsk Railway), 극동(Far Eastern Railway) 철도가 있다.

[표 5] 러시아 북극 지역 내 공항 목록[19]

이름	활주로 길이(ft)	이름	활주로 길이(ft)
암데르마	8,530	체르스키	5,577
키롭스크-아파티티	8,202	데푸타츠키	7,021
탈라기	8,202	케페르비엠	8,120
바스코보	8,008	템플리크루치	8,202
무르만스크	8,202	모마	5,906
나리얀마르	8,202	오몰론	4,610
페트로자보츠크	8,202	오소라	1,590

---

18) http://favt.gov.ru/stat-date-vozdushnie-perevozki/ (검색일: 2021.06.05).
19) http://favt.gov.ru/stat-date-vozdushnie-perevozki/ (검색일: 2021.06.05).

이름	활주로 길이(ft)	이름	활주로 길이(ft)
식팁카르	8,203	프로비니야베이	6,562
우신스크	8,209	삭키리	3,937
바란디	5,577	사스킬라호	5,249
보르쿠타	6,217	우스마야	4,593
크라스노야르스크	12,139	우스네라	3,609
체렘샨카	5,884	빌류이스크	5,249
알단	4,514	지간스크	3,609
바타가이	6,562	지리얀카	5,906
벨라야	8,202		

항공운송은 북부 주민이 가장 선호하는 방식이다. 항공편 네트워크가 잘 발달되어있으며 많은 지역에서 항공 운송로가 유일한 이용 수단이다. 비행장 건설이 어려운 곳은 헬기 등이 자주 이용된다. 2018년 연방 정부 공항 목록에 따르면 등록된 공항은 227개이다. 공항의 수는 많지만 대부분 작고 열악한 환경의 공항이다. 2020년 기준 항공을 이용한 여객 수송은 10,300만 명이며 화물수송은 740만 톤/km[20]이다.

위에서 본 바와 같이 러시아의 물류 및 운송 인프라는 고르지 않고 연속성이 없으며 특히 육상운송, 내륙 수운의 경우 계절에 따라 교통 가능 여부가 상이하며 항공운송도 역시 기후 여건이 좋지 않다. 또한, 항만, 물류, 기술, 상품 보관, 항행 인프라, 안전 보험, 안전 구조선, 국제표준에 부합하는 이용약관, 쇄빙선 수, 투명성 등이 부족하다. 연중무휴로 운영되는 카라해와 랍테프해 등 여러 항구의 낮은 수심, 북극 통신망의 한계점, 계절별 추가 비용, 극동 지역의 내륙 수운과 북극항로를 대체할 대안이 없다는 것도 문제이다.[21]

또한, 북극 도로의 특징은 낮은 품질과 겨울 계절에만 운영되는 도로가 있다는

---

20) http://favt.gov.ru/stat-date-vozdushnie-perevozki/ (검색일: 2021.06.05).

21) Vitaly Segeev, Igor Ilin, Alexey Fadeev, "Transport and Logistics infrastructure of the Arctic Zone of Russia," *TransSiberia 2020 Conference* (2020).

것이다. 지역별 도로 밀도가 매우 차이가 난다는 것도 문제이다. 예를 들어 타이미르의 경우 평균 러시아 도로 밀도 대비 350배나 낮고 추코카는 46.2배, 네네츠는 33.5배 낮다. 이런 지역별 운송 부하는 교통이 개발되지 않은 지역과 바다 및 하천 운송 항구에 집중되어 있기 때문이다.

이런 문제점 해결을 위해 북극 지역의 통합 교통 시스템 아래 러시아의 열악한 기후 조건을 견딜 수 있는 인프라 구축, 러시아 내 외부 지역의 북극 지역 접근성 확대, 북극 지역 내 식품, 제품 공급, 모든 형태 운송시스템의 상호 작용, 항구와 공항의 현대화, 통신 인프라 구축이 이루어져야 한다.

2. 러시아 식품 물류 현황과 특성

1) 러시아 식품 물류 현황과 구조

전체 러시아의 물류는 크게 TSR(Trans Siberian Railway, 이하 TSR)을 통한 철도 운송, 항공운송, 육상운송(트럭킹)으로 나눌 수 있다. TSR에는 전원장치가 없으므로 냉장·냉동제품은 항공운송이나 육상운송(트럭킹)을 이용해야 한다. 국가에서 따로 배정해 주는 냉장·냉동 컨테이너 혹은 사설 업체들이 사용하는 냉장·냉동 컨테이너가 있으나 따로 배정받기는 어려운 현황이다.

해상운송은 주로 우리나라의 부산항이나 동해항에서 블라디보스토크로 컨테이너(20ft, 40ft)로 이루어지고 있다. 철도 운송은 주로 TSR를 이용하며 열차에 전원장치가 없으므로 냉장·냉동 컨테이너 운송이 어려워 블라디보스토크에서 모스크바까지 한국 신선식품 등이 운송되기는 어려운 실정이다. 항공운송은 우리나라의 인천공항에서 모스크바와 블라디보스토크로 운송이 이뤄졌다. 딸기 같은 신선 농산물을 블라디보스토크로 항공을 이용해 수출해왔으나 모스크바로는 거의 수출되지 않고 있다. 냉장·냉동 컨테이너 운송은 TSR 철도 이용이 어려워 유럽 항구나 상트페테르부르크를 통해 해운으로 운송한 후 내륙지방으로 트럭킹을 통해 운송한다.

러시아 내의 식품 유통은 소련 시기 형성된 시스템을 바탕으로 이뤄졌다. 소련 시기 식품 산업은 주요 도시로 벌크화물로 운송되어 가공된다. 예를 들어, 모스크바의 경우 밀 원료가 벌크로 공급되어 제과·제빵가공산업이 페테르부르크의 경우 우유와 고기 원료가 벌크로 공급되어 유제품과 육류 가공 산업이 이뤄졌다. 이후 주공립 운송기업을 통해 시의 감독하에 운송됐다. 즉 모스크바 아래 수직적으로 식품 산업이 이뤄진다. 이런 이유로 창고나 공장이 발달 되지 못했고 상호 간의 교류도 한정된 인원들만 가능하였고 소비자 중심의 제품 생산보다는 관료 중심의 산업으로 변모했다.[22]

현재, 소련 시대의 식품 산업에서 조금은 벗어나 러시아 내에서 식품 유통은 주로 현지 도매상과 대형 유통망 업체와 직접 납품으로 유통되고 있다. 러시아 유명 대형 매장인 푸드시티(Food city)의 경우 크로스독(Cross dock)[23]을 이용하여 컨테이너 차량을 매주 보내며 주로 모스크바와 모스크바주의 도소매 업체에 직판한다. 신선 농산물의 경우 푸드시티를 통한 판매는 필수적이며 최근 HoReCa(식자재 유통망)을 통한 판매와 온라인 판매를 고려할 수 있으나 아직 이윤이 적고 수량이 그다지 크지 않다.[24]

---

22) David H. Taylor, "Problems of Food Supply Logistics in Russia and the CIS," *International Journal of Physical Distribution & Logistics Management*, Vol. 24, No. 2 (1994), pp. 15-22.
23) 크로스 독(Cross Dock): 창고를 보관용이 아닌 유통용으로 사용하는 것을 말하며 물류의 재고를 줄여 고객에게 바로 보내는 것을 목표로 한다.
24) 한국농수산식품 유통공사, 『2020 농식품 신북방시장 진출가이드 [러시아]』(2020년 12월).

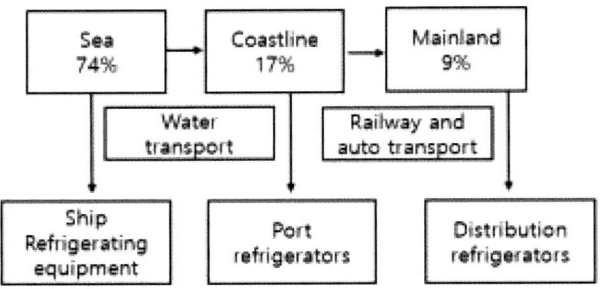

[그림 3] 러시아 냉장 설비 및 유통구조[25]

[표 6] 지역별 냉장 보관 및 가공설비 현황

북서 지역	극동 지역	남부 지역
무르만스크, 칼리닌그라드, 상트페테르부르크, 아르한겔스크	블라디보스토크, 나홋카, 캄차카, 사할린	아스트라한, 마하치칼라, 노보로시스크
- 냉장 보관설비 용적: 8만 톤 - 냉장 가공설비 용적: 3만 톤	- 냉장 보관설비 용적: 14만 톤 - 냉장 가공설비 용적: 30만 5천 톤	- 냉장 보관설비 용적: 3만 톤 - 냉장 가공설비 용적: 7만 5천 톤

    러시아 식료품의 저장과 유통·판매에 이르는 현존 콜드체인 시스템은 기술과 설비의 부족으로 불완전하다. 특히, 주요 해산물 생산 지역(극동)과 소비 지역(서부) 간 장거리 유통경로와 해당 경로 내 부족한 냉동 설비 역시 큰 문제점이다. 유통과정의 식료품 손실률은 20%에 달하며, 콜드체인이 발달한 선진국의 9%에 비하면 2배가 넘는 상황이다. 러시아 콜드체인 발전을 위해 정부 기관의 지원이 이뤄지고 있으며 러시아 냉장 산업 연합과 냉장 산업 과학 연구소가 공동으로 생산, 가공, 저장, 운송, 판매에 이르는 통합 콜드체인의 형성과 발전을 위한 프로그램을 수립 중

25) https://news.kotra.or.kr/user/globalBbs/kotranews/782/globalBbsDataView.do?setIdx=243&dataIdx=162329 (검색일: 2021.06.20).
26) https://news.kotra.or.kr/user/globalBbs/kotranews/782/globalBbsDataView.do?setIdx=243&dataIdx=162329 (검색일: 2021.06.20).

이다. 콜드체인의 냉장 설비의 선박 냉장 설비 74%, 항구 냉장 설비 17%, 육지 유통 냉장 설비 9%로 구성되어 있다. 식료품 유통을 위한 냉동창고의 경우 약 70%가 모스크바를 비롯한 유럽 인접 서부지역에 분포해 있다.[27]

대부분 항구의 냉장 설비의 40%가 현대기준을 충족하지 못하며 대부분 이미 30년 넘게 가동 중이다. 또한, 러시아 냉동·냉장 설비의 90%가 외산(70% 부품 조달 현지 조립, 20% 완제품 수입)을 차지하며 트렌스컨테이너(Transcontainer)사, 레프서비스(Refservice)사 등의 러시아산 컨테이너도 사용되고 있다. 러시아 콜드체인 산업의 문제점 보완 및 발전을 위한 러시아 어업부 주관으로 50% 이상의 어선 현대화, 현재 가동 중인 냉장 설비 평균 사용기간을 30년에서 20년으로 감축하는 것이 주요 정부 프로그램이다.

2) 러시아 북극 지역 식품 물류 특성

러시아 북극 지역의 물류는 자연적 사회적 구조로 인해 모스크바나 서부지역 같은 기존 여건이 좋은 지역과 달리 수입 제품에 의존하고 있다. 사실상 북극항로를 통해 운반하고 있다. 일반적으로 북극권의 교통체계는 매우 고르지 못한 개발과 낮은 수준의 수송이 특징이다. 북극권의 광대한 영토는 사실 운송에 적합하지 않으며 지역 내 통신뿐만 아니라 교통 고속도로와도 완전히 연결되지 않는다. 북극 서부지역이 포장도로가 가장 잘 구축되어있어 인구 밀집 또한 높다. 북극권의 주요 도로는 무르만스크 항구와 아르한겔스크 항구로 가는 것만 있다. 이런 이유로 북극권으로 제품 수송 중 수상 운송에서 4분의 3 이상이 내륙 수로를 통해 이뤄진다.

북극권 운송의 가장 기반이 되는 것은 북극항로이며 약 100개 지역의 북극해 연안과 섬으로 화물을 운송할 수 있는 유일한 수단이지만 북극해 연안의 항구의 노

---

27) https://news.kotra.or.kr/user/globalBbs/kotranews/782/globalBbsDataView.do?setIdx=243&dataIdx=162329 (검색일: 2021.06.05).

후화와 쇄빙선의 비용 증대로 인해 침체상태는 계속되고 있다.[28] 또한 북극 거주민 지역까지 진입을 위해 내륙 수운, 육상 운송(트럭킹, 철도)로는 공급할 수 없어, 현재 주로 북극 주민들에게 물품(식품) 및 장비의 공급은 항공운송(헬리콥터)도 많이 이루어진다.

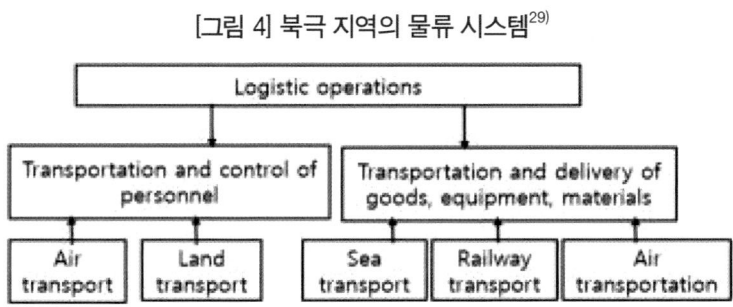

[그림 4] 북극 지역의 물류 시스템[29]

문제점을 극복하기 위해 북극 지역의 구조를 명확히 하여 연계 교통수단 개발, 북극 교통 인프라 총괄 국가기관 창설, 쇄빙선 개발, 북위도 철도 (Northern Latitudinal Railway) 개발[30], 원격 운송시스템, 공항 현대화, 북극 주민을 위한 소형 항공기 개발이 필요하다.[31]

---

28) Шпак Алла Владимировна, "К вопросу о логистической координации товародвижения в арктических регионах России," *Вестник Кольского научного центра РАН*, no. 4 (2011), cc. 128-132.

29) Vitaly Sergeev, Igor Ilin, Alexey Fadeev, "Transport and Logistics Infrastructure of the Arctic Zone of Russia," *Transportation Research Procedia*, Volume 54 (2021).

30) http://vseon.com/analitika/infrastruktura/rossijskaya-arktika (검색일: 21.06.06).

31) Vitaly Sergeev, Igor Ilin, Alexey Fadeev, "Transport and Logistics Infrastructure of the Arctic Zone of Russia," *Transportation Research Procedia*, Volume 54 (2021).

III. 러시아 북극 지역 식품 물류 개선 필요성

1. 러시아 북극 지역 정주 여건 현황

2017년 기준으로 북극권의 총인구는 약 5,432,000명이며, 이는 전 세계의 인구의 약 0.07%에 해당한다. 북극권 인구의 44.5%에 달하는 약 2,416,000명 정도가 러시아 북극권에 거주하고 있다. 북극권에는 인구수 천명 이상의 정주지 415곳이 존재한다. 그중 대부분이 러시아(32.5%), 스웨덴(14%), 핀란드(13.7%)와 노르웨이(12.5%)에 분포되어 있다. 인구수 10만 명이 넘는 북극권의 9개 도시 중 6곳은 러시아에 속해 있다. 해당 주요 도시는 아르한겔스크, 무르만스크, 세베로모르스크, 노릴스크, 노비 우렌고이, 노야브리스크이다.

[표 7] 북극권 행정영토의 면적, 인구 및 인구밀도[32]

번호	행정영토 단위	면적(km²)	인구(명)	인구밀도(명/km²)
1	무르만스크주	144,902	757,621	5.23
2	카렐리야 공화국	43,378	43,930	1.01
3	아르한겔스크주	185,617	650,755	3.51
4	네네츠 자치구	176,810	43,937	0.25
5	코미 공화국	2,418	80,061	3.31
6	야말로네네츠 자치구	769,250	536,049	0.70
7	크라스노야르스크 변강주	1,095,095	227,220	0.21
8	사하 공화국	593,875	26,170	0.04
9	추코카 자치구	721,481	49,822	0.07

해당 지역별 GRP를 보자면 네네츠 자치구, 야말로네네츠 자치구, 추코카 자치구의 경우 모스크바나 상트페테르부르크보다 높은 GRP를 기록하고 있다. 사하 공

---

32) http://arctica-ac.ru/docs/journals/31/(검색일: 2021.06.10).

화국, 코미 공화국, 크라스노야르스크 변강주는 모스크바보다는 낮지만, 상트페테르부르크보다는 높은 GRP로 나타난다. 즉, 9개의 북극 지역 중 6개의 지역이 상트페테르부르그보다 나은 지표를 보인다는 것이다. 이를 통해 북극 지역 내 경제 수준이 낮지 않다는 것을 확인할 수 있다.

[표 8] 2018년 기준 북극권 1인당 GRP[33]

번호	행정영토 단위	GRP/인(USD)
1	네네츠 자치구	110,320
2	야말로네네츠 자치구	90,640
3	추코카 자치구	25,060
4	모스크바	22,060
5	사하 공화국	17,830
6	코미 공화국	12,650
7	크라스노야르스크 변강주	12,590
8	상트페테르부르크	12,400
9	무르만스크주	10,200
10	아르한겔스크	7,380
12	카렐리야 공화국	7,170

하지만 그들의 환경은 열악하다. 이를 명확히 나타내주는 지표는 없지만, 사망 나이와 질병으로 인한 사망률, 교통사고로 인한 사망률을 통해 삶의 인프라가 충분치 않다는 것을 추측할 수 있다. 러시아 북극 지역의 평균 수명은 2014년 기준 70.65세, 2018년 72.39세로 소폭 증가했다. 또한, 북극 지역에서 다른 지역으로 이주하는 비율은 2014년 대비 2018년 53% 감소했고 실업률은 2017년 5.6%에서 2019년 4.6%로 감소했다.

---

33) https://en.wikipedia.org/wiki/List_of_federal_subjects_of_Russia_by_GDP_per_capita (검색일: 2021.06.10).

[표 9] 지역별 평균 기대수명[34]

(단위: 년)

지역명	2015	2019
모스크바	76.77	78.36
아르한겔스크주	70.71	72.34
추코카 자치구	64.16	68.09
크라스노야르스크 변강주	69.69	71.16
무르만스크주	70.24	71.75
네네츠 자치구	71	73.19
사하 공화국(야쿠티아)	70.29	73
코미 공화국	69.40	71.30
야말로네네츠 자치구	71.70	74.18

북극권 행정영토의 면적, 인구 및 인구밀도와 기준 북극권 GRP 자료를 통해 러시아 북극 지역이 러시아의 서부지역보다 인구밀도가 낮지만, 지역별 GRP와 1인당 GRP가 높은 것을 확인할 수 있었다.

즉, 러시아 수도인 모스크바보다 경제적으로 더 중요한 공간이며 인도적인 차원에서 러시아 경제의 만능 능력자에게 식품 물류를 위한 인프라를 공급하여 그들의 건강과 삶의 질을 개선해야 한다.

[표 10] 러시아 북극 지역의 질환 및 질병[35]

(단위: 발생 인원/ 100,000명당)

지역명	감염, 기생충 질환	결핵	종양	악성 질환	순환계 질환	호흡기 질환	소화기 질병
모스크바	11.8	1.9	176.1	173.0	476.4	31.9	68.4
아르한겔스크주	7.3	1.3	236.9	233.4	743.5	50.5	70.9
추코카 자치구	46.3	24.1	134.8	134.8	396.4	36.2	44.3
크라스노야르스크 변강주	33.5	10.1	231.2	227.2	610.5	66.1	86.4
무르만스크주	9.9	1.3	199.8	198.2	596.3	20.3	77.1
네네츠 자치구	6.8	0.0	150.2	145.7	350.5	45.5	118.3
사하 공화국 (야쿠티아)	14.1	3.8	141.2	138.4	356.1	32.9	41.0
코미 공화국	10.6	4.6	207.4	204.0	562.2	43.7	95.1
야말로네네츠 자치구	16.9	3.3	91.4	91.1	176.3	15.5	37.5

---

34) https://eng.rosstat.gov.ru/health (검색일: 2021.06.05).

35) http://www.statdata.ru/smertnost-v-rossii-prichiny, 2019 (검색일: 2021.06.05).

러시아의 북극 지역은 다른 어느 나라보다 많은 인구가 거주하고 있으며 러시아 내 GRP도 높은 수준이다. 하지만 그들의 이른 사망 연령과 질병 및 사고 발생 정도를 보았을 때 북극 지역에 거주하기 위한 여건이 좋지 않음을 확인할 수 있다. 이를 해결하기 위해선 우선 여러 의미에서 물류 교통의 구축이 필요하다. 사람 간의 이동, 물자의 이동이 원활하게 되어야 육체적인 건강과 정신적인 건강 두 가지 모두 달성할 수 있기 때문이다.

2. 러시아 북극 식품 물류 개선안

러시아 식품 물류의 경우, 주로 모스크바, 상트페테르부르그 등 대도시 위주로 형성이 되어있다. 거래처를 통해 유통사로 들어가서 판매되는 구조이다. 수입품 같은 경우 주로 배를 통해 블라디보스토크항 또는 상트페테르부르크항으로 들어가서 모스크바로 철도 또는 차량을 이용하여 운송된다. 하지만 신선 제품, 냉장·냉동 제품의 경우, 철도에 컨테이너를 돌릴 발전기가 없어 철도를 타고 운송되기 어려운 조건이다. 이에 많은 신선 제품은 항공을 통해 운송되고 있다.

러시아 북극 지역의 식품 물류의 경우 철도와 도로의 경우 북극 지역 내 구축이 많이 되어있지 않고 교통의 접근성이 전반적으로 좋지 않아 생필품과 식품을 헬기, 북극항로와 내륙 수운을 통해 운송된다. 하지만 내륙과 해운 항만의 여건이 매우 열악하며 일년내내 운행은 불가능하다. 내륙 수운 운송 인프라 발전은 항구 및 항구 교통거점 개발이 중요하고 이에 북극해 해상운송 노선을 잇는 것이 필요하다. 그러나 북극해 항구와 내륙 수운 운송 항구의 화물 회전율이 높지 않고 인프라가 노후화되어 냉동 설비가 갖춰지지 않은 항구가 많다. 북극 지역은 낮은 식품 인프라로 신선, 냉동, 냉장 식품에 접근하기 어려우며 이로 인해 질병 등 각종 건강위험에 노출되어있다.

해당 문제점을 극복하고자 크게 두 가지 부분으로 외부 공급방안, 자체 내부공급 방안으로 나누어 아이디어를 제안한다.

첫 번째로 식품 물류를 통한 외부에서 공급해오는 방향의 경우, 물류 인프라의 현대화와 추가 개발 및 구축을 통한 확대와 신기술 (드론, 온도 조절 컨테이너) 등을 도입하여 러시아 북극 지역 내 식품 물류를 안정적으로 공급 받는 것이다.

[그림 5] 스마트 컨테이너[36]

온도 조절이 가능한 스마트 컨테이너를 철도 운송에 이용하여 신선한 상태의 식품물류 운송이 이뤄지도록 할 수 있다.

두 번째로 내부 자체적 공급 방법은 신선 농산물을 스마트팜 컨테이너를 통해 직접 재배하는 방법과 식품 공장을 설립하여 가공식품을 공급하는 방법이다.

---

36) https://www.ajunews.com/view/20210615094956300 (검색일: 2021.06.20).

[그림 6] 컨테이너 스마트팜[37]

　러시아에 북극은 기회의 공간이다. 정치적, 경제적으로 매우 중요한 곳이다. 러시아 전체 인구의 5.3% 정도밖에 안 되지만 러시아 전체 GDP의 9.5%를 차지한다. 하지만 중요성에 대비하여 의료, 유통, 여가 등 사람의 삶을 위한 인프라는 부족하다. 특히 건강에 가장 큰 영향을 주는 음식 부분에 있어 인프라가 매우 부족하다. 이는 북극 지역의 원활하지 못한 인프라로 식료품 자체를 조달받기 어렵고 더 나아가 신선한 제품, 다양한 제품(상온, 냉동, 냉장식품)을 조달받기 힘들기 때문이다. 이에 러시아는 교통망 인프라를 구축하기 위해 다양한 프로젝트를 시행하고 있다. 하지만 여전히 식품을 운송하기 위한 콜드체인 시스템이 부족하며 북극 지방 안쪽까지 접근하는 물류망이 부족하다.

　이를 극복하기 위해 러시아 정부는 서북극 지역, 동북극 지역의 인프라도 구축해야 할 것이며 물류별 연계하는 시스템도 필요하다. 또한, 콜드체인 시스템 구축을 위해 항구(북극항로, 내륙 수운) 내 냉동 컨테이너 보관할 수 있는 공간이 필요하다. 철도의 경우, 리퍼 컨테이너가 실릴 수 있는 전원장치가 공급되는 철도, 자동 전원이 공급되는 컨테이너 등의 기술이 필요하다. 러시아 북극 지역의 먼 곳에서 생

---

37) https://blog.naver.com/nong-up/222044327929 (검색일: 2021.06.20).

활하고 있는 거주민과 원주민에게 식료품을 전달하기 위해 다양한 종류의 항공운송(비행기, 헬기, 드론) 개발이 이뤄져야 한다.

전 세계의 관점에서 보아도 러시아 북극 지역은 북극항로와 북극개발에 있어 경제적인 이점만 불러올 뿐 아니라 지정학적 흐름의 판도를 바꿀 공간이다. 1987년 무르만스크 선언으로 구소련이 북극 지역에서 활발한 국제협력의 시작을 알리며 군사의 장이었던 북극을 평화의 장소로 변화시켰다. 국가별로 이해관계가 다르므로 대륙붕 주장, 자원개발권, 북극항로 통제권 등 부딪히는 부분은 여전히 존재한다. 그러나 합의하는 부분도 존재하는데, 환경, 북극 원주민, 안전, 과학연구 문제에 대해서는 국가의 협력으로 이뤄질 수 있다. 특히 북극 지역주민의 식량문제와 연관된 부분은 원주민 및 지역주민의 삶의 질과 관련된 부분으로 미래의 북극을 평화와 안전의 지역으로 만들어나가기 위해 세계 각국의 협조와 국제적 차원의 협력이 필요하다. 협력은 기술 제휴, 노하우 전수, 선진 기술 보급, 기업가는 계약 체결 등 다양한 모습으로 이뤄질 수 있을 것이다.

우리나라의 경우 문재인 정부의 9-Bridge 전략(조선, 항만, 북극항로, 가스, 철도, 전력, 산업단지, 농업, 수산업 등 9개 분야 중심의 협력 사업)과 연관되어 일찍이 러시아 북극 지역에 관한 관심이 높았다. 주로 우리나라는 경제적인 부분에 관심이 많아 경제 부분인 북극항로를 위한 선박 건조, 천연가스나 석유 사업 관련 사업만 진행되었다. 우리나라의 북극에 관한 관심에 비해 사실상 사업으로 이뤄진 건 쇄빙 LNG선 수주밖에 없었다. 북극 원주민이나 북극 주민들에 대한 업무협력은 거의 없었다. 이 부분에 있어 우리나라는 적극적으로 업무협력을 진행해야 한다. 그중이 식품 물류 구축을 통해 북극 주민들의 건강과 영양 상태 개선, 삶의 질 확보를 이뤄낼 수 있다.

단순히 협력을 위한 업무일 뿐 아니라 앞서 말한 바와 같이 러시아 북극 지역은 러시아 지역 중 높은 소득을 가진 지역도 있으며 풍부한 자원이 있는 러시아 자원

경제의 중심지이다. 이에, 식품 물류의 개발을 통해 우리나라의 식품 (냉동, 냉장, 신선)의 수출도 더욱 확대할 수 있을 것이다.

IV. 결론

러시아 북극의 경우, 인프라가 너무 열악한 상황이다. 특히 냉동 컨테이너의 부재와 단절로 인해 철도수송이 주를 이루고 있는 러시아에 우수한 품질의 식품 배송이 어려운 상황이다. 러시아 북극 지역의 신선한 식료품 전달을 위해 가장 필요한 사항은 인프라 구축이다. 현재 러시아 북극 지역은 해양 수송, 내륙 수운 운송과 헬기수송을 주로 이루고 있다. 그러나 해당 운송은 부족한 면이 많은데 해양 수송과 내륙 수운 운송 경우 항만 인프라가 노후화되고 계절성이 있어 일 년 내내 이용하지 못한다는 것이 단점이며 헬기수송은 많은 양의 제품을 옮기기 힘들다는 것이다. 다른 수단인 철도와 고속도로의 경우 러시아에서 철도수송을 좀 더 촘촘하게 연결 지어 북극 지역 내의 철도를 추가 건설할 예정이지만 여전히 철도 노선과 도로포장 상태가 한없이 부족하다. 나아가 철도의 경우 전기 장치가 없어 냉동 운송이 불가능하기 때문이다.

즉, 러시아 북극 지역에 식품 물류(냉동·냉장) 공급에 있어 부족한 부분은 교통 인프라(도로, 항구, 철도 등)의 부족과 철도 운송 시 리퍼 컨테이너 운송 불가로 인한 설비 부족으로 인해서이다.

반면 우리나라는 온라인 사업의 발달을 중심으로 신선(냉장·냉동) 물류, 콜드체인시스템이 급격히 발달한 곳 중 하나이다. 특히 잘 구축된 물류 시스템과 운송 인프라, IT등 기술의 선진화가 우리나라 콜드 체인 시스템의 발전을 뒷받침해 주었다.

이에, 우리나라와 러시아 간 식품 물류 부분에 있어 함께 할 방안을 3가지 관점에서 제안하고자 한다. 한·러 정부 차원에서 협력 구축, 우리나라의 선진 물류 기술 활용으로 접근, 현지 업체와 전략적 제휴 사업 통한 식품 물류 인프라 구축이다.

첫 번째, 한·러 정부 차원에서 접근한다. 러시아는 북극이사회의 의장국이며 우리나라는 북극이사회의 옵서버 국가로 이사회의 공동 목표인 북극 지역 주민, 원주민의 삶의 질 향상을 위한 차원으로 협력한다. 이를 토대로 마스터플랜과 대규모 사업을 계획하여 식품 물류시스템 완성을 통해 양국의 협력관계를 더욱 증진하게 시킨다.

두 번째로 우리나라 선진 물류 기술활용으로 접근이다. 우리나라는 땅이 좁은 덕분인지 물류 기술이 빠르게 진화하고 있다. 물류 4.0으로 ICT, IoT, AI등 4차산업을 물류에 활용하고 있다. 특히 식품 물류 부분은 코로나가 발발하며 더욱 빠르게 발전했다. 물류 시스템이 발전한 부분도 있지만, 각각의 기술도 발전된 부분이 있다.

작년 말, 코로나로 인해 콜드체인의 의약품 운송이 더 주목을 받으며 한국철도기술연구원에서는 열차에서도 활용할 수 있는 리퍼 컨테이너를 개발했다. 외부 전원공급 없이도 내장된 배터리를 사용해 내부온도 최저 영하 20도까지 사용할 수 있는 리퍼 컨테이너가 개발되었다.[38] 또한, 스마트 컨테이너로 개발[39]로 제품을 더군다나 안정적이고 신선하게 운송하며 추적 및 관리를 할 수 있게 되었다. 주도 내 도서·산간 마을 대상으로 물류 사각지대에 드론 배달 인프라를 기반으로 한 물류체계를 구축하고 있다. 이런 제품과 기술이 러시아에 진출하여 러시아 북극의 식품 물류 중 철도 운송 시 리퍼 컨테이너 운송을 통한 신선(냉동, 냉장)식품 제공이 가능할 것이다.

---

38) https://www.etoday.co.kr/news/view/1971247 (검색일: 2021.06.05).

39) 스마트 컨테이너: IoT센서, 원격컨트롤러, 각종제어장치를 통해 스마트하게 실시간으로 관리할 수 있는 컨테이너

또한, 컨테이너 스마트팜의 단지화 구축을 통해 채소가 귀한 러시아 북극 지역에 채소류를 공급할 수도 있을 것이다.

세 번째로 현지 업체와 전략적 제휴 사업 통한 식품 물류 인프라 구축이다. 우리나라의 경우 코로나로 인해 높아진 물류 서비스 기대에 대응하기 위해 식품 기업들은 제품의 신선도를 유지하기 위해 때문에 식품 SCM(Supply Chain Managemant: 이하 SCM)을 구축하여 콜드체인시스템을 통한 제품 품질 유지를 하고 있다. 대표적으로 기존 진출한 쿠팡의 '로켓프레시'와 신세계 그룹의 '쓱배송', 마켓컬리의 '새벽배송'이 있다. 이에 러시아의 유통회사와 냉동 식품사와 함께 전략적 제휴를 통해 식품 물류 인프라를 구축하는 것도 하나의 방안이다.

해당 연구는 우리나라 식품 물류(콜드체인) 현황과 러시아 북극의 식품 물류 현황을 비교 분석하여 러시아 북극 물류의 문제점이 무엇인지 파악하고 우리나라가 해당 상황에서 협력하는 방안을 찾고자 했다.

앞서 살펴본 바와 같이, 러시아 북극의 식품 물류 분석을 통해 현황을 파악하고 열악한 물류 인프라 구조, 리퍼 컨테이너의 부재로 인한 신선식품 조달의 어려움이 있다는 것을 파악했다. 이런 점을 보완하기 위해 우리나라의 발전된 콜드 물류의 현황을 토대로 콜드 시스템 실현을 위해 북극 지역 내 철도에서 운영 및 보관을 할 수 있는 리퍼 컨테이너 지원(수출), 식품의 콜드 체인화를 위한 인프라 및 관리 시스템 구축을 위한 자원이 필요하며 상호 발전을 위한 방안이 아닐 지라는 시사점을 준다.

참고문헌

김정훈. "북극권의 인문지리 현황 분석: 러시아를 중심으로," 『한국 시베리아연구』, 제 24권, 제4호. 2020.
박종관. "러시아 교통물류 발전전략: 북극 지역을 중심으로." 『슬라보 학보』, 제 31권, 제 1호. 2016.
박종삼. "한국기업의 러시아 물류시장 진출 방안 연구," 『한국물류학회지』, 제 24권, 제3호. 2014.
예병환. "러시아 내륙수운 현황 및 활성화 방안 연구," 『한국 시베리아 연구』, 제 24권, 제 3호. 2020.
이재혁. "러시아 북극 지역의 현황과 개발동향," 『한국노어노문학회 학술대회 발표집』, 2016.
최우익. "러시아 북극 지역의 인구학적 특성: 인구와 이주민 추이 분석," 『국제·지역연구』, 28권, 1호. 2019.
한국농수산식품유통공사. 『2020 농식품 신북방시장 진출가이드 [러시아]』. 2020년 12월.
한은영, 서종원. "2020 러시아 항만인프라 현황과 시사점," 『한국교통연구원』, 제 2020-19호. 2020.

David H. Taylor. "Problems of Food Supply Logistics in Russia and the CIS." *International Journal of Physical Distribution & Logistics Management*, Vol. 24, No. 2 (1994).
Segeev Vitaly, Ilin Igor, Fadeev Alexey. "Transport and Logistics infrastructure of the Arctic Zone of Russia." *TransSiberia 2020 Conference*, 2020.
SEROVA A. Natalia. "Critical tendencies of the transport infrastructure development in the Russian Arctic." *Arctic and North*, No. 36 (2019).

Истомин А., Павлов К., Селин В. "Экономика арктической зоны России." *Общество и экономика*, No.7 (2008).
Шпак Алла Владимировна. "К вопросу о логистической координации товародвижения в арктических регионах России." *Вестник Кольского научного центра РАН*, No. 4 (2011).

http://arctica-ac.ru/docs/journals/31/(검색일: 2021.06.10).
https://arcticreview.no/index.php/arctic/article/view/1929/3857(검색일: 2021.11.21).
https://blog.naver.com/nong-up/222044327929 (검색일: 2021.06.20).
https://cargo.rzd.ru/ru/9782#1 (검색일: 2021.06.12).

https://company.rzd.ru/ru/9377 (검색일: 2021.11.21).
https://company.rzd.ru/ru/9382/page/103290?redirected&id=16988(검색일: 2021.11.21).
https://dvzd.rzd.ru/(검색일: 2021.06.20).
https://eng.rosstat.gov.ru/health (검색일: 2021.06.05).
https://en.wikipedia.org/wiki/File:Siberiariverroutemap.png(검색일: 2021.07.01).
https://en.wikipedia.org/wiki/List_of_canals_in_Russia (검색일: 2021.07.01).
https://en.wikipedia.org/wiki/List_of_federal_subjects_of_Russia_by_GDP_per_capita (검색일: 2021.06.10.).
http://favt.gov.ru/stat-date-vozdushnie-perevozki/ (검색일: 2021.06.05).
http://favt.gov.ru/stat-date-vozdushnie-perevozki/ (검색일: 2021.06.05).
http://government.ru/docs/36094/ (검색일: 2021.11.21).
https://kras.rzd.ru/ (검색일: 2021.06.20).
http://mintrans.krskstate.ru/dat/File/29/BKAD1%20%202020.pdf (검색일: 2021.06.20).
http://morflot.gov.ru/deyatelnost/napravleniya_deyatelnosti/portyi_rf/reestr_mp.html (검색일: 2021.06.05).
https://news.kotra.or.kr/user/globalBbs/kotranews/782/globalBbsDataView.do?setIdx=243&dataIdx=162329 (검색일: 2021.06.20).
https://ozd.rzd.ru/ (검색일: 2021.06.20).
https://rosstat.gov.ru/folder/23345 (검색일: 2021.06.05).
http://vseon.com/analitika/infrastruktura/rossijskaya-arktika,(검색일: 21.06.06).
https://www.ajunews.com/view/20210615094956300 (검색일: 2021.06.20).
http://www.belkomur.com/belkomur/1.php (검색일: 2021.11.21).
https://www.etoday.co.kr/news/view/1971247 (검색일: 2021.06.05).
https://www.koreapolarportal.or.kr/info/arcticDevInfo.do (검색일: 2021.06.05).
http://www.liveinternet.ru/community/norillag/page4.shtml(검색일: 2021.06.05).
http://www.statdata.ru/smertnost-v-rossii-prichiny,2019 (검색일: 2021.06.05).

제2장

러시아 목재 산업 동향 및 영향 요인

- 극동연방관구와 북서연방관구를 중심으로 -

김 현 진*

〈요약〉

　본 글은 러시아 북극 지역에서 목재 산업을 주도하는 극동연방관구와 북서연방관구를 중심으로 러시아 목재 산업의 동향을 살펴보고, 러시아 목재 산업에 영향을 미치는 요인을 분석하는 것을 목적으로 한다. 러시아 극동연방관구는 방대한 숲을 보유하고 있으며, 인접한 아시아 국가와의 교역을 바탕으로 목재 산업이 성장하고 있다. 러시아 북서연방관구는 러시아 자국 내에서 목재 산업 육성 중점 지역이며, 유럽에서 가장 규모가 큰 한대림을 포함하고 있다. 러시아 목재 산업은 전통적인 산업군에 속해 있지만 최근 대내외적 요인에 따라 변화가 나타나고 있다. 대내적 요인으로 러시아 목재 산업의 비효율성, 러시아 목재 수출 제한 조치의 시행이 있으며, 대외적 요인으로 서방의 대러 경제 제재 및 러시아의 수입 대체화 정책의

---

* 한국외국어대학교 국제지역대학원 국제지역학과 러시아·CIS경제전공 박사수료

시행, 중국으로의 불법 벌목 문제, 기후변화의 숲에 대한 영향 증가, 글로벌 신재생 에너지 시장 확대 등을 꼽을 수 있다. 본 연구를 통해 그동안 북극 지역의 경제 활동에서 주목하지 않았던 삼림자원의 중요성을 이해하고 러시아 목재 산업의 동향을 살펴볼 수 있으며, 러시아의 목재 산업 변화에 대한 시사점을 얻을 수 있다.

I. 서론

북극은 지리와 기후, 생물 환경의 극한 조건이 뚜렷하게 나타나는 공간이다. 북극의 정의는 환경, 생물, 경제와 관할권, 사회적 기준 등에 따라 다양하다. 북극의 대표적인 기준선인 북극 수목한계선은 툰드라와 삼림의 경계를 뜻하며, 툰드라를 포함한 북부를 북극, 그 남부를 아북극으로 규정한다. 수목한계선의 식생은 지역마다 다른 종으로 구성되며 기후와 토양의 상태에 상당한 영향을 받는다. 수목한계선은 북극을 명확히 규정하는 경계선 개념보다는 툰드라와 아북극의 식생 변화를 관찰하는 기준선으로 볼 수 있으며 그 자체로 방대한 공간이다. 수목한계선을 따라 두 개의 주요 식생 지대가 나타나는데, 북부에는 지의류, 관목 등 툰드라 식물군이 분포하며 남부에는 침엽수, 활엽수 등 아북극성 숲 지대가 형성된다. 툰드라와 아북극의 숲 지대는 다양한 생태계가 공존하는 자원의 보고이며, 극한 환경 속에서 살아가는 원주민들의 중요한 삶의 터전이기도 하다.

북극은 천연자원과 수자원이 풍부해 자원개발업과 어업, 운송 및 물류 산업이 발달했다. 특히 북극 지역과 아북극을 아우르는 방대한 숲은 북극권 국가들의 전통적인 경제 활동의 원천이었다. 전 영토에 걸쳐 북극과 아북극 지대를 아우르는 러시아는 숲 자원이 풍부하여 목재 산업이 발달했으며, 목재 산업은 러시아 경제에서 가장 오랜 산업 분야이기도 하다. 러시아는 전 세계 삼림의 20%를 보유하고 있으며, 이는 브라질(13%), 캐나다(8%), 미국(8%)보다 앞서는 세계 1위 수준이다. 삼림은 러시아연방 전체 영토의 46.6%를 차지한다. 삼림 면적은 8억 890만ha로 이 중 원시림 면적은 2억 5,650만ha로 전체 삼림 면적의 31.6%를 차지한다.

러시아의 풍부한 숲 자원은 이전에도 중요한 가치를 지녔으나, 최근 들어 관련 연구가 증가했다. 기후변화의 심화와 신재생 에너지로의 전환이 화두가 되면서 목재에 대한 전세계적 관심도 증대하고 있다. 기후변화에 관한 유엔기본협약(UNFCCC, United Nations Framework Convention on Climate Change)이나 기후변화에 관한 정부간협의체(IPCC, Intergovernmental Panel on Climate Change)에서는 목재가 탄소중립 연료임을 인정하고 화석연료 대체에너지로 권고한 바 있다.[1] 또한 북극 지역은 다른 어느 지역보다 기후변화에 취약한 만큼, 북극 지대를 둘러싼 숲 또한 기후변화와 맞물려 변화에 직면했다. 북극 지역을 포함한 고위도 지역은 지구 평균보다 2~6배 가까이 빠르게 기온이 상승할 만큼 극심한 온난화가 발생했다. 이러한 변화는 이 지역의 경제 활동과 산업 동향에도 영향을 줄 수 있어 이에 대한 대비와 동향 파악이 중요하다. 한국 내에서 러시아 목재 산업에 주목한 연구로 원석범의 '러시아 임업 발전 전망 분석과 한·러 임업 협력: 하바롭스크 변강주를 중심으로' 연구가 있다.[2] 이 연구는 하바롭스크 변강주를 중심으로 러시아 삼림자원의 임업 현황을 살펴보고 한국과 러시아 간 임업 협력 방안을 제시했다는 의미가 있다. 그러나 러시아 목재 산업의 전반적인 현황과 변화 요인에 주목한 연구는 한국 내에서 거의 없었다.

한편, 러시아 정부는 지속적으로 목재에 대한 수출 규제를 강화했다. 이는 자국

---

[1] https://www.forest.go.kr/kfsweb/kfi/kfs/cms/cmsView.do?mn=NKFS_02_01_11_04_01&cmsId=FC_001019 (검색일: 2021.07.01).

[2] 원석범, "러시아 임업 발전 전망 분석과 한·러 임업 협력: 하바롭스크 변강주를 중심으로," 『한국 시베리아연구』, 제23권, 2호 (2019), pp. 199-222.

의 목재 산업의 취약성을 인식한 러시아 정부의 자국 산업 보호 정책으로 평가된다. 러시아 정부는 2007년 러시아의 목재 산업을 육성, 보호하는 수출 규제 정책을 도입했다. 특히 러시아의 북극 지역에 속한 극동연방관구[3]와 북서연방관구는 각각 중국과 북유럽 국가에 주로 목재를 수출해왔던 만큼 정부 정책에 상당한 영향을 받았다.

본 글은 러시아 북극 지역에서 목재 산업을 주도하는 극동연방관구와 북서연방관구를 중심으로 러시아 목재 산업의 동향을 살펴보고, 러시아 목재 산업에 영향을 미치는 요인을 정리하는 것을 목적으로 한다. 본 연구를 통해 그동안 북극 지역의 경제 활동에서 주목하지 않았던 삼림자원의 중요성을 이해하고 러시아 목재 산업의 동향을 살펴볼 수 있으며, 대내외적 요인이 어떻게 목재 산업에 영향을 미치고 있는가를 파악할 수 있다. 본 연구는 한국이 러시아 목재 산업을 이해하고 관련 산업에서 어떻게 협력하고 변화에 대응할 수 있는지에 대한 시사점을 제공할 수 있다.

II. 세계 목재 산업 및 러시아 목재 산업 동향

1. 세계 목재 산업 동향

목재 산업은 목재를 생산하거나 가공하여 제품을 생산·판매하는 산업을 통칭한

---

[3] 러시아 극동연방관구(Дальневосточный федеральный округ)는 러시아 극동에 걸쳐져 있는 러시아의 행정 구역으로, 아무르주, 부랴티야공화국, 유대인자치구, 자바이칼지방, 캄차카지방, 마가단주, 연해주, 사하공화국(야쿠티야), 사할린주, 하바롭스크지방, 추콧카자치구를 포함한다. 한편, 한국에서 극동은 극동연방관구에서 사하공화국(야쿠티야)를 제외하여 언급하는 경우가 많다. 그러나 영문, 러문 자료에서 러시아 극동(Russia Far East)은 극동연방관구와 동일한 구역을 의미하고 있으며, 따라서 본 연구에서는 극동연방관구 전 지역을 극동지역으로 통칭한다.

다. 목재 산업에는 생산·유통 과정의 임업, 운반업, 목재 무역업, 생산 임산물 및 목재 가공업, 펄프가공업 및 제지 산업 등이 포함된다. 목재 산업은 대규모 삼림을 보유한 국가를 중심으로 발달했으며, 산업화와 세계화가 심화하면서 토목의 채취부터 가공, 유통에 이르는 거대한 국제 비즈니스 형태를 이룬다. 목재 원재료 및 가공품은 숲의 나무종에 따라 달라진다. 소나무, 전나무와 같은 침엽수는 주로 목재 연료, 펄프 및 종이 생산에 사용되며 경량이며 밀도가 낮은 편이며 활엽수에 비해 값이 싼 편이다. 주로 건축용 골재, 종이용 펄프우드, 합판 및 섬유판 등에 활용되며 일부 침엽수에서 채취한 연목(soft wood)은 주로 가구, 건설 목재 등으로 사용될 수 있다는 점에서 가치가 높다. 주로 온대 및 열대우림에서 발견되는 활엽수는 경목(hard wood)으로서 주로 연료로서 목탄(숯), 메탄올, 가스 터빈, 우드 가소겐(gasogen)으로 활용되거나, 교량, 교각, 주택, 조선을 위한 건설 자재, 바닥재, 목재 가구에 쓰인다. 활엽수는 일반적으로 침엽수보다 밀도가 높고 무거운 편이며 가격도 비싼 편이다. 글로벌 시장에서 목재 산업은 연평균 성장률 6.8%를 기록하며 지속적으로 성장하고 있으며 2020년 6,242억 2천만 달러에서 2021년 6,634억 달러 수준으로 성장했다.[4] 아시아 태평양 지역은 전 세계 목재 제품의 가장 큰 소비 시장으로 2020년 전체의 39%를 차지했다.[5] 북미는 세계 목재 제품 시장의 27%를 차지하면서 두 번째로 규모가 큰 소비 시장으로 꼽히고 있다. 목재는 목재 연료, 산업용 원목, 목재 펠릿, 절단 목재(sawnwood), 펄프 목재 등으로 나뉜다.

한편 기후변화로 인해 숲 화재 발생 빈도는 매년 증가하고 있다. 40년 이하의 나

---

4) https://www.globenewswire.com/news-release/2021/04/01/2203082/28124/en/Global-Wood-Products-Market-Report-2021-Market-is-Expected-to-Grow-from-624-22-Billion-in-2020-to-666-43-Billion-in-2021-Long-term-Forecast-to-2025-2030.html (검색일: 2021.07.01).

5) Ibid.

무로 구성된 숲의 경우 이산화탄소를 감소시키는 효과가 있으나,[6] 이 이상에 접어들면 마찰열에 의해 자연 발화할 수 있어 숲에서의 적절한 임업 작업은 오히려 숲을 지속가능하게 보존하는 데 도움이 될 수 있다. 삼림 부문은 세계 경제에 중요한 역할을 하고 있으며, 각국에서 자국 산업을 보호하기 위해 관련 규제를 강화하고 있다. 미국이 캐나다산 절단 목재에 수입세를, 러시아는 임산물의 생산량 증가를 위해 원목 수출관세를 부과했다. 중국은 재활용 자재 및 미처리 폐지를 수입 금지하는 조치를 취했고, 캐나다와 EU는 상호 무역 활성화를 위한 포괄적 경제 및 무역협정(CETA)를 잠정 발효한 바 있다. 목재 시장은 건축물과 가구 가공 산업의 성장, 신재생에너지원으로서 활용 증대, 인터넷과 이커머스의 성장, 환경과 지속가능성에 대한 관심 증가 등 전 세계적 동향에 영향을 받아 꾸준히 확대할 것으로 전망된다.

2. 러시아 목재 산업 동향

러시아 목재 산업은 러시아 경제에서 가장 오래된 산업 분야이다. 러시아는 전 세계 삼림의 20%를 보유하고 있으며, 이는 브라질(13%), 캐나다(8%), 미국(8%)보다 앞서는 세계 1위 수준이다. 삼림은 러시아연방 전체 영토의 46.6%를 차지한다. 삼림 면적은 8억 890만ha로 이 중 원시림 면적은 2억 5,650만ha로 전체 삼림 면적의 31.6%를 차지한다. 러시아의 숲은 생물자원, 고목, 토양에 약 1,275억 톤의 탄소를 포함한다. '주요 삼림종의 약 90%는 시베리아 소나무와 한국 소나무, 가문비나무, 전나무, 자작나무, 가시나무, 작은잎나무 등으로 분류된다. 나머지는 삼나무, 자작나무, 밤나무, 배나무 등이다. 10개의 지배적인 나무종이 99.1%를 차지하는데,

---

6) http://www.yourlunghealth.org/healthy_living/pollution/outdoor/effects (검색일: 2021.07.01).

낙엽송(4종)이 31%를, 침엽수(6종)가 20.1%, 활엽수(10종) 14.4%로 구성된다.'[7] 종 구성은 해당 국가의 산림 부문의 잠재력과 가치를 추정할 수 있다는 점에서 의미가 있다.

이러한 풍부한 자원 수준에도 불구하고 목재 생산량은 2018년 기준 2억 3천 6백만 cbm 수준으로 미국(4억 3천 9백만 cbm), 인도(3억 5천 4백만 cbm), 중국(3억 2천 9백만 cbm), 브라질(2억 5천 7백만 cbm) 다음으로 5위를 차지했다.[8] 대부분의 매출은 절단 목재에서 비가공 원료를 수출하는 방식으로 이뤄지며, 주로 유럽 일부 국가와 중국으로 수출되었다. 세계 삼림 부문의 무역총량에서 러시아가 차지하는 비율은 4% 미만 수준이다.[9] 그러나 [그림 1]과 같이 러시아의 목재 자원의 부문별 생산량은 지난 2008년과 2018년을 비교했을 때 지속적으로 증가했으며, 2030년의 생산량 수치도 증가할 것으로 예상된다.[10] 러시아 임업의 주요 생산물은 목재이며, 임업 부문의 수출 총량 중 약 75~80%의 비중을 차지하고 있다. 러시아는 산업용 원목 생산에서 전 세계 생산량의 15%를 차지했으며 절단 목재에서는 15%를 차지했다.[11] 러시아는 목재 펠릿과 목재 패널 생산에서는 각각 전 세계 생산량의 7%씩 차지했다. 반면에 소비 시장에서는 다른 국가에 비해 높은 비율을 차지하지는 않는데, 산업용 원목에서는 전 세계 소비량의 13%, 목재 패널에서는 5%를 차지했으며 목재 펠릿과 절단 목재의 경우에는 소비 시장 규모가 크지 않아 생산된 목재를 대부분 수출한다고 짐작할 수 있다. 러시아는 2017년 기준 1억 5,760만 m³를 생

---

7) Victor Teplyakov, "Current trends in the Russian Far East forest sector," *Forest Science and Technology*, Vol. 7, No. 3 (2011), p. 103.

8) FAOSTAT, "Russia's Forest Sector Strategy to 2030," https://docs.cntd.ru/document/573658653 (검색일: 2021.07.01).

9) https://en.wikipedia.org/wiki/Forestry_in_Russia (검색일: 2021.07.01).

10) FAOSTAT, op. cit.

11) http://www.fao.org/forestry/statistics/80938@180723/en/ (검색일: 2021.07.01).

산했으며, 이는 세계 침엽수 목재(통나무) 생산량의 14.4%를 차지하며 미국에 이은 2위 수준이다. 러시아는 침엽수 제재목 생산국(3,780만 m³)으로 세 번째 순위를 차지하며 전 세계의 11.1%를 생산했다. 러시아는 1,190만 m3로 원목 수출에서 2위를 기록했는데, 이는 세계 시장 점유율 14%로 뉴질랜드에 이은 2위 수준이다. 러시아의 목재 산업 부문은 러시아 전체 산업 생산의 일부로서 생산 면에서 7위, 국가 수출에서 5위를 차지할 정도로 중요한 산업이다. 1980년대 말까지, 소련은 목재 수출에서 세계 2위, 미국에 이어 2위를 차지했다. 그러나 90년대 체제 전환과 글로벌 경제 지형의 변화에 따라 러시아의 목재 수출량 순위는 전 세계에서 6위와 7위 사이로 떨어졌다.

[그림 1] 러시아 목재 자원 부문별 생산량 현황 및 전망[12]

	Packaging paperboard, thousand tons	Household and sanitary paper, million tons	Plywood, million m³	OSB, million m³	Wood pellets, million tons	Particleboard, million m³	MDF/HDF, million m³	Chemical pulp, million m³
CAGR in 2008-18	5.5%	11.7%	4.5%	88.7%	14.7%	3.9%	10.4%	2.4%
CAGR in 2018-30	n/a	n/a	2.7%	7.2%	6.8%	1.0%	5.9%	3.6%
2008	3.1	0.2	2.6	0.0	0.8	5.8	1.2	7.2
2018	5.2	0.6	4.0	1.4	1.8	8.4	3.1	9.1
2030	n/a	n/a	5.5	3.1	4.0	9.5	6.2	14.0

* 위의 표는 CAGR(compound annual growth rate, 연평균성장률)을 2008~2018년, 2018~2030년으로 구분하여 나타냈으며, 아래 도표는 2008년, 2018년, 2030년(추정치)의 연평균성장률을 나타냄.

러시아의 삼림을 관리하는 러시아 삼림기금(Forest Fund of Russia)은 러시아의 삼림을 방수림(waterproof forest), 들판, 보호림, 휴양림 등으로 구분하며, 보호림에서는 수목의 껍질 채취만 허용한다. 선별된 삼림 구역에서는 특정 쿼터 이상으로 수

---

12) FAOSTAT, op. cit.

확할 수 없다. 일반적으로 러시아의 숲은 소나무(pine), 가문비나무(spruce), 낙엽송(larch), 향나무(cedar)로 이뤄져 있다. 러시아의 목재 산업은 크게 네 가지 산업으로 구성된다. 네 가지 산업은 벌목업(Logging industry), 기계·화학 가공업(Wood industry), 펄프 및 제지업(Pulp and paper industry), 숯이나 로진, 페인트 희석 물질 테레빈유 등을 생산하는 목재화학공업(Wood chemical industry)이 해당된다. 러시아 목재의 대부분은 중국, 이집트, 우즈베키스탄, 이란 등으로 수출된다. 러시아 목재 산업은 또한 북유럽 국가들의 경제, 특히 동서 시베리아의 광대한 영토와 극동 지역의 목재, 연료, 금속 산업에서 큰 비중을 차지한다. [그림 2]와 [표 1]과 같이 본 연구가 대상으로 하는 극동연방관구와 북서연방관구에는 러시아 영토 내에서 숲을 가장 많이 보유한 지역이 많아 목재 산업도 많이 발달해 있다.

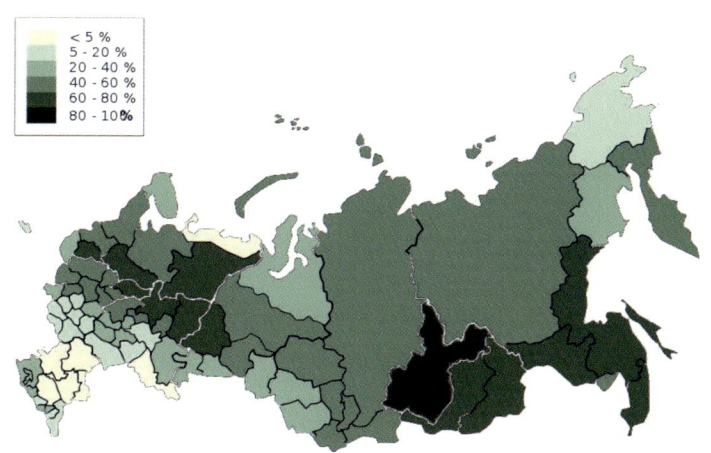

[그림 2] 러시아 지역별 삼림 차지 비율[13]

---

13) https://en.wikipedia.org/wiki/Forest_cover_by_federal_subject_in_Russia (검색일: 2021.07.01).

[표 1] 러시아 극동연방관구와 북서연방관구의 삼림 차지 비율[14]

구분	북서연방관구 연방주체	삼림 차지 비율(%)	극동연방관구 연방주체	삼림 차지 비율(%)
1	코미 공화국	72.7	연해주	77.2
2	볼로그다주	68.9	자바이칼 변강주	68.3
3	노브고로드주	64.1	사할린주	68.0
4	레닌그라드주	57.3	하바롭스크 변강주	66.3
5	아르한겔스크주	54.1	아무르주	65.4
6	카렐리아 공화국	53.1	부랴티아 공화국	64.1
7	프스코프주	38.8	사하 공화국	50.8
8	무르만스크주	37.4	유대인 자치주	45.2
9	칼리닌그라드주	18.6	캄차카 자치구	42.7
10	상트페테르부르크 연방시	13.7	마가단주	37.4
11	네네츠 자치구	1.1	추코카 자치구	6.8

러시아 삼림기금은 러시아 정부가 소유하며, 연방 정부와 지방 정부가 공유하는 방식으로 거버넌스를 구성한다. 삼림의 관리, 보호 및 사용과 관련된 권한은 지방 정부에 위임되는 반면, 연방 정부의 권한은 주로 정책 수립, 법률 및 규정에 의한 산림 관계 거버넌스 및 산림 재고 관리와 같은 특정 사안에 초점을 맞춘다. 러시아 삼림에 대한 주요 권한은 천연자원환경부(Ministry of Natural Resources and Ecology)와 그 하부 기관인 연방삼림청이 도맡는다. 지역 삼림 당국은 삼림 이용권 배분에 대한 책임을 갖는다. 러시아의 삼림 정책은 삼림 부문 개선, 이용 및 재생 강화, 임산물의 내수 활성화, 러시아 삼림 산업 경쟁력 제고, 산불 및 곤충 피해 최소화, 불법 벌목 방지, 숲의 생산성 및 수목종 구성 관리에 관한 정책을 목표로 한다.

---

14) Ibid.

Ⅲ. 러시아 극동연방관구와 북서연방관구의 목재 산업 현황

1. 러시아 극동연방관구 목재 산업 현황

러시아에서 생산된 대부분의 목재는 중국, 카자흐스탄과 독일로 선적된다. 특히 전체 생산량의 약 20%가 중국으로 수출된다는 점에서 지리적으로 방대하며 중국에 인접한 극동연방관구의 목재 산업의 현황을 살펴보는 것은 상당히 중요하다. 극동연방관구는 러시아 전체 목재 생산의 7%를 차지하며 시베리아연방관구(42%), 북서연방관구(28%)에 이어 세 번째로 생산량이 많은 지역이다[15]. 극동 지역은 동아시아로 연결되는 물류거점지에 위치해 있으며 보유량에 비해 생산량이 적다는 점에서 앞으로의 성장이 기대되는 지역이기도 하다. 러시아의 침엽수림 중 가장 높은 비율을 차지하는 낙엽송은 러시아 극동 지역 목재 생산량의 60%를 차지한다[표 2]. 가문비나무 숲은 약 8천 9백만 ha에 달하며, 그중 48%가 극동과 시베리아에 있다. 러시아 숲에서 고부가가치를 가지는 종은 4백만 ha를 차지하는 참나무와 물푸레나무종이다. 참나무숲의 점유율은 크진 않지만 러시아 극동 지역에서 가장 많은 수가 발견된다. 러시아 전체 물푸레나무종의 약 1/4과 자작나무 목재의 6분의 1도 이 지역에 있다. 이러한 수치를 통해 극동 지역의 목재 산업 잠재력을 확인할 수 있다.[16]

구소련 해체 이후 통나무 수출은 1992년 약 1,020만 m^3(총 수확량의 4.5%)

---

15) Igor Novoselov, *Forest products developments in the Russian Federation* (Geneva: Whatwood, 2019), p. 14.

16) FAO, "Global Forest Resources Assessment 2010," https://www.fao.org/family-farming/detail/en/c/292487/ (검색일: 2021.07.01).

에서 1995년 1,840만 m³(15.9%), 2000년 320만 m³(20.3%), 2006년 최대 5,11만 m³(26.8%), 2009년 2,170만 m³(147%)로 급격히 증가했다.[17] 러시아 극동 지역의 수출 구조상 침엽수종은 66%로 물푸레나무종이 18%, 참나무 13%, 자작나무가 3%로 구성된다.[18] 러시아의 삼림은 야생 및 인재에 의한 화재, 해충 및 질병, 부적절한 목재 채취 기술, 부족한 시장 메커니즘 및 필요한 산림 활동 및 기타 위험을 완화할 수 있는 재정적 자원 부족과 같은 많은 자연 및 인공적인 위협에 처해 있다. 이러한 문제는 특히 극동 지역에서 가장 뚜렷하게 나타난다.[19]

[표 2] 러시아 및 러시아 극동연방관구 지배적인 나무종 분포[20]

주요 나무종	러시아연방 전체(Russian Federation)		러시아 극동 지역(Russian Far East Federal District, RFE FD)		비율
	(mil.m3)	(%)	(mil.m3)	(%)	(%)
낙엽송(Larch)	23,069	30.2	12,563	61.7	54.5
소나무(Pine)	15,036	19.7	1186	5.8	7.9
가문비나무(Spruce)	9972,	13.1	1943	9.5	19.5
전나무(Fir)	2523	3.3	337	1.7	13.4
시베리아소나무 (Siberia stone pine)	7846	10.3	634	3.1	8.1
기타 침엽수 (sub-total for conifers)	25,446	76.6	16,663	81.9	28.5
자작나무(Birch)	10,028	13.1	1667	8.2	16.6
사시나무(Aspen)	3125	4.1	125	0.6	4.0
기타 낙엽수 (sub-total small leaved)	14,172	18.6	2104	10.3	14.8
러시아 극동지역 전체	76,272	100.0	20,348	100.0	26.7
러시아 전체	81,523				

---

17) Ibid.

18) Roslesozashchita, *Information on forest with decline or lost of stability in the Russian Federation in 2009* (Moscow: Pushkino, 2010).

19) Victor Teplyakov, op. cit. p. 104.

20) Ibid. p. 104.

사하 공화국, 하바롭스크와 연해주 지방은 러시아의 목재 생산업이 이뤄지는 10대 지역 중 하나로, 러시아 극동 지역에서 목재 공급의 주요 산지이다. 목재 수확에서 하바롭스크와 연해주의 점유율은 점차 증가해 각각 1986년 40%, 17%에서 2009년 53%, 29%로 증가했다.[21] 이 지역은 주로 아시아 국가로 목재를 수출하는데, 이는 아시아 태평양 시장과 인접한 지리적 위치, 원목에 대한 전통적인 수요 및 물류 인프라를 통한 지역 시장과의 연계, 비교적 저렴한 목재 생산이 가능한 침엽수림의 단순성과 종구성이 분포했기에 가능했다. 한편 지역 내 저개발 된 목재 가공 시설과 침체된 국내 시장은 극동 지역 목재 산업의 한계로 꼽힌다.[22] 세계 시장에서 러시아 목재 제품의 점유율은 높지 않은데, 이는 비가공된 통나무 수출을 선호해 온 러시아 목재 산업의 특성과 관련된다.

2. 러시아 북서연방관구 목재 산업 현황

러시아 북서연방관구는 러시아 자국 내에서 목재 산업 육성 중점 지역이며, 유럽에서 가장 규모가 큰 한대림[23]을 포함하고 있다. 러시아 북서부 지역에서 숲이 차지하는 비율은 약 52.5%로 그 면적은 프랑스와 영국을 합친 수준이다. 그중 상업용 삼림의 비율은 62%이다. 아르한겔스크, 카렐리야 공화국, 코미 공화국, 볼로그다,

---

21) N. Antonova, "Forest complex of the Russian Far East in the institutional conditions changed," *New Political and Economical Conditions of Cooperation in Northeast Asia and the Russian Far East* (2008), pp. 59–65.

22) Victor Teplyakov, op. cit., p. 108.

23) 한대림(Frigid forest)은 연평균 기온 6℃ 이하로 북극 주변에 위치한 삼림을 가리킨다. 노르웨이, 스웨덴, 핀란드, 시베리아를 포함한 러시아의 북부지역 및 캐나다 등지에 주로 분포하며, 대표적인 수종(樹種)은 침엽수림이다. 한대림의 면적은 세계 삼림 면적의 25%를 차지하고 있으며, 그 대부분은 러시아가 점하고 있다(출처: 자연지리학사전, 2006. 5. 25., 한국지리정보연구회).

레닌그라드, 노브고로드, 프스코프 지역을 포함한 북서부 지역에 위치한 모든 숲은 이 지역의 삼림산업 발전과 사회경제적 발전에 중요한 원천이기도 하다. 러시아 북서부 지역은 매년 러시아 전체 목재 산업의 28%를 생산하며, 산업 원목의 35%, 펄프, 종이 및 판지의 63%, 합판의 39%, 톱 목재의 27%를 생산한다.[24] 특히 러시아 북서부 지역의 삼림 부문은 도시 외곽 지역에서 가장 많은 고용을 창출하는 산업이며, 관련 업계에 약 12만 명이, 그중 임업에 3만 5천여 명이 종사하는 것으로 알려져 있다.[25] 지배적인 나무종은 노르웨이 가문비나무, 스코틀랜드 소나무, 자작나무 및 스펜(Spen)이다. 코미 공화국과 아르한겔스크와 무르만스크 지역에 널리 퍼져 있는 성숙 및 과성숙 침엽수림은 상업적으로 벌목된 적이 없는 오래된 숲을 포함한다.

[그림 3] 러시아 북서부 지역 주요 나무종[26]

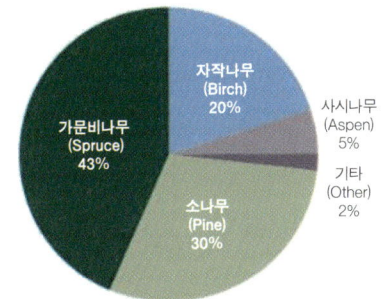

---

24) Y. Gerasimov and T. Karjalainen, "Development of wood procurement in Northwest Russia: round wood balance and unreported flows," https://link.springer.com/article/10.1007/s10342-005-0104-4 (검색일: 2021.07.01).

25) Victor Teplyakov, op. cit., pp. 103-109.

26) "Forestry in Northwest Russia," https://www.luke.fi/bsrforest/wp-content/uploads/sites/40/2014/01/CONIFER_forestry.pdf (검색일: 2021.07.01).

북서부 지역에는 약 1억 1천 3백만 헥타르 규모의 숲이 있다. 이 지역은 타이가 숲 지대에 위치해 있지만, 남부에는 온대 혼합림도 발견된다. 가장 많이 발견되는 나무는 가문비나무, 소나무, 자작나무이다. 삼림 개발 등급 기준에 따르면 이 지역의 숲의 절반은 성숙하거나 지나치게 오래된 나무가 많다. 러시아에서 삼림은 지정된 기능에 따라 생산림, 보호림, 특수보호림 등 3개 그룹으로 분류된다. 러시아 북서부에서는 삼림자원의 약 70%가 주로 목재 생산을 목표로 하고 있으며 30%는 일부 제한사항이 있는 보호림으로 분류된다.[27] 연간 생산 허용량은 약 1억 2천만 m3이며 목재 수확은 평균 5천만 m3이 이뤄진다. 가장 많은 양인 천만 m3이 매년 볼로그다와 아크한겔스크 지역에서 생산된다. [그림 3]과 같이 러시아 북서부 지역에서 가장 많이 재배되는 나무종은 가문비나무(Spruce)로 41%를 차지하고 소나무가 30%, 자작나무가 20%로 뒤를 잇는다.

IV. 러시아 목재 산업에 영향을 미치는 요인

1. 대내적 요인

(1) 러시아 목재 산업의 구조적인 문제

막대한 자원과 전 세계적인 산림제품 수요에도 불구하고 러시아 삼림 분야는 사회경제적 안정과 삼림 생태를 위협하는 심각한 거버넌스 문제를 겪고 있다. 중앙집중식 계획 정책의 유산, 시장 경제로의 전환, 이에 따른 경제적, 정치적 혼란은 러시

---

27) Ibid.

아의 경영 능력을 감소시켰다.[28] 이러한 문제는 러시아 전체 특히 극동 지역에서 극심하게 나타나고 있다.[29] 이는 해충 및 자연 발화 산불의 문제를 일으키는 낮은 삼림 이용률과도 관련이 있다([표 3]). 러시아의 연간 허용 목재 절단량(AAC)은 극동 지역의 9,050만 m^3(러시아의 17.2%)를 포함하여 5억 7천만 m^3이다. 그러나 오랜 기간 평균 목재 수확량은 허용치의 3분의 1 이하인 1억 8천 5백만 m^3에 수준에 그쳤으며, 극동 지역의 경우는 22%로 더 낮은 수준이다.

[표 3] 2009년 러시아 및 극동 지역 숲 손실 요인[30]

구분	러시아연방		러시아 극동 지역		극동 지역/러시아 전체
요인	(ha)	(%)	(ha)	(%)	(%)
산불	1,126,054	19.9	343,927	66.6	30.5
해충에 의한 손상	454,943	8.0	3,102	0.6	0.7
기후적(날씨 및 토양)	3,381,701	59.6	148,849	28.8	4.4
목재 질병	551,873	9.7	11,067	2.1	2.0
야생 손상	2,976	0.1	-	-	-
인재	152,102	2.7	9,553	1.8	6.3
전체	5,670,648	100.0	516,497	100.0	9.1

러시아 숲의 낮은 이용 문제는 낙후된 물류 인프라 문제와도 관련이 있다. 특히 극동 지역의 경우 지역 내 50% 이상의 삼림 지역에 물리적 도달이 거의 불가능한 도로 수준과 각 지역에서 채취된 목재 중 3~5%만을 처리할 수 있는 가공 시설이 한계로 작용하고 있다.[31] 목재를 운송하기 위해 가장 저렴한 방식으로 활용될 수 있

---

28) Victor Teplyakov, op. cit., p. 108.

29) A. Deutz, Cantin, D., Laletin, A., Teplyakov, V., and Moshkalo, V. "The future of forest conservation in Russia," *Development Workshop Reports* (Moscow: IUCN, 1999).

30) Roslesozashchita, *Information on forest with decline or lost of stability in the Russian Federation in 2009* (Moscow: Pushkino, 2010).

31) A. Shvidenko, Shchepashchenko, D., McCallum, I., & Nilsson, S., "*Russian Forests and Forestry* (Laxenburg: IIASA and The Russian Academy of Sciences, 2007)," http://pure.iiasa.ac.at/id/eprint/8319/ (검색일: 2021.07.01).

는 수로의 경우, 해당 수로까지 육로를 통해 목재를 운송하는 것은 상당히 어렵다는 문제가 있다. 계절성 문제도 상당한 영향을 미쳤다. 운송의 경우 동절기에 주로 이루어지는데, 충분한 계절적 요건이 갖춰지지 않을 경우 운송 가능 기간이 충분하지 않다는 문제가 발생했다. 이외에도 경제적으로 고부가가치를 창출할 수 있는 나무종이 효율적으로 관리되지 못한다는 점도 한계로 꼽힌다.

관리 거버넌스의 부족, 노후화된 장비와 물류 인프라 문제와 함께 가공 기술의 부재는 러시아 목재 산업의 구조적인 문제로 이어졌다. 러시아는 주로 목재를 가공한 가공 제품이 아니라 원재료 자체를 수출해왔다. 이는 고부가가치를 창출할 수 없을 뿐만 아니라 러시아의 숲을 무분별하고 무계획적으로 사용하는 비효율성으로 이어지게 했다.[32]

(2) 러시아 목재 수출 제한 조치

러시아 정부는 2004년부터 2006년 사이에 25개 상품 및 28개 부가 상품에 대한 수출관세를 철폐하였다.[33] 이러한 조치들이 효율적으로 작동하지 않았고, 연방 예산의 수입을 증가시키기 위해 러시아 정부는 다시 원목의 수출관세를 2.5유로에서 4.0유로로 증가시켰다.[34] 2007년 10월 29일 러시아 관세청 훈령 "특정 물품의 통관 수속 장소에 대하여"가 발효되면서 적하 하역 및 관련 시설을 갖추고 있는 128개

---

32) http://www.fao.org/news/story/en/item/157942/icode/ (검색일: 2021.07.01).

33) Government RF. The Resolutions of the Government of the Russian Federation of 3 September 2004 # 405, 20 August 2005 #531 and 2 June 2006 #340. "On the approval of the rates of export customs duties on certain types of paper and paperboard," https://docs.cntd.ru/document/901982686 (검색일: 2021.07.01).

34) Government RF. 2006. The Resolution of the Government of the Russian Federation of 24 March 2006 # 158. "On the Amendments to the Resolution of the Government of the Russian Federation of 30 November 2001 # 830 and of 9 December 1999 # 1364 in relation to the individual grades of raw timber," https://docs.cntd.ru/document/901982686 (검색일: 2021.07.01).

세관에서만 원목의 통관 수속이 가능해졌다.[35] 원목에 대한 수출 규제 조치는 러시아 대통령의 지시에 의한 것으로, 정부가 원목 수출을 억제하고 고부가가치 목제품의 수출을 장려하기 위한 목적이라는 평가다. 2007년 초, 원목 수출에 관한 통관수수료에 관한 3단계 인상안 또한 도입되었다. 이에 따라 2007년 7월 1일부터 20%까지, 2008년 4월 1일부터 최대 25%까지, 2009년 1월 1일부터는 계약 가격의 80%까지 인상되었고, 이는 cbm당 50유로 수준이었다.[36]

그러나 수출관세의 도입은 국제 시장에서 러시아 목재의 가격은 높이고 수출량이 감소하는 결과로 이어졌다. 2007년 러시아 목재 수출 규제조치 이후 10년이 지났다. 2007년 첫 수출세 인상 당시 아시아 시장은 일본과 한국에서 수입 원목의 소폭 감소로 영향을 미쳤고, 중국 시장에서는 거의 눈에 띄지 않았다. 그러나 시간이 흘러 수출의 수익성이 떨어지기 시작했고, 소규모 목재 회사들은 사업을 매각해야 했다. 2단계 관세 인상으로 수출물량이 근본적으로 감소했다. 예를 들어, 2008년 상반기에 연해주 나홋카 해상 무역 항만에서 2007년 동기간에 비해 목재 화물을 3배 적게 선적했고, 통나무는 3.6배 적게 선적했다. 전문가들은 목재의 채취에만 주력하는 기업들과 소규모 기업들은 독립적인 벌목 사업을 중단하고 사업을 진행할 수밖에 없을 것으로 추정했다. 조달 서비스를 대기업에 제공하거나 다른 업체로 전

---

35) 지정 세관제도에 해당되는 품목은 HS Code 4401류(땔나무), 4403류(원목), 4404류(후프 우두, 말뚝), 4406류(궤도용 침목), 4407류(제재목)으로 이외의 목재류는 이전과 같이 일반 세관에서 통관할 수 있다. (출처: https://news.kotra.or.kr/user/globalBbs/kotranews/5/globalBbsDataView.do?setIdx=244&dataIdx=41391 (검색일: 2021.07.01)).

36) Government RF. The Resolution of the Government of the Russian Federation of February 05, 2007 #75. "On the Amendments to the Resolution of the Government of the Russian Federation of December 23, 2006 #795 in relation to the individual grades of raw timber,"; Government RF. 2008. The Resolution of the Government of the Russian Federation of December 24, 2008 #982. "On the rate of the export customs taxes in relation to the individual grades of raw timber, exported from the Russian Federation outside the borders of the states – members of the Agreement on the Customs Union," https://docs.cntd.ru/document/902020358 (검색일: 2021.07.01).

환해야 하는 구조적인 문제가 발생했다. 특히 러시아 극동 지역에서 이러한 프로세스는 2007년에 전개되었다.[37] 글로벌 금융위기로 인해 2009년 1월부터의 3차 관세 인상은 연기되었다. 오히려, 목재 수출관세를 25%에서 15%로 낮추는 안건이 제안되었다. 2010년 12월 EU 정상회의와 2012년 러시아의 WTO 가입 의향도 영향을 미쳤다. 이에 따라 2010년 말 러시아 정부는 목재 수출관세율을 현행대로 유지하기로 결정했으며, 그 증가는 더이상 계획되지 않았다.[38]

한편 러시아 목재 수출관세의 도입은 러시아 국내 시장에서는 오히려 목재 가격이 인하하면서 생산량이 일시적으로 증가했으나 관련 업체의 수익성이 악화하는 결과를 낳았다. 러시아 목재 수출 규제 정책 시행 이후 러시아 목재 산업의 수익성은 크게 개선되지 않았다.[39] 원목은 품질이 낮아서 제조사들이 외국 시장에서 경쟁력을 가질 수 없었으며, 이를 보완할 수 있는 가공 목재를 생산할 수 있는 산업 역량이 뒷받침되지 않는다는 분석이 뒤따랐다. 국가 차원에서 목재 가공업을 지원할 것으로 예상되었으나, 투자 여건이 마련되지 못하고 제한적인 보호 관세가 도입되면서 결과적으로 수출이 감소하는 결과로 이어졌다.[40] 극동 지역 벌목 기업은 대출을 받아 목재 생산·가공 시설을 건설했다. 그러나 건설 비용 및 기간이 소요된 데 비해 높은 수익이 나지 않았고 파산으로 이어지는 등 복잡한 상황이 전개되었다. 특히 러시아 산업통상부가 제시한 할당량 범위 내에서 목재를 생산할 수 있으나,

---

37) Victor Teplyakov, op. cit., 108.

38) Government RF. The Resolution of 29 December 2010 # 90. "On the rates of export customs duties on certain types of raw timber products exported outside the States – participants of the Customs Union," https://docs.cntd.ru/document/902254403 (검색일: 2021.07.01).

39) Victor Teplyakov, op. cit., 108.

40) https://www.eastrussia.ru/material/nevozmozhno-kazhdyy-god-menyat-pravila-i-vse-podprygnuli-i-pobezhali-/ (검색일: 2021.07.01).

해당 할당량 범위 내에서는 수익 창출이 어렵다는 한계 또한 지적되었다.[41]

목재는 기본적으로 하단 부분에서 상단으로 올라갈수록 지름이 감소하는데, 목재가 지나치게 얇은 상단의 목재는 나무껍질을 제외하면 가공에 적합한 부분이 거의 없어 비효율적인 원료만 남게 된다. 비효율적인 원료는 용해하여 섬유질을 얻어 펄프에 사용될 수 있으나, 이는 극동 지역의 여건에는 맞지 않는 당국의 계획이었다는 평가도 따랐다.[42] 특히 시베리아와 극동 지역에서 주로 생산되는 목재의 50%는 낙엽송이며, 낙엽송은 펄프 생산에 적합한 목재가 아니라는 점에서 펄프 산업은 경제적으로 수익성이 거의 없다는 것이다. 한편, 목재 생산의 계절성 문제도 여전한 한계로 작동하는데, 극동 지역의 경우 겨울에는 낙엽송의 비율이 높고, 여름에는 가문비나무와 같은 침엽수의 비율이 높다. 겨울에 벌목한 낙엽송을 가공 처리해야 하지만, 공장 가동이 이를 따라갈 수 없어 특정 시기에 목재가 과잉 생산되지만 잉여 목재의 저장이 어려워 불균형이 발생하게 되는 것이다.

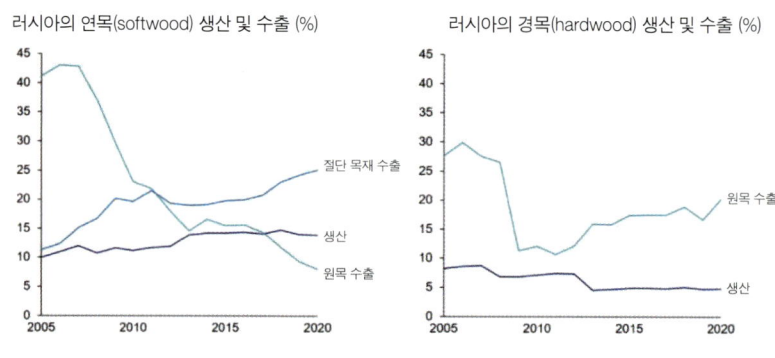

[그림 4] 러시아 연목 및 경목 원목 수출 변화[43]

---

41) Ibid.

42) Ibid.

러시아가 자국 원목 및 목재 산업을 보호하기 위한 수출 제한조치는 조치의 시행 직후 러시아 목재의 세계 시장 점유율에 부정적인 지표로 나타났다([그림 4] 참조). 특히 중국 시장에 의존하는 극동 지역이 많은 타격을 받았다. 2010년 극동 지역의 세관이 등록한 원목 수출량은 2009년과 비교해 11% 이상(840만㎥에서 750만㎥로) 감소했다.[44] 러시아산 목재의 주요 수입국은 중국(지역 전체 목재 수출의 약 70%), 일본(약 20%), 한국(약 5%)이며 나머지는 호주, 베트남, 대만, 독일, 홍콩, 인도(FCSRF 2011)로 수출되는 소규모 목재로 구성된다. 러시아는 원목의 수출세 인상으로 해외 시장 진출이 더욱 어려워졌고, 연목의 세계 공급업체로서의 점유율은 2006년 40% 가까이에서 2010년 1분기 28% 이하로 감소했다.[45] 중국은 러시아 원목 가격이 상승하자 뉴질랜드와 캐나다를 포함한 많은 국가에서 목재를 수입하기 시작했다. 예를 들어, 2010년에 캐나다는 중국에 약 400만 m^3를 수출했는데, 대부분은 브리티시컬럼비아주의 해충으로 훼손된 숲에서 채취한 목재로 비용을 절감할 수 있었고 2010년 4/4분기에 러시아를 앞질렀다.

한편, [그림 5]와 같이, 가시적인 성과도 있었다. 가공된 목재들의 물리적 부피는 약 9백만 m3로 거의 같은 수준을 유지하고 있으며, 총 부피에서 차지하는 비율은 2005/06년 19%에서 2010년 47%로 증가했다. 가장 큰 변화는 수출 수익에서 발생하는데, 여기서 가공 목재 비율은 66.5%에서 163.5%로 나타났다. 즉, 1993년 이래로 2009년은 수출용 가공 목재의 수입이 원목의 금전적 가치를 넘어서는 해가 되었다. 러시아연방의 전체 수출 수입에서 삼림재 비중이 지난 몇 간 1.9% 수준으로 안정적이지만, 2010년 약 73억 달러(FCS RF 2011)로 증가한 점은 고무적인 지표이다.

---

43) https://www.margulesgroome.com/publications/russias-proposed-log-export-ban-in-2022-will-have-a-far-reaching-impact-on-global-forest-product-markets/ (검색일: 2021.07.01).

44) Ibid.

45) Ibid.

러시아는 미가공 목재 수출의 국제 시장에서 비율을 축소하더라도 가공 목재를 통해 경쟁력을 확보하려는 전략을 이어갈 것으로 전망된다. 러시아는 2020년에 1,500만 m³의 통나무를 수출했고, 전 세계적으로 거래된 원목량의 약 12%를 차지했다.[46] 2020년 10월 블라디미르 푸틴 러시아 대통령은 2022년 1월을 기점으로 연목과 고부가가치 경목 원목의 수출을 금지하는 법안을 제안했다. 이는 2007년 러시아의 원목 수출 제한 조치의 연장선이라고 해석된다. 2007년 제안된 사항만 해도 러시아는 다양한 수준의 수출 관세 도입을 통해 비교적 간접적인 제한조치였으나, 2020년에 제안된 조치는 모든 수출에 대한 전면적인 금지가 도입되는 만큼 해당 산업에 대대적인 변화가 예상된다.

[그림 5] 러시아 원목(log) 및 절단 목재(lumber)의 중국으로의 수출량 변화[47]

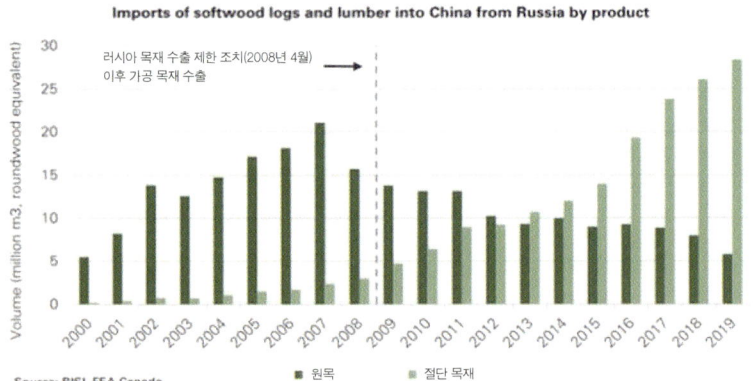

---

46) Ibid.

2. 대외적 요인

(1) 서방의 대러 경제 제재

2014년 동부 우크라이나 분쟁과 러시아와 우크라이나 간 정치적 갈등, 러시아의 크림반도 및 세바스토폴 합병에 따라 러시아와 서방 국가 간의 정치적 갈등은 EU, 미국 등 서방 국가들의 대러 경제 제재로 이어졌다.[48] 미국과 EU를 중심으로 서방의 대러 경제 제재는 점진적으로 시행되었다. 2014년 특정 개인에 대한 여행 제한 및 자산 동결에 관한 결정이 내려졌다. 이후에 2014년 7월 29일 표적 경제 제재 종합 패키지가 채택되었고, 크림반도 또는 세바스토폴에서 생산된 상품에 대한 수입 금지 조치가 취해졌다. 대러 제재에는 러시아의 EU 자본시장 접근 제한 조치, 러시아로부터의 무기 및 관련 물품 수출입 금지, 러시아의 군사적 사용 목적의 상품 및 기술 수출 금지, 심해 석유 탐사 및 생산, 북극 석유 탐사, 러시아 생산 셰일 오일 프로젝트 참여 금지 등의 내용이 포함되었다. 서방의 대러 경제 제재에 따른 대응으로 러시아가 수입대체 정책을 실시하면서 자국 중심 산업과 기술을 개발하기 위한 러시아의 보호주의 정책이 심화되었다. 이와 같은 서방과 러시아 간 갈등의 심화는 양국의 교역에도 악영향을 미쳤으나, 목재 원재료와 목재 가공품 산업에 있어서는 부정적인 결과로 이어지지는 않았다.

러시아의 임업 및 목재 산업은 2014년 말 루블의 평가 절하 이후 오히려 원목 및 목재 수출 시장에서 훨씬 더 큰 경쟁력을 발휘했다. 러시아 목재 산업 경쟁력은 2012-14년 시기 높은 비용, 제한된 도로 및 철도 인프라, 낙후된 가공 인프라 수준

---

47) https://woodweek.com/dsp_article.cfm?id=610&date={ts%20%272021-02-03%2000:00:00%27}&aid=7679 (검색일: 2021.07.01).

48) https://www.consilium.europa.eu/en/infographics/eu-sanctions-against-russia-over-ukraine/ (검색일: 2021.07.01).

으로 인해 떨어져 있었다. 활엽수와 침엽수(특히 시베리아)가 많은 러시아 삼림에서 질 좋은 아스펜 포플러 수종의 부족은 혼합 임목 가공의 경제성을 저해하고 벌목과 도로 비용을 증가시켰다. 그러나 2014년 후반 러시아 루블의 약세는 임산물 부문에 대한 투자를 증가시켜 궁극적으로 루블의 평가 절하가 가장 극심했던 2015년과 2016년 초에 최대 수익으로 이어졌다. 그러나 이후 루블화의 강세는 원목 가격 상승과 함께 작용하여 2016년과 2017년에 인플레이션 상태를 조성하여 러시아 수출업체의 경쟁력을 약화했다.[49] 러시아 내부 투자의 성과는 점차 나타나 2018년 2분기 목공 산업 활동 지수가 11% 성장을 기록했다. 국제 시장에서 개선된 경쟁력으로 러시아의 목재품 산업이 성장하고 있다.

(2) 중국으로의 불법 벌목 문제

불법 벌목 문제는 러시아 극동 지역 목재 산업의 발전을 저해하는 심각한 요인으로 꼽힌다. 러시아에서 벌목되는 목재의 20%가 준불법 및 불법 벌목이라는 통계가 보여주듯,[50] 불법 벌목 문제는 오랜 기간 극동 지역 목재 산업을 잠식해왔다. 불법 벌목에는 할당된 지역 이외의 보호구역 및 금지 구역, 경계 구역에서의 벌목, 뇌물을 통한 벌목 구역 확보, 면허 위변조, 보호종 벌목, 승인 수준보다 많은 목재 벌목 등이 해당한다.[51] 불법 벌목에 관여하는 집단의 비용과 수입 구조는 정부가 추정하는 수준과 다르며, 세금을 징수할 수 없을 뿐만 아니라 가공공장 및 물류창고 등 생산을 위한 인프라에 비용을 부담하지 않아 결과적으로 러시아 목재 산업 전

---

49) http://www.imwood.co.kr/news/articleView.html?idxno=14346 (검색일: 2021.07.01).

50) https://realnoevremya.com/articles/4699-can-china-log-the-whole-forest-in-the-south-of-siberia (검색일: 2021.07.01).

51) Alexander Sheingauz, "CHINA AND FOREST TRADE IN THE ASIA-PACIFIC REGION: IMPLICATIONS FOR FORESTS AND LIVELIHOODS," *Overview of the Forest Sector in the Russian Far East: Production, Industry, and the Problem of Illegal Logging* (2004), pp. 35-36.

반에 비용을 전가하고 발전을 저해했다. 이러한 불법 벌목은 낙후된 인프라를 동원해 공공연히 이뤄지고 있었다. 연구에 따르면 불법 목재는 합법 목재와 혼합되어 수송되며, 뇌물 수준에 따라 트럭을 얻을 수 있는 지점이 달라지는데, 이는 불법 판매 기업에 오히려 인센티브로 작용하면서 산업 자체를 잠식했다.[52]

극동 지역의 불법 벌목 문제는 중국과의 인접이라는 지역적 특성과 상당히 관련이 높다.[53] 불법 벌목에 대응하기 위해 여러 규제가 있는 유럽 시장과는 달리, 극동 지역은 벌목의 합법성보다는 중국의 수요에 더 크게 의존했다. [그림 6]에서 러시아 극동 지역의 구역별 불법 벌목의 지역별 방식을 보여준다. 중국-러시아 국경 근처의 러시아 마을에는 개별적으로 혹은 중개인을 통해 목재 창고를 소유한 중국 상인들이 많이 있다고 알려져 있다. 일반적으로 불법 목재 거래의 대금 지불은 적발과 과세를 피하기 위해 현금으로 이루어진다. 한때 현금결제는 미국 달러로 집행됐지만 러시아 루블도 안정적인 통화로 인정돼 국경과 가까운 곳에서 전환할 수 있게 되었다.

[그림 6] 러시아 극동 지역 불법 벌목 구역별 특성[54]

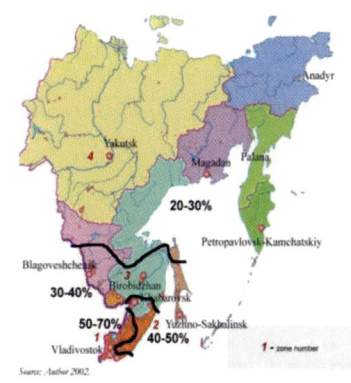

구역	특성
Zone 1: 연해주 및 하바롭스크지방 일부 남부	러시아-중국 경계 구역 및 남부 항만으로 트럭에 의해 불법 목재 운송되어 중국 또는 일본으로 이동. 대부분의 러시아 극동지역의 불법 벌목이 이 구역에서 발생하며, 전체 벌목양의 50-70%에 해당함. 러시아 내에서 가장 극심한 불법 벌목 지역으로 꼽힘
Zone 2: 일부 연해주 및 하바롭스크지강 남부	그로데코보(러시아)-쑤이펀허(중국) 연결 철도를 따라 불법 목재 운송되거나 연해주 동부 항만으로 이동. 전체 채취량의 40-50% 수준으로 불법 벌목 수준이 높은 편
Zone 3: 하바롭스크 지강 중앙부 및 유대인자치구, 아무르주 남부, 사할린주 중남부	대부분의 불법 목재가 국내 시장에서 소비. 전체 채취량의 30-40% 수준으로 불법 벌목이 이뤄짐
Zone 4: 하바롭스크지방 북부, 아무르주, 사할린주, 사하공화국, 마가단주, 부랴티야공화국, 자바이칼지방, 캄차카지방, 추콧카자치구	대부분의 불법 목재가 국내 시장에서 소비. 전체 채취량의 20-30%로 비교적 낮은 수준의 불법 벌목이 이뤄짐

---

52) Ibid, pp. 38-39.
53) Ibid.
54) Ibid.

불법 벌목과 무역은 특히 1990년대 후반 중국의 삼림정책이 전환되고 중국 경제가 성장하면서 급격히 증가했다. 90년대에 러시아-중국 간 목재 거래는 대부분 불법 거래 형식으로 이뤄졌다. 이러한 관행이 2000년대까지도 이어졌다. 정책과 화폐의 편의성으로 러시아에서 중국으로 유입되는 원목 거래는 1999년 150만 입방미터에서 2002년 1480만 입방미터로 늘어났다. 하드우드 원목은 특정 지역에서만 생산되어 수확이 엄격히 제한되었음에도 불구하고 중국에서 해당 목재에 대한 수요가 증가하면서 고품질 삼나무의 불법 벌목과 수출이 발생했다. 소프트우드 목재는 대부분의 종보다 훨씬 높은 가격에 팔렸고, 러시아 소프트우드의 상당 부분이 중국에서 가공을 거쳐 일본으로 재수출되었다. 한편 일본으로 수출되는 목재 가운데에도 불법 원목이 포함되었다. 불법 원목의 대일 수출은 중국으로 수출되는 원목보다도 그 양을 가늠하기 어렵지만, 항만과 해로를 통해 공공연히 이뤄지고 있었다.[55] 이처럼 불법 벌목 문제는 중국과 인접한 러시아 극동 지역에서 고질적인 병폐로 지적되며 목재 산업의 비효율성이 개선되지 않는 대외적 요인으로 작용하고 있다.

(3) 기후변화의 영향 심화

최근 과학적으로 기록된 기후변화는 기온, 강수량, 바람, 구름 등 모든 기후 특성에 영향을 미친다. 러시아는 국가 전체의 연평균 기온이 약 1.6 °C 증가했는데 산업화 이전에 비해 평균 0.9 °C 상승한 전 지구적 이상 현상보다 훨씬 높게 나타났다. 특히 숲의 나무종 범위는 기후변화에 매우 민감하다고 알려져 있다. 북부 수목한계선 식생군의 변화는 이미 관찰되었고, 이는 서부 시베리아에 있는 표본의 30%에서 이러한 현상이 나타났다.[56] 우랄산맥에서 툰드라로의 숲 확장도 관측되었는

---

55) Ibid.

56) S. Shiyatov and V, Mazepa, "Climatogenic dynamics of forest-tundra vegetation in the Polar Urals," *Lesovedenie*, 6 (2007), pp. 11–22.

데, 수평은 연간 3.2~5.8m, 수직은 연간 0.3~0.4m씩 이동하고 있다.[57] 남쪽 수목한계선에서는 강수량이 증가한 하마르-다반(Hamar-Daban) 산맥 남부 경사면의 스텝 생태계에 어린 가문비나무 숲이 확장되는 경향이 관찰되었다.[58] 1988년부터 2009년까지 러시아 유럽 지역의 스텝 지대에서 참나무 면적이 5-25% 감소했다.[59] 20세기 동안 극지방 우랄 산맥과 중앙 시베리아 고원의 숲의 종 구성은 상록 침엽수종의 점유율이 증가하는 것으로 바뀌었다. 동시베리아 남부에서는 가을 기온이 상승하면서 극한 기후가 침엽수 종의 재생을 억제하고 낙엽송 종으로 대체되는 양상이 나타났다.[60]

기후변화는 온대 지역의 식물 활동 기간을 연장한다. 북부 유라시아에서는 주로 나무에 잎이 더 오래 남아 있기 때문에 식물 잎에 대한 위성 관측(정상화된 식생지수, NDVI) 역학이 1981년부터 1999년까지 14-22일 증가했다.[61] 아무르주에서는

---

57) D. Kapralov, Shiyatov, S., Fomin, V., and Shalaumova, Y., "Spatial-temporal dynamics of upper tree line in South Ural," *News of Saint-Petersburg Forestry Academy*, 180 (2005), pp. 59–68.

58) A. Glyzin, Razmahnina, T. and Korsunov V. "Den-drochronological research in contact zone "forest-steppe" as source of information about its dynamics on the Buryatia territory," *Siberian Ecological Journal*, 1 (2005), pp. 79–83.

59) . Zamolodchikov, "An estimate of climate related changes in tree species diversity based on the results of forest fund inventory," *Biology Bulletin Reviews*, Vol. 2, No. 2 (2011), pp. 154–163.

60) A. Soja, Tchebakova, N., French, N., Flannigan, M., Shugart, H., Stocks, B., Sukhinin, A., Parfenova, E., Chapin, III F. and Stackhouse, Jr. P. "Climate-induced boreal forest change: Predictions versus current observations," *Global and Planetary Change*, 56(3–4) (2007), pp. 274–296.

61) L. Zhou, Tucker, C.J., Kaufmann, R.K., Slayback, D., Shabanov and N., Myneni, R., "Variations in northern vegetation activity inferred from satellite data of vegetation index during 1981 to 1999," *Journal of Geophysical Research*, 106 (2001), pp. 20069–20083.

기온 상승으로 인해 일부 자작나무 종과 사시나무의 낙엽 시기가 늦어졌다.[62] 기후변화에 취약한 삼림은 러시아 삼림산업의 취약성으로 이어진다. 러시아 삼림산업에서 가장 가치 있는 나무는 소나무와 가문비나무이지만 이들은 기후변화에 매우 취약하다. [그림 7]과 같이 재앙적인 화재와 곤충의 발생은 최근 몇 년간 수십만 헥타르의 숲을 파괴시켰고, 그 숲은 경제적 가치가 낮은 나무종들로 재생되었다. 이러한 기후변화 추세가 이어질 경우, 러시아 영토에서 숲의 범위는 더욱 확장될 가능성이 높은 반면 종구성은 기존과 달라지게 된다.

[그림 7] 러시아 숲 화재 및 자연손실에 따른 변화[63]

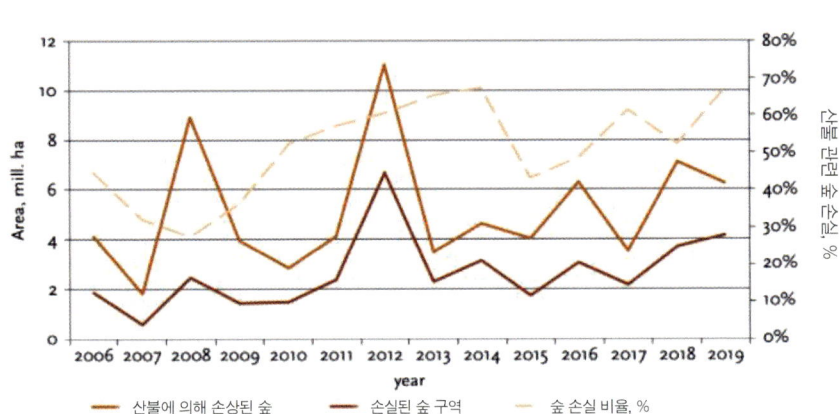

러시아 삼림의 기후변화는 삼림뿐만 아니라 목재의 수송에도 영향을 미친다. 삼림자원이 풍부한 대부분의 지역에서 벌목업체는 겨울철에만 삼림지대에 접근할 수 있다. 이는 자연조건에 의존하는 러시아의 열악한 교통인프라 문제와도 관련이

---

62) T. Parilova, Kastrikin, V., and Bondar, E. "Long term trends of dates of vegetation phenophases during climate warming," *Influence of climate change on ecosystems of basin of Amurriver* (2006), pp. 47–51.

63) Pekka Leskinen et al, "Russian forests and climate change, What Science Can Tell Us 11," (2020) https://doi.org/10.36333/wsctu11 (검색일: 2021.07.01).

높다. 목재의 벌목과 수송은 기후 조건에 크게 의존한다. '2006년, 2007년, 2011년, 2019년, 2020년 따뜻한 12월이 이어지면서 벌목업자들은 목재 수거에 상당한 어려움을 겪은 바 있다. 일부 추정에 따르면, 따뜻한 겨울로 인해 목재 채취, 운반 및 처리량이 약 30% 감소했다.'[64] 나무종의 변화 또한 지속적으로 목재 산업이 대응해야 할 과제가 되고 있다. 러시아 목재 산업이 기후변화 요인과 맞물리면서, 관련 연구와 동향 파악이 제대로 이루어지지 않을 경우 목재 산업의 수익성 악화와 개발 지연으로 이어질 수 있다.

높은 생산성을 가진 목표종의 지속가능한 성장을 보장하는 것은 러시아의 지속가능한 산림 관리로의 전환에 있어 필수적인 조건이다. 기후변화의 심화로 러시아 숲의 취약성이 증가하고 다양한 위협요인이 나타날 수 있음을 고려할 때 수출 제한 조치를 넘어선 정부 차원의 대책 마련이 시급하다. FAO(2012년)가 제공한 2030년까지의 러시아 삼림 분야 전망 연구는 이 분야가 심각한 상태에 있으며, 실제 관리가 지속가능하고 위험 탄력적인 삼림 관리의 요건을 충족하지 못한다고 분석했다.[65] 러시아 삼림의 전 지구적 영향에 관한 수많은 연구에도 불구하고, 생태학적 과정과 경향은 상당수 밝혀지지 않았다. 기후, 사회 및 경제 예측의 불확실성은 여전히 높다. 이러한 문제가 제기됨에 따라 향후 러시아 목재 산업은 기후변화 대응책과 함께 다각적으로 연구되고 관리될 것으로 전망된다.

---

64) E. Prokopyev, Ryazantsev, P.A., Roslyakova, N.A. and Trapeznikov, V.A. "Climate change impact assessment on the temporary transport infrastructure (in the case of Republic of Karelia)," *Herald of Novosibirsk State University of Economics and Management*, 2 (2018), pp. 108-122.

65) Pekka Leskinen et al, op. cit.

66) Alexey Pristupa and Arthur PJ Mol, "Renewable energy in Russia: The take off in solid bioenergy?," *Renewable and Sustainable Energy Reviews*, 50 (2015), pp. 315-324.

(4) 글로벌 신재생 에너지 수요 증가

[그림 8] 러시아 북서연방관구와 지역과 인접 국가 지도[66]

기후변화와 에너지 안보는 최근 몇 년간 지속가능성 의제에 있어 가장 널리 논의된 문제였다. 기후변화 대응을 위한 신재생 에너지원에 관한 관심도 증가했다. 전 세계 국가들이 자국 경제에서 신재생 에너지 비율을 증가시키는 정책을 시행하고 있으나, 최근까지도 러시아는 이에 대한 대응이 미미한 수준이었다. 러시아의 경우 주요 국영기업을 중심으로 화석연료에 기반한 국가 주도 경제와 에너지 자원 수출에 높은 관심을 보였고, 신재생 에너지 분야를 개발할 여지가 많지 않았다. 신재생 에너지에는 지열, 태양 에너지, 풍력 에너지, 바이오 에너지 등이 포함되지만, 2012년까지 이들 에너지원의 활용은 러시아의 총 에너지 발전의 약 1%에 불과했다.[67]

2030년까지의 러시아의 에너지 전략[68]은 러시아 최초로 정의된 신재생 에너지

---

67) IEA. *World Energy Outlook 2013* (Paris: OECD; 2013).

68) Russian Government. Decree No. 1715-r on Approval of the "Energy Strategy of Russia for the period up to 2030," (Nov. 13, 2009), https://minenergo.gov.ru/node/15357 (검색일: 2021.07.01).

개발을 위한 양적 목표로 러시아 에너지 정책의 대대적인 전환 의지를 보여주었다.[69] 이 전략은 에너지 효율 및 비탄소 분야의 혁신 기술 발전을 통한 혁신 경제 발전을 우선시한다는 내용을 담았다. 이에 따라 러시아 또한 국가의 역할을 축소하는 에너지원 개발이 이뤄질 것으로 전망된다. 비수력 재생 에너지 개발이 가장 활발히 진행된 지역과 분야는 러시아 북서부 지역의 고체 바이오 연료이며, 그중에서도 목재 펠릿이 유력하다. 한편, [그림 8]과 같이 북서연방관구는 스웨덴, 노르웨이, 핀란드와 같은 신재생 에너지 사용 비율이 높고 목재 산업이 발달한 북유럽 국가와 인접해 있어, 오랜 기간 북유럽 국가와 경제적, 기술적 교류를 이어왔다. 북서부 지역은 인접한 핀란드 및 스웨덴과 같은 신재생 에너지 강국과의 공동 연구를 통해 지난 20년 동안 고체 바이오 에너지 생산 분야에서 발전을 거듭했다.[70] 러시아에서 목재 바이오 에너지 분야의 개발은 국가 경제 상황이 개선되고 전 세계적으로 녹색 에너지에 대한 수요의 급속한 성장이 나타났던 2000년대 초에 시작되었다. 목재 펠릿 생산은 러시아 북서부 지역에서 주목을 받았다. 삼림자원의 이용가능성, 비교적 개발된 물류 인프라 및 EU와의 근접성은 북서부 지역이 목재 펠릿 사업의 선구자가 되는 기반이 되었다.[71]

---

69) Alexey Pristupa and Arthur PJ Mol, op. cit.

70) Ibid.

71) O. Rakitova, Ovsyanko A, Sikkema R, and Junginger M. "Wood pellets production and trade in Russia, Belarus & Ukraine," *Pelletsatlas: market research report WP* (2009), p. 6.

72) http://biomassmagazine.com/articles/17731/russiaundefineds-global-wood-pellet-supply-potential (검색일: 2021.07.01).

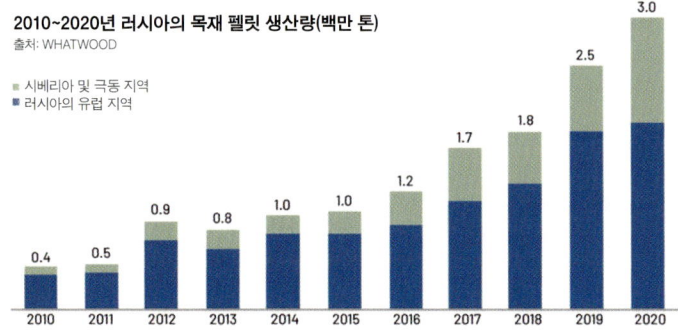

[그림 9] 러시아 목재 펠릿 생산량(2010-2020)[72]

목재 펠릿은 낮은 수분 함량, 높은 에너지 밀도 및 균질한 크기와 형태의 표준 품질을 가진 고체 바이오 연료이다.[73] 펠릿은 나무 입자를 압축하여 지름 6-10mm 크기의 작은 과립으로 만들며, 나무 펠릿의 생산을 위해 연목(전나무, 소나무 등 침엽수 등) 또는 경목(자작나무, 아스펜, 올더 등)이 사용된다.[74] 목재뿐만 아니라 질 낮은 목재, 톱밥, 벌목 및 목재 가공 산업의 폐기물도 펠릿에 활용될 수 있다. 목재 펠릿은 일반 장작보다 더 효율적인 형태의 에너지를 발생시키며 일반적으로 난방 및 전기 발전에 사용된다. [그림 9]와 같이 러시아 목재 펠릿 생산량은 지난 10년간 꾸준히 증가했고 극동연방관구와 북서연방관구 모두에서 증가 추세가 나타났다.

특히 러시아의 목재 펠릿 시장을 견인하는 북서부 지역의 소규모 펠릿 생산은 2001년 상트페테르부르크에 가까운 레닌그라드 지역의 LLC 바이오 연료 공장에서 시작되었다. 당시 실험은 큰 성과를 거두지는 못했지만, 좋은 계기가 되었

---

73) Thek Obernberger I. *The Pellet Handbook. The production and thermal utilisation of biomass pellets* (London, Washington DC: Earthscan; 2010).

74) Ibid.

고, 2001년 이후 레닌그라드 지역에서 2~3개의 펠릿 발전소가 가동을 시작했고,[75] 2003년에 이르러 북서부 지역 기업들이 목재 펠릿을 제조하기 시작했고, 고체 바이오 연료의 생산과 수출을 적극적으로 촉진하고 지원할 뿐만 아니라 외국인 투자자 및 장비 공급업체와의 협력을 위해 러시아 바이오 연료 협회가 설립되었다. 이후 몇 년 동안 목재 펠릿의 생산자, 생산량 및 수출량은 계속 증가했다. 러시아 목재 펠릿 생산의 대부분은 북서부 지역에 집중되었다. 해외 시장을 겨냥한 일부 생산이 시베리아와 극동 지역에서도 나타났다.

'공식 데이터에 따르면 러시아는 세계에서 가장 큰 목재 펠릿 생산국 중 하나로서 상위 5위를 차지했다. 러시아의 현재 세계 생산량 점유율은 약 6%이며, 세계 시장에서 수출량은 7.6%로 4위 수준이다.'[76] 러시아 목재 펠릿 산업은 수출 지향적이며 생산량의 85%가 해외 시장에 판매된다. 수출에 대한 이러한 의존성은 러시아 회사가 생산하는 목재 펠릿의 품질을 결정한다. 러시아 목재 펠릿 제조업체는 현재 ENplus 표준의 요구 사항 또는 유럽 표준에 가까운 계약 기술 사양의 지침을 따른다. 2021년 초부터 57개의 ENplus 인증서가 러시아에서 발급되었다.[77] 러시아의 주요 목재 펠릿 생산 허브는 아르한겔스크 지역(ULK Group, Sawmill 25, Region-Les 등)이며, 상위 10개 지역이 러시아 전체 목재 펠릿 생산량의 55.6%를 차지한다. 한편, 2022년 이후에는 침엽수와 보호종의 원목 수출이 금지될 가능성이 있으므로 시장의 변화가 발생할 것으로 예측되며, 약 8백만 입방미터의 원목 수출이 금지될 것으로 보인다. 이에 따라 가공 목재와 신재생 에너지에 활용될 목재 펠릿에 대한 투자가 증가할 것으로 보인다.

---

75) N. Aleksandrova, "Characteristics of creation of the wood pellets market in Russia," Журнал Сибирского федерального университета, Vol. 1, No. 4 (2008), pp. 443-454.

76) http://biomassmagazine.com/articles/17731/russiaundefineds-global-wood-pellet-supply-potential (검색일: 2021.07.01).

77) Ibid.

V. 결론

글로벌 시장에서 목재 산업은 연평균 6.8%의 성장률을 기록하며 지속적인 성장세를 이어가고 있다. 목재 시장은 건축물과 가구 가공 산업의 성장, 신재생 에너지원으로서 활용 증대, 인터넷과 이커머스의 성장, 환경과 지속가능성에 대한 관심 증가 등의 전 세계적 동향에 영향을 받아 꾸준히 확대할 것으로 전망된다. 특히 아시아 태평양 시장이 거대 소비 시장으로 확대되면서 인접한 러시아의 목재 산업에도 상당한 영향을 주고 있다. 러시아는 전 세계 삼림의 20%를 보유한 세계 1위의 삼림 보유국이다. 그러나 삼림 분야 무역 지표에서 러시아의 점유율은 4% 미만에 그치며, 목재 생산량은 세계 5위, 목재 수출량은 전 세계의 6~7위 수준이다. 목재 산업은 러시아 산업에서 생산 면에서 7위, 수출에 있어 5위를 차지할 정도로 중요한 산업이며, 지난 10여 년간 지속적으로 성장했다. 이러한 배경에서 본 연구는 러시아 목재 산업의 동향을 파악하고 산업에 영향을 미치는 요인을 분석하는 것을 목적으로 구성되었다. 이를 위해 세계 목재 산업과 러시아 목재 산업의 동향을 개괄적으로 살펴보고, 러시아 극동연방관구와 북서연방관구를 중심으로 목재 산업의 현황을 정리했다. 또한 러시아 목재 산업에 영향을 미치는 요인을 대내적 요인과 대외적 요인으로 나누어 분석했다.

러시아 극동연방관구는 방대한 숲을 보유하고 있으며, 인접한 아시아 국가와의 교역을 바탕으로 목재 산업이 성장하고 있다. 러시아 극동 지역은 사하 공화국, 하바롭스크, 연해주를 중심으로 목재 산업이 발달했으며, 중국, 일본, 한국과 같은 동아시아 지역에 원목을 수출하고 있다. 러시아 북서연방관구는 러시아 자국 내에서 목재 산업 육성 중점 지역이며, 유럽에서 가장 규모가 큰 한대림을 포함한다. 러시아 북서부 지역은 볼로그다와 아르한겔스크를 중심으로 목재 생산이 이뤄지며, 원목뿐만 아니라, 종이와 제지, 목재 펠릿을 주로 수출한다.

러시아 목재 산업은 전통적인 산업군에 속해 있지만 최근 대내외적 요인에 따라 변화가 나타나고 있다. 대내적 요인은 다음과 같다, 첫째, 러시아 목재 산업의 비효율성이다. 관리 거버넌스의 부족, 노후화된 장비와 물류 인프라 문제와 함께 가공 기술의 부재는 러시아 목재 산업의 구조적인 문제로 작용하고 있다. 러시아는 주로 목재를 가공한 가공제품이 아니라 원재료 자체를 수출해왔다. 이는 고부가가치를 창출할 수 없을 뿐만 아니라 러시아의 숲을 무분별하고 무계획적으로 사용하는 비효율성으로 이어지게 했다. 이러한 비효율성의 개선 여부는 향후 러시아 목재 산업의 발전 가능성에도 영향을 줄 것이다. 둘째, 러시아 목재 수출 제한 조치의 시행이다. 2007년 10월 29일자 러시아 관세청 훈령 "특정 물품의 통관 수속 장소에 대하여"가 발효되면서 적하 하역 및 관련 시설을 갖추고 있는 128개 세관에서만 원목의 통관 수속이 가능해졌다.[78] 2007년 초, 원목 수출에 관한 통관 수수료에 관한 3단계 인상안 또한 도입되었다. 러시아가 자국 원목 및 목재 산업을 보호하기 위한 수출 제한조치는 러시아 목재의 세계 시장 점유율에는 부정적인 지표로 나타났다. 하지만 가공 목재 비율이 증가하는 구조적인 변화도 관찰되었다. 러시아는 미가공 목재 수출의 국제 시장에서 비율을 축소하더라도 가공 목재를 통해 경쟁력을 확보하려는 전략을 이어갈 것으로 전망된다.

　　대외적 요인은 다음과 같다. 첫째, 서방의 대러 경제 제재와 이에 대한 러시아의 수입 대체화 정책의 시행, 루블화 평가 절하와 같은 거시경제적 상황의 변화이다. 러시아의 임업 및 제재 산업은 2014년 말 루블의 평가 절하 이후 오히려 원목 및 목재 수출 시장에서 훨씬 더 큰 경쟁력을 갖게 되었다. 2016년과 2017년 사이 루블화의 평가 절상으로 위기가 있었으나, 러시아 내부 투자의 성과가 나타나 2018년 2분

---

[78] 지정 세관제도에 해당되는 품목은 HS Code 4401류(땔나무), 4403류(원목), 4404류(후프 우두, 말뚝), 4406류(궤도용 침목), 4407류(제재목)으로 이외의 목재류는 이전과 같이 일반 세관에서 통관할 수 있다(출처: https://news.kotra.or.kr/user/globalBbs/kotranews/5/globalBbsDataView.do?setIdx=244&dataIdx=41591 (검색일: 2021.07.01)).

기 목공 산업 활동 지수는 11% 성장을 기록했다. 둘째, 중국으로의 불법 벌목 문제이다. 극동 지역의 불법 벌목 문제는 중국과의 인접이라는 지역적 특성과 상당히 관련이 높은데, 불법 벌목에 대응하기 위해 여러 규제가 있는 유럽 시장과는 달리, 극동 지역은 벌목의 합법성보다는 중국의 수요에 더 크게 의존했기 때문이다. 불법 벌목은 러시아 극동 지역의 숲이 무분별하게 개발될 뿐 아니라 산업 자체를 잠식할 수 있다. 따라서 이를 방지하기 위해 러시아 정부 차원의 직간접적인 규제 정책이 강화될 것으로 보여진다. 셋째, 기후변화의 영향 증가이다. 러시아 삼림의 기후변화는 삼림뿐만 아니라 목재 산업 자체에도 영향을 미친다. 러시아 목재 산업이 기후변화 요인과 맞물리면서, 관련 연구와 동향 파악이 제대로 이루어지지 않을 경우 기후변화 예측과 대응은 고스란히 목재 산업의 수익성 악화와 개발 지연으로 이어질 수 있다. 넷째, 글로벌 신재생 에너지 시장 확대의 흐름에 맞춘 러시아의 신재생에너지 개발 전략이다. 특히 신재생 에너지가 발달한 북유럽과 인접한 북서연방관구 지역을 중심으로 목재 펠릿 산업이 급성장하고 있으며, 이러한 에너지 전환은 목재 산업의 구조적인 변화로 이어질 수 있다.

지난 2020년 10월 푸틴 대통령의 발표에 따라 2022년 1월 연목과 고부가가치 경목의 수출을 금지하는 법안이 제안되었다. 이는 2007년 러시아의 원목 수출에 대한 일련의 제한 조치의 연장선이라고 해석된다. 2007년 제안된 사항만 해도 러시아는 다양한 수준의 수출 관세 도입을 통해 비교적 간접적인 제한조치였으나, 2020년에 제안된 조치는 모든 수출에 대한 전면적인 금지인 만큼 해당 산업에 대대적인 변화가 예상된다. 글로벌 목재 시장의 구조적인 변화와 규모 확대가 예상되는 가운데, 러시아가 목재 산업의 잠재력을 발휘하기 위해서는 목재 산업의 물류 및 가공 인프라 개선, 거버넌스 구축, 불법 유통 시장 감시, 시장 변화에 맞는 수출 제한 조치가 동반될 필요가 있다. 이와 더불어 대외적인 여건을 지속적으로 모니터링하는 가운데, 기후변화와 신재생에너지 전환에 대한 장기적인 대응책 마련이 요구된다.

한국은 러시아의 목재 산업의 동향과 러시아 정부 대응 방식을 인식하고, 목재 가공 산업 투자 및 개발, 디지털 기술에 기반한 효율적인 물류 인프라망 구축에 대한 정부 및 민간의 참여를 고려할 수 있다. 아울러 기후변화 대응 연구에 참여하는 방안을 고려할 수 있다. 특히, 중국의 시장 잠식에 대한 우려가 커지는 상황에서 한국의 높은 가공 기술에 기반한 산업 협력은 한국과 러시아 양국에 긍정적인 시너지를 창출할 수 있을 것이다.

참고문헌

원석범. "러시아 임업 발전 전망 분석과 한·러 임업 협력: 하바롭스크 변강주를 중심으로."『한국 시베리아연구』, 제23권, 2호. 2019.

Aleksandrova, N. "Characteristics of creation of the wood pellets market in Russia." *Журнал Сибирского федерального университета.*, Vol. 1, No. 4 (2008).

Antonova, N. "Forest complex of the Russian Far East in the institutional conditions changed." *New Political and Economical Conditions of Cooperation in Northeast Asia and the Russian Far East.* 2008.

Deutz, A., Cantin, D., Laletin, A., Teplyakov, V., and Moshkalo, V. *The future of forest conservation in Russia.* Moscow: IUCN, 1999.

Glyzin, A., Razmahnina, T. and Korsunov V. "Den-drochronological research in contact zone "forest-steppe" as source of information about its dynamics on the Buryatia territory." *Siberian Ecological Journal*, 1 (2005).

IEA. *World Energy Outlook 2013.* Paris: OECD: 2013.

Kapralov, D., Shiyatov, S., Fomin, V., and Shalaumova, Y., "Spatial-temporal dynamics of upper tree line in South Ural." *News of Saint-Petersburg Forestry Academy* 180 (2005).

Novoselov, Igor. *Forest products developments in the Russian Federation.* Geneva: Whatwood, 2019.

Obernberger I, Thek. *The Pellet Handbook. The production and thermal utilisation of biomass pellets.* London, Washington DC: Earthscan: 2010.

Parilova, T., Kastrikin, V., and Bondar, E. "Long term trends of dates of vegetation phenophases during climate warming." *Influence of climate change on ecosystems of basin of Amurriver.* 2006.

Pristupa, Alexey and Arthur PJ Mol, "Renewable energy in Russia: The take off in solid bioenergy?." *Renewable and Sustainable Energy Reviews* 50 (2015).

Prokopyev, E., Ryazantsev, P.A., Roslyakova, N.A. and Trapeznikov, V.A. "Climate change impact assessment on the temporary transport infrastructure (in the case of Republic of Karelia)." *Herald of Novosibirsk State University of Economics and Management*, 2 (2018).

Rakitova O, Ovsyanko A, Sikkema R, and Junginger M. "Wood pellets production and trade in Russia, Belarus & Ukraine." *Pelletsatlas: market research report WP.* 2009.

Roslesozashchita, *Information on forest with decline or lost of stability in the Russian Federation in 2009.* Moscow: Pushkino, 2010.

Shiyatov, S. and Mazepa, V. "Climatogenic dynamics of forest-tundra vegetation in the Polar Urals." *Lesovedenie*, 6 (2007).

Sheingauz, Alexander. "CHINA AND FOREST TRADE IN THE ASIA-PACIFIC REGION: IMPLICATIONS FOR FORESTS AND LIVELIHOODS." *Overview of the Forest Sector in the Russian Far East: Production, Industry, and the Problem of Illegal Logging.* 2004.

Soja, A., Tchebakova, N., French, N., Flannigan, M., Shugart, H., Stocks, B., Sukhinin, A., Parfenova, E., Chapin, III F. and Stackhouse, Jr. P. "Climate-induced boreal forest change: Predictions versus current observations." *Global and Planetary Change*, 56(3–4) (2007).

Teplyakov, Victor. "Current trends in the Russian Far East forest sector." *Forest Science and Technology*, Vol. 7, No. 3 (2011).

Zamolodchikov, D. "An estimate of climate related changes in tree species diversity based on the results of forest fund inventory." *Biology Bulletin Reviews*, Vol.2, No.2 (2011).

Zhou, L., Tucker, C.J., Kaufmann, R.K., Slayback, D., Shabanov and N., Myneni, R., "Variations in northern vegetation activity inferred from satellite data of vegetation index during 1981 to 1999." *Journal of Geophysical Research*, 106 (2001).

온라인 자료

FAO, "Global Forest Resources Assessment 2010." https://www.fao.org/family-farming/detail/en/c/292487/ (검색일: 2021.07.01).

FAOSTAT, "Russia's Forest Sector Strategy to 2030." https://docs.cntd.ru/document/573658653 (검색일: 2021.07.01).

"Forestry in Northwest Russia." https://www.luke.fi/bsrforest/wp-content/uploads/sites/40/2014/01/CONIFER_forestry.pdf (검색일: 2021.07.01.).

Gerasimov, Y.& Karjalainen, T. "Development of wood procurement in Northwest Russia: round wood balance and unreported flows." https://link.springer.com/article/10.1007/s10342-005-0104-4 (검색일: 2021.07.01).

Government RF. The Resolutions of the Government of the Russian Federation of 3 September 2004 # 405, 20 August 2005 #531 and 2 June 2006 #340. "On the approval of the rates of export customs duties on certain types of paper and paperboard." https://docs.cntd.ru/document/901982686 (검색일: 2021.07.01).

https://www.forest.go.kr/kfsweb/kfi/kfs/cms/cmsView.do?mn=NKFS_02_01_11_04_01&cmsId=FC_001019 (검색일: 2021.07.01).

Government RF. The Resolution of the Government of the Russian Federation of 24 March 2006 # 158. "On the Amendments to the Resolution of the Government of the Russian Federation of 30 November 2001 # 830 and of 9 December 1999 # 1364 in relation to the individual grades of raw timber." https://docs.cntd.ru/document/901982686 (검색일: 2021.07.01).

Government RF. 2007. The Resolution of the Government of the Russian Federation of February 05, 2007 #75. "On the Amendments to the Resolution of the Government of the Russian Federation of December 23, 2006 #795 in relation to the individual grades of raw timber."; Government RF. 2008. The Resolution of the Government of the Russian Federation of December 24, 2008 #982. "On the rate of the export customs taxes in relation to the individual grades of raw timber, exported from the Russian Federation outside the borders of the states – members of the Agreement on the Customs Union." https://docs.cntd.ru/document/902020358 (검색일: 2021.07.01).

Government RF. The Resolution of 29 December 2010 # 90. "On the rates of export customs duties on certain types of raw timber products exported outside the States – participants of the Customs Union." https://docs.cntd.ru/document/902254403 (검색일: 2021.07.01).

https://www.globenewswire.com/news-release/2021/04/01/2203082/28124/en/Global-Wood-Products-Market-Report-2021-Market-is-Expected-to-Grow-from-624-22-Billion-in-2020-to-666-43-Billion-in-2021-Long-term-Forecast-to-2025-2030.html (검색일: 2021.07.01).

http://www.yourlunghealth.org/healthy_living/pollution/outdoor/effects (검색일: 2021.07.01.).

https://en.wikipedia.org/wiki/Forestry_in_Russia (검색일: 2021.07.01.).

http://www.fao.org/forestry/statistics/80938@180723/en/ (검색일: 2021.07.01.).

https://en.wikipedia.org/wiki/Forest_cover_by_federal_subject_in_Russia (검색일: 2021.07.01).

https://news.kotra.or.kr/user/globalBbs/kotranews/5/globalBbsDataView.do?setIdx=244&dataIdx=41391 (검색일: 2021.07.01).

https://www.eastrussia.ru/material/nevozmozhno-kazhdyy-god-menyat-pravila-i-vse-podprygnuli-i-pobezhali-/ (검색일: 2021.07.01).

http://www.fao.org/news/story/en/item/157942/icode/ (검색일: 2021.07.01).

https://www.margulesgroome.com/publications/russias-proposed-log-export-ban-in-

2022-will-have-a-far-reaching-impact-on-global-forest-product-markets/ (검색일: 2021.07.01).

https://woodweek.com/dsp_article.cfm?id=610&date={ts%20%272021-02-03%2000:00:00%27}&aid=7679 (검색일: 2021.07.01).

https://www.consilium.europa.eu/en/infographics/eu-sanctions-against-russia-over-ukraine/ (검색일: 2021.07.01).

http://www.imwood.co.kr/news/articleView.html?idxno=14346 (검색일: 2021.07.01).

https://realnoevremya.com/articles/4699-can-china-log-the-whole-forest-in-the-south-of-siberia (검색일: 2021.07.01).

http://biomassmagazine.com/articles/17731/russiaundefineds-global-wood-pellet-supply-potential (검색일: 2021.07.01).

https://news.kotra.or.kr/user/globalBbs/kotranews/5/globalBbsDataView.do?setIdx=244&dataIdx=41391 (검색일: 2021.07.01).

Leskinen. Pekka et al, "Russian forests and climate change, What Science Can Tell Us 11," (2020) https://doi.org/10.36333/wsctu11 (검색일: 2021.07.01).

Russian Government. Decree No. 1715-r on Approval of the "Energy Strategy of Russia for the period up to 2030" (Nov. 13, 2009), https://minenergo.gov.ru/node/15357 (검색일: 2021.07.01).

Shvidenko, A., Shchepashchenko, D., McCallum, I., & Nilsson, S., "Russian Forests and Forestry. (Laxenburg: IIASA and The Russian Academy of Sciences, 2007)." http://pure.iiasa.ac.at/id/eprint/8319/ (검색일: 2021.07.01).

제3장

러시아 북극 전략과 북동 항로 주요 항만의 발전 가능성 분석

김 혜 영*

〈요약〉

러시아의 북동 항로는 최근 많은 관심을 받고 있으며 자국 내에서 경제성 있는 지역으로 발돋움하기 위한 세부 정책들을 수립해왔다. 2035년을 목표로 한 정책은 북동 항로가 활성화되는 시기를 목표로 한 전략이기에 중요성은 그 어느 때보다 크다. 이에 본 논문에서는 2035년까지 시행될 예정인 러시아 북극 정책의 성공 가능성과 정책에 의한 북동 항로 항만의 미래 발전가능성을 평가할 것이다. 평가를 위해 2020년까지 시행되었던 비슷한 기조의 북극 정책의 달성도를 평가하고 항만의 발전 문제를 효과적으로 관리할 수 있는 전략을 모색하는 한편, 항만의 경제적 발전 가능성에 대한 분석을 통해 북동 항로 항만에 대한 관심을 불러일으키고 시사점을 도출하고자 한다.

---

* 한국외국어대학교 국제지역대학원 러시아·CIS학과 석사과정

I. 서론

　인류에 재앙을 줄 것만 같았던 지구온난화는 '북극해 항로 이용 가능성'이라는 행운도 같이 주었다. 북극해 항로는 북서 항로와 북동 항로로 나뉘며 북서 항로는 작은 섬들이 많아 운행에 어려움이 있기 때문에 비교적 운행이 쉬운 북동 항로가 더 주목을 받고 있다. 북동 항로의 전체 노선은 북극해와 러시아의 배타적 경제 수역 내에 있으며 러시아는 독점적으로 북동 항로 내 모든 항로와 항만의 접근 권한을 가지게 된다. 러시아는 북동 항로를 공식적으로 노바야 제믈랴(Novaya Zemlya)의 동쪽에 위치하며 카라해에서 러시아 북극 해안을 따라 흐르는 항로로 정의하고 있다. 북동 항로는 현재 빙하로 인해 열리는 기간도 길지 않고 거의 모든 기간을 쇄빙선을 사용하여 항해해야 하지만 원활한 운항이 가능한 여름을 기준으로 남방 항로인 수에즈 운하와 비교했을 때 선적항과 지향지 항만에 따라 10일에서 최대 20일의 단축이 가능하다. 또한 연중 자유로운 운항이 가능해지는 것을 전제로 정기 컨테이너의 운송도 고려한다면 북동 항로는 미래에 남방 항로를 대체할 경제성 있는 운송 루트가 될 수 있다. 북극의 운송 루트라고 하면 한국과는 관련 없는 이슈라고 생각하기 쉽지만 한국은 이미 북동 항로를 통해 무르만스크 항에서 울산항을 거쳐 가스콘덴세이트[1], 석유, 석탄, 철광석, 목재 등의 많은 자원들을 운송 중이고 가까운 미래에는 이 운송이 더 활발해질 예정이다. 따라서 한국도 북극과 북동 항로에 대한 관심을 지속적으로 가져야 하고 북동 항로 내 위치한 항만들을 동향을 미리 파악해야 한다.

　또한 러시아연방 정부가 수립한 북극 정책들은 많은 전문가들이 예측하고 있는 연중 항해가 가능해지는 기간인 2030년과 가까운 시점인 2035년을 바라보고 있는

---

[1] 가스 속에서 천연가스를 채취할 때 지표에서 응축 분리된 천연의 경질액상탄화수소.

정책이기 때문에 현재 매우 중요한 정책이며 해당 정책의 성공 여부가 북동 항로의 미래를 좌지우지할 수 있다. 따라서 2035년까지 러시아의 북극 정책에 따른 북동 항로 내의 주요 항만들의 미래 발전 가능성을 평가하는 본 연구는 러시아연방 정부의 북극 관련 정책이 새롭게 제정된 지 얼마 지나지 않은 시기인 지금, 시의적절하며 북동 항로와 항만에 관심을 불러일으키기 위해 타당성이 있다.

1. 선행연구 검토

러시아 북동 항로 자체의 경제성을 평가하는 논문과 러시아의 북극 정책을 분석한 논문은 많지만 북동 항로 내에 위치한 항만의 경제성을 같이 평가한 연구는 많지 않다. 항만의 경제성과 물류의 기본 정보와 경제성 있는 항만에 대한 조건 등을 다룬 선행연구는 다음과 같다. 김형근(2011)은 「부가가치 창출 극대화를 위한 항만배후단지 발전방안 연구」에서 해외 선진 사례 분석을 통한 항만배후단지의 발전 방안에 대해서 연구하였다. 김운수(2008)는 「글로벌 항만경쟁 구조변화와 해외 신흥거점 선정연구」를 통해 항만 분야의 공급사슬 관리 차원에서 항만의 발전과 규모 확대를 위한 이해를 도모하기 위한 조건들을 설명하였다.

다음은 러시아의 북극 정책과 북동 항로의 물류에 관한 선행연구이다. 노영돈(2011)은 「북극해 항로 관련 러시아 법제의 최근 동향」에서 러시아의 국내법과 북동 항로 관련 연방 법률의 제정안을 분석해 러시아 국내의 법제 동향을 살펴보았다. 김민수(2021)는 「러시아 북극개발전략과 연계한 북극 진출 방안 연구」를 통해 러시아의 북극 정책을 분석하고 북극으로의 진출 방안을 연구해 시사점을 주었다. 김기태(2012)는 「글로벌 공급사슬로서의 북극해 항로 활용가능성」을 통해 화주와 선사의 입장에서 북동 항로의 활용을 대비한 글로벌 공급사슬의 의미를 정립하였다. 송주미(2015)는 「북극해 항로 이용 가능 에너지 자원 물동량 시나리오 분석」에서 북동 항로에서 가장 중요한 화물인 에너지 물류에 대해서 분석하였고 북극해에서의 에너지 공급 가능량과 물류 시나리오를 설정해 항만 경쟁력을 분석하였다. Крутиков(2020)는 「Стратегия развития российской Арктики Итогии перспективы」를 통해 러시아 북극 전략을 저자의 관점으로 분석하고 평가해 시사점을 주었다.

항만과 물류에 대한 이해와 러시아의 북극 정책을 파악하는 연구는 있었지만 두 가지를 동시에 갖춘 연구의 수는 많지 않은 것을 확인할 수 있다. 이에 해당 연구를 통해 러시아 북극 정책과 경제성 있는 항만의 조건을 분석하여 러시아가 나아가야 할 방향과 미래 발전 가능성을 평가해 시사점을 제시할 것이다.

II. 러시아의 2035년까지 북극 전략의 실현 가능성과 과제

북극은 특수한 기후적, 지형적 특성을 가지고 있는 지역이다. 따라서 일반 지형에서는 문제가 되지 않는 부분이 북극에서는 심각한 문제가 될 수 있어 일반적인 기준과는 다른 더 섬세한 기준이 필요하다. 북극 지역에서 찾을 수 있는 단점은 운송·에너지·공업·주거 인프라의 부족과 이로 인한 인구감소 및 유출 문제, 낮은 노동생산력 그리고 미래 기후변화에 대한 불확실성[2]과 극한의 기후이다. 북극 지역에서도 특히 항로 운영에 대한 문제점에는 빙하 및 선박을 통한 안전 문제, 환경 문제, 항해 및 항만 인프라 투자 부족, 쇄빙선 비용 구조와 운영비 문제가 있다.[3] 모두 극

---

[2] Kotra, "러시아 북극지역 발전 현황," https://news.kotra.or.kr/user/globalBbs/ kotranews/6/globalBbsDataView. do?setIdx=322&dataIdx=163471 (검색일: 2021.5.1).

[3] Moe Arild Oystein Jensen, *Opening of New Arctic shipping routes* (Strasbourg: Fridtjof Nansen Institution, 2010), pp. 13-15.

한의 기후라는 특성에 인간이 거주 및 노동을 하기 힘들기 때문에 생긴 단점이지만 지구온난화로 단점들은 조금씩 해결되어가고 있다. 또한 북극 지역에는 방대한 양의 자원이 매장되어 있고, 천연자원, 재생 에너지 개발에 유리한 넓은 지형적 조건과 낮은 노동 임금으로 관련 사업에서의 투자 매력도가 높다는 장점이 있다.

러시아는 북동 항로의 단점들을 상쇄시키고 현존하는 장점들을 최대한으로 끌어올려 북극 지대 전체를 경제성 있는 지역으로 발전시키기 위한 북극 관련 정책들을 꾸준히 수립해왔다. 러시아는 2001년 북극과 관련된 첫 정책인 '북극에서의 러시아연방 정부의 기본정책'을 세웠고 이후, 포괄적인 북극 정책이 아닌 구체적인 목표 기한과 과제를 설정하는 정책들을 세웠다. 이에 2008년 러시아 정부는 2020년까지로 목표 설정을 한 정책인 '2020년과 그 이후까지의 북극 정책 기본 원칙[4]', '2020년까지 북극개발 및 국가안보전략[5]', '2020년까지 북극 지역 사회경제 개발 프로그램[6]' 을 세웠다. 정책들의 목표 기간이 지나고 러시아 정부는 2035년까지로 기간을 설정한 '2035년까지 북극항로 인프라 개발 계획[7]', '2035년까지 북극 정책 기본 원칙[8]', '2035년까지 북극개발 및 안보전략[9]'을 새로 수립하였다. 이외에도

---

4) 「Основы государственной политики Российской Федерации в Арктике на период до 2020 года и дальнейшую перспективу」 Совет безопасности Российской Федерации (2009).

5) 「Стратегия развития Арктики и национальной безопасности Российской Федерации до 2020 года」 Совет безопасности Российской Федерации (2009).

6) 「Стратегия развития Арктики и национальной безопасности Российской Федерации до 2020 года」 Совет безопасности Российской Федерации (2009).

7) 「План развития инфраструктуры арктического маршрута до 2035 года」 Правительство Российской Федерации (2019).

8) 「Основные принципы арктической политики России в 2035 году」 Правительство Российской Федерации (2020).

9) 「Стратегия развития и безопасности Арктики до 2035 года」 Правительство Российской Федерации (2020).

항만 및 인프라 계획에도 북동 항로에 관한 인프라 계획을 포함시키며 '2024년까지 인프라 현대화 및 확장을 위한 종합계획[10]', '2030까지 항만 인프라 개발 전략[11]'을 수립하여 북극을 발전시키기 위한 많은 노력을 하고 있다. 해당 장에서는 2035년까지를 목표로 현재 진행 중인 정책들의 성공 가능성을 예측하기 위해 비슷한 기조로 진행되었던 2020년까지 정책의 달성도를 분석하였다.

1. 2020년까지의 북극 정책의 달성도 평가

러시아가 2020년까지 목표로 한 '2020년과 그 이후까지의 북극 정책 기본 원칙', '2020년까지 북극개발 및 국가안보전략', '2020년까지 북극 지역 사회경제 개발 프로그램'에서 러시아는 북극 지역을 이전과는 다르게 국가의 이익을 위한 경제성이 높은 지역으로 인식하기 시작하였고 북극 지역과 북동 항로를 잘 활용하기 위해 기본적인 사안들을 재정립하고 러시아의 존재감을 높여주는 전략들을 펼쳐왔다. 2020년까지의 정책 중 특히 거주민 인프라에 제일 많은 성과가 있었다. 거주민을 위한 의료 인프라가 발전돼 북극 지역 거주민의 평균 수명이 2014년 70.65세에서 2018년 72.39세로 늘어난 것과 같은 눈에 띄는 성과가 있었다.[12] 거주민 인프라는 항만 노동자에 대한 삶의 질 상승, 항만 배후 인프라 발전을 위한 조건들을 채워주는 요소 중 하나이기 때문에 항만의 인프라 발전을 생각했을 때에 아주 중요한 조건 중 하나이기 때문에 거주민을 위한 의료 인프라의 발전과 평균 수명의 상승

---

10) 「Комплексный план модернизации и расширения инфраструктуры на 2024 года」 Правительство Российской Федерации (2018).

11) 「Стратегии развития морской портовой инфраструктуры России до 2030 года」 Министерство Транспорта Российской Федерации (2010).

12) Крутиков А.В., СмирноваО.О., Бочарова Л.К., "Стратегия развития российской Арктики, Итоги и перспективы," *Арктика и Север*, No. 40 (2020), с. 254-269.

은 긍정적인 요인 중 하나라고 볼 수 있다. 하지만 항만 전체의 발전을 위해서는 더욱 구체적인 항만 관련 전략의 이행이나 항만 인프라의 발전이 있어야 했다.

항만과 관련된 전략의 결과를 보면 전체적인 교통량과 운송량은 증가했지만 체계적인 개발은 이루어지지 못하였다. 항만과 관련된 전략은 초기 비용이 많이 들기 때문에 초기 투자가 계획대로 진행되지 않거나 예산이 적절히 배분되지 않으면 이후 계획된 전략들을 진행하기 어렵다는 특징이 있다. 독립적인 자금이 없어 연방 정부의 다른 프로그램에 포함된 자금을 희생하여 계획되었기 때문에 초기 비용이 많이 드는 기반시설의 개발 등의 항만 프로젝트들이 자금 부족에 시달렸고 일부 작업들만 부분적으로만 해결되는 것에 만족해야 했다. 항만과 관련된 프로젝트의 우선순위였던 원자력 쇄빙선의 교체, 북동 항로 사용 확대, 운송 인프라 복원이었지만 투자 프로젝트 시행의 어려움으로 외국 파트너의 참여를 좌지우지하는 러시아 국내 북극 기술의 개발에도 어려움이 발생했고 더불어 쇄빙선 함대의 건조가 지연되었다. 쇄빙선의 교체부터 계획했던 기간 안에 달성하지 못해 전반적으로 항만 인프라의 현대화가 충분히 이루어지지 않았고 거주민을 위한 물품 배송 등의 지원 또한 대통령령으로 정한 국가 개발 목표를 달성하지 못했다. 이를 해결하기 위해 두 단계로 나뉜 전략의 첫 번째 단계의 기한을 두 번째 단계로 조정[13]하고 자금의 분배를 재설정하는 등의 여러 시도가 있었다. 그럼에도 불구하고 초기에는 여러 규제가 형성되지 않아 많은 문제를 겪었다.[14]

러시아는 이를 해결하기 위해 투자자들을 위한 새로운 시스템을 형성하였다. 러시아연방 정부는 투자 유치에 최소 100만 루블을 투자할 준비가 되어 있는 북극에 등록된 모든 기업가가 세금 면제 혜택과 비과세 혜택을 받을 수 있도록 '거주자' 신

---

13) 러시아 연방정부 예산 중 북극 지역에 할당되는 비율을 2014년 5.5%에서 2018년 7.6%로 증가.

14) Там же, с. 254-269.

분으로 조치하였다. 이에 전략의 초기 시행 당시 많은 어려움이 있었지만 이후에는 북동 항로의 전체적인 교통량과 물동량이 증가할 수 있었다.

[그림 1] 북동 항로 따른 교통량

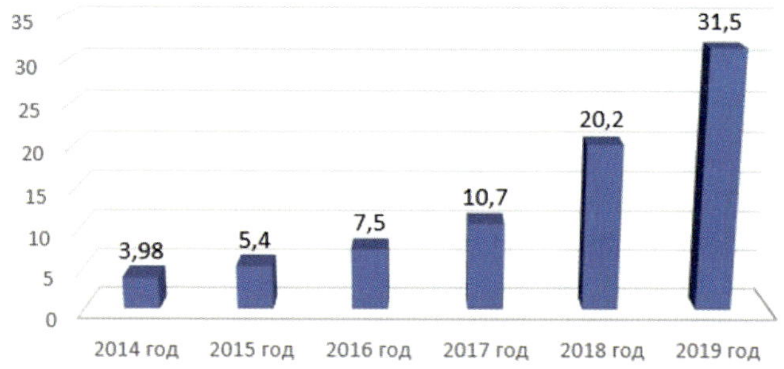

출처: Крутиков А.В., СмирноваО.О., Бочарова Л.К., "Стратегия развития российской Арктики, Итоги и перспективы," *Арктика и Север*, No. 40 (2020), с. 254-269.

북극 지역 개발의 성장률은 2014년에 비해 거의 8배나 증가한 것으로 보이며 북극항로 물동량은 2014년 400만 톤에서 2019년 3,150만 톤으로 증가했다.[15]

[그림 2] 북동 항로 항만에서의 화물 환적량

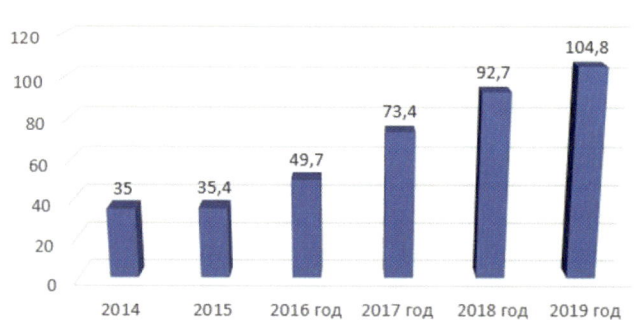

출처: Крутиков А.В., СмирноваО.О., Бочарова Л.К., "Стратегия развития российской Арктики, Итоги и перспективы," *Арктика и Север*, No. 40 (2020), с. 254-269.

---

15) Там же, с. 254-269.

동시에 북극 유역 항구의 화물 환적량 또한 거의 3배 증가했으며 대부분이 수출 화물이며 전체적인 북동 항로 수출 교통량이 증가함에 따라 탄화수소 매장지 개발과 관련된 액체 화물 운송도 증가하였다.

북극개발 국가위원회[16]는 2020년까지의 정책은 해안 기반 시설을 포함한 운송 개발의 주요 방향을 부분적으로 반영하지 않았고 많은 북부 항구를 현대화해야 할 필요성을 고려하지 않았다고 평가하였다. 또한 북동 항로를 중심으로 한 철도 및 통신의 개발, 특수 핵 쇄빙선의 건조가 충분하지 않았다고 평가하였다. 러시아 연방 부총리를 역임했던 현 '로스코스모스(Roskosmos)' 국영 우주 공사의 사무총장 로고진 드미트리 올레고비치(Рогозин Дмитрий Олегович) 또한 2020년까지의 러시아 북극 정책을 예비 타당성 조사조차도 이루어지지 않았기 때문에 단편적이고 무의미하게 해결되었으며 계획을 제대로 달성하지 못한 정책이라고 평가하였다.

지금까지 '2020 북극 정책 기본 원칙'에서 목표한 전략들이 어떻게 달성되었는지 분석하였다. 분석한 내용을 정리해 보면 성과가 있었던 분야는 거주민 인프라 중 특히 의료 인프라였으며 확실히 전략의 시행 이전보다 북동 항로가 활성화되었지만 그에 맞는 안정성 있고 현대화된 인프라의 발전은 미미했다. 또한 전략의 시행에 있어서 초기 계획했던 전략들에 어려움이 있어 우선순위를 제대로 소화하지 못하였으며 달성하지 못한 부분이 많았다.

2. 2035년까지 러시아 북극 전략의 실현 가능성과 과제

현재 진행되고 있는 정책은 사실상 북동 항로 전체 수역에서 2020년까지 진행됐던 전략들의 복원, 재건 및 현대화 및 새로운 항구 및 항만 시설 건설을 위한 작

---

16) 2015년, 러시아 연방정부와 북극지역 부처 및 기관 간의 업무를 조율하기 위해 창설.

업이 수행되고 있다. 따라서 2035년까지는 2020년까지로 계획되어 있는 프로젝트들을 정리하며 재건을 위한 기간이라고 볼 수 있다. 이를 위해 최근 몇 년 동안은 북동 항로의 수역, 항법, 수로, 수문 기상 및 수색 및 구조 지원을 개선하기 위한 체계적인 작업이 수행되었다. 2035년까지의 정책들을 분석함에 있어서는 '항만' 자체만을 위한 정책이 아닌 항만의 발전을 이끌어 줄 수 있는 부가적인 인프라 발전 정책들의 분석 또한 추가로 실행하였다. 거주민 인프라는 항만에 컨테이너 유입과 항만 주변의 전체적인 인프라 발전을 위해, 자원 인프라는 북극 지역의 일자리, 그에 따른 인구 유입과 거주민 인프라 발전에 대한 타당성을 뒷받침 해줄 수 있으며 경제 인프라는 북동 항로 내의 모든 인프라 사업을 뒷받침 해주기 때문에 항만 인프라 전략과 함께 분석하였다.

1) 2035년까지 북극 정책 기본 원칙 「Основные принципы арктической политики России в 2035 году」

'2020 북극 정책 기본 원칙'과 비슷한 기조이지만 더욱 경제성 있고 전략적인 발전을 위한 현대적이고 현실적인 목표를 추가하였다. 해당 정책은 러시아 푸틴 대통령이 직접 총괄하고 지방 자치구, 여러 기업들, 원주민이 참여하며 북극개발 국가위원회가 실무를 담당한다. 예산은 '러시아 북극 지역 경제사회개발' 계획 하에 조달받아 이행되며 부족한 예산은 추가로 배정될 예정이다. 정책에 따르면 거주민에게 기본 인프라(보건, 교육, 문화, 체육시설, 주거시설, 필수품 공급 등)를 제공하고 지역 간 교통 통신망을 강화할 예정이며[17] 전반적인 북극 지역으로의 이주를 촉진하기 위한 국가 지원을 강화할 예정이다. 이외에도 전반적인 항로의 활성화 및 현대화를 추진하고 항로와 연계한 철도, 내륙 수로 운송, 항로와 자원개발 간 연계 발전

---

17) 해저광섬유통신망, 항공 인프라 건설.

인프라, 관광산업 발전을 모색할 예정이며 항만에서 진행 중인 자원 인프라의 생산성을 증가시키고 민간 투자 유치에 더욱 집중하며 국가 차원에서의 관리 감독을 실시할 예정이다. 또한 항만의 안전을 위해 쇄빙 수색 구조선, 기후 관측 체계, 항행 안전 체계, 통합 수색 구조 시스템 등의 재난 사고를 대비한 시스템도 구축하는 것을 목표로 한다.

해당 정책은 다른 정책들보다 사회적인 문제를 개선하는 것에 초점을 맞추고 있다. 현재 북극은 의료 인프라로 인해 실질적인 수명은 늘어났지만 젊은 층의 인구 유입이 없어 노령화가 진행 중이다. 거주민의 대부분이 항만과 근처 에너지 시설의 노동자인 점을 생각해 본다면 거주민의 기본적인 인프라의 발전과 추가적으로 젊은 층의 실질적인 유입을 이끌 수 있는 인프라의 발전과 인센티브가 필요하다.

2) 2035년까지 북극개발 및 안보전략 「Стратегия развития и безопасности Арктики до 2035 года」

'2035년까지 북극 정책 기본 원칙'의 하위개념으로 사회적 발전 이외에도 경제개발을 위해서 연방관구별로 세부 정책을 나누어 전략을 설정하였다. 경제 활동 인구가 북극 지역으로 이주할 수 있도록 국가적 차원의 지원을 체계적으로 제공하는 것을 기반으로 기후변화와 무관하게 제 기능을 할 수 있는 인프라 기술[18]로 거주민들의 안전을 확보할 예정이다. 추가로 '2020 북극 정책 기본 원칙'에서 상당한 성과를 이루었던 의료 인프라에서 확장된 개념으로 항해 선원에게도 의료 인프라를 제공하는 기술을 개발하고 투자자들을 위한 가스관, 하수도관 등 신규 투자 사업에 필요한 인프라와 에너지, 교통 인프라 구축을 지원하며 토지 제공 절차를 간소화하는 전략을 세워 민간 투자자의 유치를 위한 경쟁력을 높이려는 노력을 진행

---

18) 우주 모니터링 기술을 이용한 비상사태 리스크 분석 시스템, 거주민 긴급 사항을 대비한 국가통합시스템, 안정적인 위성통신을 제공하기 위해 북극 지역을 관통하는 광케이블 연결.

중이다.

　항만 인프라와 관련해서 LNG 활용도 제고 및 북동 항로와 내륙 수로 연계 운송로 개발을 기간 내에 완료하는 것을 목표로 하고 있으며 서부지역(바렌츠해, 백해, 페초라해)의 개발 가속화와 내륙 수로의 수역 개발, 터미널의 현대화, 인명 사고 뿐 아니라 핵 추진 선박, 부유식 동력 장치가 설치된 선박 등의 입항으로 발생할 수 있는 사고를 대비하기 위한 장비의 현대화 및 구난 구조 통합 센터, 무인 교통 시스템과 무 서류 시스템을 도입하는 항만 관리 시설을 만들 예정이다. 무르만스크항, 아르한겔스크항, 사베타항, 딕손항, 틱시항, 페벡항 외 4개 항만[19]의 현대화 전략이 있으며 그중에서도 특히 무르만스크 항을 국제 컨테이너 화물을 처리할 수 있는 멀티 모델 허브 항으로 만들 예정이며 사베타항에는 LNG를 연중 내내 선적할 수 있도록 접근 가능 시간을 연장을 위한 공사, 운하 확장을 위한 공사가 진행될 예정이다. 또한 북동 항로 내에 연안 운송 및 국제 운송을 위한 러시아 컨테이너 운영사를 설립하고 터미널뿐 아니라 환적항, 해안기지를 만드는 것을 목표로 하고 있다.

　해당 정책은 항만의 발전을 위한 전략이 많은 부분을 차지하며 그중에서도 특히 무르만스크항과 사베타항을 본격적으로 개선하기 위한 정책들을 앞세우고 있다. 이전 정책에서의 문제점이었던 자금 조달과 지연되지 않는 투자가 해당 정책의 성공 여부를 가를 수 있는 요인이라고 생각한다. 하지만 무인 교통, 무인 서류관리 시스템의 도입 또한 다른 인프라의 개발만큼 초기 자본이 많이 들어가는 분야이며 북극 지대의 통신 환경부터 개선해야 하는 필요성이 있다. 북극의 통신 환경은 과거보다 훨씬 나아진 정도이지만 아직 거주민에게도 원활하게 제공하지 못하고 있는 실정이며 이러한 상황에서 무인 교통 시스템과 무서류 관리 시스템을 실질적으로 도입하고 운영할 수 있는지는 의문이 든다.

---

19) 나리얀-마르항, 암제르마항, 두딘카항, 질룐니 미스항.

3) 2035년까지 북극항로 인프라 개발 계획「План развития инфраструктуры арктического маршрута до 2035 года」

'2035 북극개발 및 안보전략'의 세부 전략 중 항로 인프라와 관련된 전략을 지원해 주는 역할의 개발 계획으로 러시아 재정부, 교통부, 산업통상부, 경제개발부, 비상 사태부, 극동 및 북극개발부, 천연자원환경부, 통신 언론부 등의 정부 부처와 지방 정부가 주도적으로 수행할 계획이고 러시아 해양 하천 운송청, 연방 항공 교통청, 수문 기상 환경 감시청 등의 공공기관, 원자력 기업 로스아톰, 우주 기업 로스코스모스가 직접적인 공사에 참여할 계획이다. 해당 전략은 항만 및 터미널 인프라 개발, 구조 및 구조선 건설 등 이전 언급했던 전략들을 세부적으로 지원하는 형식으로 북동 항로를 국제 화물 운송로로 개발하기 위한 지질학적 연구, 물동량 모니터링, 허브 항만 건설 및 북극항로 전용 컨테이너 운영사 설립에 대한 예비 타당성 조사와 철도 건설 사업의 현실성 및 사업성 평가, 항로 경쟁력을 높이기 위한 하드웨어와 소프트웨어 인프라 구축 등 단계적으로 실시할 예정이다. 이전 정책에서 구체적으로 시행하지 못했던 예비 타당성 조사가 전략의 구체적인 이행방안에 위치해 있는 것은 희망적이라고 볼 수 있지만 해당 전략은 '2035년까지 북극 정책 기본 원칙', '2035년까지 북극개발 및 안보 전략'의 세부적인 계획으로 안정적으로 계획들을 이행해 나아가는 것이 중요하다.

지금까지 '2035년까지 북극 정책 기본 원칙', '2035년까지 북극개발 및 안보 전략', '2035년까지 북극항로 인프라 개발 계획' 세 가지 정책을 분석하였다. 그 결과 이전 시행되었던 정책보다 확실히 구체적이었지만 단계적인 이행을 위한 세부 방안은 아직 미흡했고 2020년까지 북극 정책 이행의 문제점이었던 전략의 연기와 투자 부진, 예산 조달의 구체적인 해결방안이 부재했다. 다음 장에서는 정책을 통해 진행되고 있는 항만별 프로젝트를 알아보고 현존하는 이외의 문제점을 알아볼 것이다.

III. 북동 항로 주요 항만의 현황

'2035 북극 정책 기본 원칙', '2035 북극개발 및 안보 전략', '2035 북극항로 인프라 개발 계획'에서 언급했던 항만의 인프라 발전을 위한 전략에서 진행 중인 항만별 프로젝트는 다음과 같다.

1. 무르만스크항

무르만스크 지역은 북극 거주 인구의 절반인 30만 명 이상이 사는 북극권의 최대 도시이며 원자력 쇄빙선의 본거지이다. 무르만스크항[20]은 얼음이 없으며 면적은 645,9ha, 수역은 53,7 km^2 [21]로 러시아에서 가장 크고 깊은 항구이기 때문에 러시아 북극에서 가장 핵심적인 항만이고 그만큼 많은 투자와 프로젝트가 이루어지고 있다. '2020 북극 정책 기본 원칙'의 1단계 전략에 의해 기지 및 지원 항으로의 발전을 위한 재건 공사가 착수되었고 2단계 전략에 의해 연료 및 에너지 단지인 Kola NPP 운영 수명을 연장하는 작업이 완료되었다.[22] 이미 무르만스크의 동부 킬진(Kildin)에 가스 운반선의 임시 해상 환적 단지가 있지만 가을, 겨울에는 힘든 기상 조건으로 인해 항해사들은 어려움에 직면해야 했고 이는 환적 작업의 연기와 계류 작업의 반복 등 물류 시스템의 비효율성을 야기했기 때문에 이를 대비한 여러 기반을 마련 중이다. '2035 북극 정책 기본 원칙'에 의해 2021년 러시아에서 가장 큰 항구 도선 서비스를 제공하는 기업인 로스모플로트(Rosmorflot)는 러시아 북극에

---

20) 바렌츠해, 콜라베이 남쪽의 북서연방관구, 무르만스크 지역에 위치.
21) Morflot official site, "Information about Murmansk," morflot.gov.ru (검색일: 2021.5.1).
22) Официальный сайт Росэнергоатома, "Кольская АЭС," https://www.rosenergoatom.ru/stations_projects/sayt-kolskoy-aes/(검색 일: 2021.05.01).

서 LNG 환적 단지로 도착하는 LNG 유조선의 호위를 보장하고 쇄빙선에서 LNG를 연중 환적 할 수 있도록 한다고 밝혔고 2021년 3월 30일 무르만스크 지역 정부는 러시아의 국영 물류 운영 업체인 로사톰(Rosatom)의 'Cargo 프로젝트'에 대한 지원을 발표했다.[23] 프로젝트 비용은 약 41.97억 루블로 극동 지역과 무르만스크 지역의 콜라 베이(Cola bay) 서쪽 해안 벨로카멘카(Belokamenka) 마을 근처에 북동 항로용 항구 허브를 구축할 예정이다. 항구 허브에는 2개의 운송 및 물류 허브 및 유럽 국가로 운항하는 쇄빙선의 컨테이너 화물 환적 터미널이 세워질 예정이며 이 프로젝트에 따라 화물은 아시아와 유럽의 항구에서 동부 또는 서부 터미널까지 배송되며, 앞으로의 연간 운영비용은 36억 2천만 루블로 추정된다.[24] 무르만스크 조선소의 산업 영역을 독특한 도시 공간으로 포괄적으로 개조하고 국제 문화 및 비즈니스센터를 만드는 것과 무르만스크항 및 근처 거주지의 접근성을 발전시키기 위한 프로젝트인 'NEW 무르만스크 프로젝트'도 2021년 새로 추가되었다. 러시아 철도회사 등 기타 기업들을 포함한 대규모 투자자 및 국제 부동산 운영자가 이미 관심을 보이고 있으며 프로젝트의 예상 비용은 약155억 루블로 추정된다. 해당 프로젝트의 시행에 따라 2035년까지 지역 총생산은 130억 루블 이상 증가하고 관광객 흐름은 3배가 될 것이며 3,000개 이상의 새로운 일자리가 창출될 것으로 예상하고 있다.[25] 현재 진행 중인 정책에서의 핵심 항만이기 때문에 배정된 예산의 규모도 크

---

23) Ассоциация Морских Торговых Портов, "Росморпорт обеспечил лоцманскую проводку и постановку двух танкеров-газовозов для первой в России перегрузки СПГ в Баренцевом море," https://www.morport.com/rus/news/rosmorport-obespechil-locmanskuyu-provodku-i- postanovku-dvuh-tankerov-gazovozov-dlya-pervoy (검색일: 2021.5.1).

24) Хибины Новости, "Мурманская область поддержит проект «Росатома» по созданию транспортно-логического узла," https://www.hibiny.com/news/archive/235054/ (검색일: 2021.5.1).

25) Murmansk official site, "Andrei Chivis Announces New Murmansk Project," https://gov-murman.ru/info/news/406637 (검색일: 2021.8.23).

고 투자자 문제 또한 아직 존재하지 않는다.

2. 사베타항

사베타항[26]이 위치한 야말반도의 천연가스 매장량은 러시아 전체 천연가스의 80%, 세계 천연가스 공급량의 15%를 차지하고 근처 탐베이(Tambey) 유전에는 대략 1.3조의 가스가 매장되어 있기 때문에 북동 항로에서 가장 많은 자원 관련 프로젝트들이 진행되었다. '2020 북극 정책 기본 원칙'의 1단계 전략(2013)에 의해 북극 지역에서 가장 큰 프로젝트였던 '야말 LNG 프로젝트'와 천연가스 액화 플랜트가 건설되었다. 사베타항은 이미 179.5ha의 면적과 1177 km^2 수역과 같은 좋은 조건을 갖추고 있지만 '2035 북극항로인프라 개발계획'에 의해 2021년까지 운하 넓이를 475m로 좀 더 확장하고 2022년까지 수심을 더 확보할 예정이다. 이외에도 2023년까지 수로 측량선, 부표정비선, 2024년까지 구난선 및 예인 구조선 건조를 완료할 계획이다. 현재 항구의 건설은 LNG 및 가스 응축액을 처리하는 부두의 건설이 포함된 2단계로 이루어지고 있고 LNG 플랜트 모듈과 건축 자재를 취급하는 부두는 1단계로 건설되고 있다. 또한 사베타항 내에 각종 현대적 항만 운항 시스템인 시설 관리 시스템(FMS)[27],배를 보관하기 위한 4km의 운하와 관제 기관, 해상 교통관제 시스템(VTS)[28], 선박용 소결 라디오가 설치될 예정이며 수로 시스템, 자동 원격

---

26) 카라해와 오비강 근처 우랄연방관구의 야말반도, 야말로네네츠 자치구에 위치.
27) 시설물의 안전과 유지 관리에 관련된 정보 체계를 구축하기 위한 정보종합관리 시스템.
28) 해상교통의 안전 및 효율성을 증진하고 해양환경과 해양시설을 보호하기 위해 선박의 위치를 탐지하고 통신할 수 있는 시스템.

인식 시스템(AIS)[29] 해상 조난 안전 시스템(GMDSS)[30]이 제공될 예정이다.[31] 이와 같이 사베타항이 위치한 야말반도와 근처 기단반도에서는 러시아에서 가장 활발한 석유 사업이 진행 중이며 '2020 북극 정책 기본 원칙'에서 가장 큰 프로젝트의 수혜가 있었던 항만이다. 따라서 2035년까지 진행될 러시아의 북극 정책과 진행되는 프로젝트에 의해 현재보다 더 많이 발전될 예정이고 지속적인 투자 또한 이루어질 예정이다.

3. 딕손항

딕손항[32]의 주변에는 두딘카항, 하탄가항, 러시아의 내륙 수로인 예니세이강과 인접해 있고 러시아의 최북단 항구이기 때문에 북동 항로에서 가장 중요한 정류장 중 하나라고 할 수 있다. 또한 딕손항에는 기름저장시설, 어류 공장이 위치해 있어 거주민에게도 중요한 항만이다.

'2020 북극 정책 기본 원칙'의 2단계 전략에 의해 크라스노야르스크 지역의 시라다사이(Syradasayskoy) 점결탄 매장지를 개발하기 위한 차이카 석탄 터미널(Chaika terminal) 건설이 진행되었다. 크라스노야르스크 지역 정부와 AEON 법인의 참여로 전반적인 인프라를 현대화하고 건물 및 도로를 수리할 계획이며 2개의 현대식 발전소를 건설을 고려 중이다. 이외에도 예니세이강 해안에 화물 터미널 건설을 시작할 예정이며 이는 시라다사이스코예(Syradasayskoe) 석탄 매장지 개발과 석탄 농

---

29) 선박 내에 원격인식 신호의 송수신이 가능한 시스템.
30) 해안의 조난 긴급 구조대에게 조난위치를 제공하는 무선 신호 제공 시스템.
31) Ship Technology, "Port of Sabetta, Yamal Peninsula," https://www.ship-technology.com/projects/port-sabetta-yamal-peninsula-russia/ (검색일: 2021.6.2).
32) 카라해 남동부, 예니세이강 근처 시베리아연방관구의 크라스노야르스크 지역, 돌가노-네네츠 지역에 위치.

축물을 운송하여 소비자에게 보내는 것뿐만 아니라 산업 클러스터 운영을 위한 물품과 장비를 배달하는 데에도 사용될 예정이기 때문에 해상 석탄 터미널, 도로, 회전 캠프, 발전소, 비행장 및 기타 시설을 포함한 필요한 인프라 건설도 진행 중이다. 2028년까지 60억 루블 이상의 예산에 지불될 것으로 예상되며 최소 2,000개의 새로운 일자리를 창출할 계획이고 2021년 기준 프로젝트 구현이 '활성 단계'에 들어 이미 170개 이상의 기계와 장비가 딕손항에 전달되었다.[33] 2032년까지 연간 최대 2,000만 톤의 용량에 도달을 목표로 건설 중이며 건설에는 2년이 걸리고 터미널에 대한 총 투자액은 약 100억 루블, 단지 건물에 대한 총 투자는 450억 루블 이상으로 예상된다.[34] 게다가 북부함대 지휘관 알렉산더 모이셰프(Alexander Moiseev)는 딕손항과 틱시항의 발전이 북극 안보를 강화시킬 것이며 2022년까지 딕손항의 발전을 목표로 북동 항로 전체를 따라 항행의 안전 상황을 위한 공동 기지가 될 것이라고 언급했다.[35] 위에서 살펴본 것처럼 딕손항은 몇 년 안에 대규모 현대화 작업에 돌입할 예정이고 앞으로 눈여겨 봐야 할 항만 중 하나이지만 내륙 수운의 중요성에 비해 현재 진행 중인 정책에 내륙 수로에 관한 전략 비중은 현저히 적다고 볼 수 있다.

---

33) Красноярск Медиа, "Большая перемена в Диксоне," https://krasnoyarskmedia.ru/news/1087479/ (검색일: 2021.8.23).

34) Новости ТАСС, "Строительство грузового терминала на севере Красноярского края начнется в мае," https://tass.ru/ekonomika/11154633 (검색일: 2021.5.1).

35) Новости ТАСС, "Командующий Севфлот: восстановление портов Диксон и Тикси способствует повышению безопасности в Арктике," https://tass.ru/armiya-i-opk/7285477 (검색일: 2021.8.23).

4. 세베르 부흐타항

[그림 3] 세베르 부흐타항

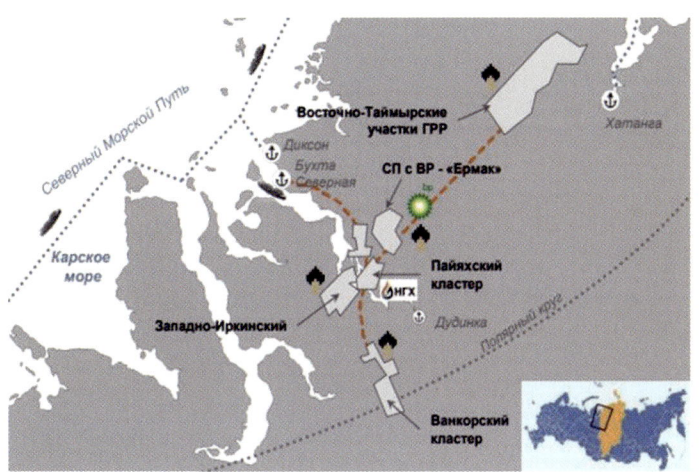

출처: https://sgnorilsk.ru/uploads/item/glavnaa-d1f2f3e8e2.jpg (검색일: 2021.8.23).

    2021년, 로스네프트(Rosneft)와 연합 에너지건설공사(United Energy Construction Corporation)는 딕손항에서 남쪽으로 40km 떨어진 예니세이만의 동쪽 출구인 타이미르반도, 크라스노야르스크 영토에 새로운 항만인 세베르 부흐타(Sever Bukhta)항 건설을 시작하였다. 로스네프트가 시행하는 세계 최대의 신생 석유 프로젝트인 '보스토크 오일 프로젝트(Vostok Oil Project)[36]'에서 추출한 석유를 저장하고 환적 하는 석유 하역 터미널이 항만의 가장 큰 프로젝트이며 러시아는 세베르 부흐타항[37]이 2030년까지 세계에서 가장 큰 항구 중 하나가 될 것이라고 전망하고 있다. 이미 보스토크 유전에서 건설 중장비, 교대 근무자를 위한 주택 단지, 통신 장비 및 어

---

36) 60억 톤 이상 석유 생산을 전망 하고 있는 러시아 최대 규모의 석유 프로젝트.

37) МК, "Роснефть начала строительство «Северной бухты» на Таймуре," https://www.mk.ru/economics/2021/05/26/rosneft-pristupila-k-stroitelstvu-porta-bukhta-sever-na-taymyre.html (검색일: 2021.8.23).

촌 배치를 위한 자재를 포함하여 약 20,000톤의 화물을 이미 공사 지역에 전달했고 프로젝트 통과에 필요한 모든 조건을 통과했다. 이후 예니세이강에 수력 구조물, 자재 및 기술 자원 저장 시설 및 정박 시설을 건설하는 것을 추가적인 목표로 하고 있다. 항만은 3단계에 거쳐 건설이 완료될 예정이며 1단계에서는 2024년까지 화물 회전율 3,000만 톤, 이후 2, 3단계에서는 2030년까지 석유 환적량 1억 톤을 전망하고 있다.

해당 항만은 계획한지 얼마 지나지 않았고 아직 건설이 완료되지 않았기 때문에 구체적인 발전 가능성은 알 수 없다. 하지만 딕손항과 두딘카항의 사이, 전략적인 위치에 '보스토크 오일 프로젝트'하에 운영되는 에너지 집중 항만이 지어지는 것은 실패 가능성이 적으며 공사가 완료되고 운영이 활발해진다면 사베타항과 같은 에너지 위주의 핵심 항만이 될 수 있다.

5. 틱시항

틱시항[38]은 북동 항로 중 선박이 접근하기 가장 어려운 항구이지만 북극 지역으로의 공급 및 탐색을 위한 핵심 포트로 거주민의 인프라 차원에서 중요한 항만이다. 아르한겔스크, 무르만스크 등의 항만으로부터 10만 톤 이상의 연료 및 에너지 자원, 생명 유지 화물이 운송된다. 하지만 현재 야쿠티야(Yakutia)의 랍테프해의 항로 내에 있는 북극 운송 인프라 수준은 매우 낮다. 따라서 사하 공화국 정부의 회장 안드레이 타라센코(Andrei Tarasenko)는 북극의 본격적인 개발을 위해 북부 배송 프로젝트를 개선 할 것이라고 언급했고 지역 당국은 국제 및 지역 물류 프로젝트를 실행하기 위해 북부 수역에 심해 항구 허브를 만드는 것을 포함하여 일련의 전략 및

---

38) 극동연방관구의 사하 공화국, 랍테프해, 부오르카야만, 틱시만에 위치.

운영 조치를 식별하고 구현해야 한다고 말했다. 이에 틱시에서 112km 떨어진 나이바(Naiva) 마을 지역에 새로운 심해 터미널을 건설해 틱시 항구의 경계를 확장할 예정이다. 나이바 마을이 위치한 카라울락스카야(Karaulakskaya)해는 96,78km² 정도의 깊은 수역으로 인해 바람으로부터 보호가 가능하기 때문에 새로운 심해 항구 허브를 만들기 위한 최적의 공간으로 선택되었다. 야쿠티야의 정책 연구 센터의 책임자인 에브게니 엘레게예프는 이 프로젝트로 인해 높은 북부 운송비 문제를 해결할 수 있고 납품 프로젝트인 생명 유지 용품의 조달과 투자 프로젝트에 필요한 물품의 납품을 보장할 것이라고 하였고 2032년까지 항구의 화물 회전율은 연간 1830만 톤에서 2,310만 톤에 이를 것이라고 예측했다.[39] 해당 항만은 규모가 큰 자원을 다루고 경제성 높은 화물이 오고 간다기보다는 거주민 인프라 중 러시아 내륙과의 연결성, 기본 인프라를 충족하기 위한 항만으로서 북극 발전 정책에서 없어서는 안 될 항만이며 러시아연방 정부 또한 이를 인식해 자국 내의 화물 회전율을 높이는 정책을 위주로 진행하고 있다.

6. 페벡항

페벡항[40]은 북동 항로에서 면적이 넓은 항만 중 하나이며 가장 깊은 정박지를 가지고 있으며 추코카(Chukotka) 지역에 공급되는 물량의 4분의 1이 통과되는 중요한 지역이다. '2024 주요 인프라 현대화 및 확장을 위한 종합계획'에 의해 러시아 최북단 도시의 항구 재건 조치가 2021년 여름 완료될 예정이다. 2026년부터 차운스카

---

39) Republic of Sakha official site, "The head of Yakutia spoke about the largest transport in the port of Tiksi," https://postpredstvo.sakha.gov.ru/news/front/view/id/3275854 (검색일: 2021.5.1).
40) 극동연방관구의 추코카 자치구, 페벡, 동시베리아해, 차운스카야만에 위치.

야 만(Chaunskaya Bay)에 페벡항의 연중 내내 운영이 가능한 새로운 터미널 공사가 시작될 예정이며 예상되는 화물의 환적량은 연간 약 200만 톤이라고 밝혔다. 총 길이가 366m인 2개의 부두 재건이 계속되고 있으며 2021년 기준 현재 기술의 준비도는 61.2%이다. 선석의 처리 능력을 30만 톤으로 흘수를 10m로, 총 톤수는 10,000톤으로 늘릴 예정이다.[41] '2020 북극 정책 기본 원칙'의 2단계 정책에 의해 2010년부터 구조 선단에 34척의 구조선이 건조되었으며 현재 구조 함대의 4척의 선박이 더 건조되고 있다. 2020년, 교통부와 로스모플로트(Rosmorflot)는 387억 루블의 예산을 동원해 2024년까지 구조 함대 건설을 진행 중이다.[42] 또한 2021년부터 안전한 북부 항로 운행을 위한 다양한 유형의 구조선 16척이 서쪽 방향과 동쪽 방향의 전체 계류 전선을 따라 배치가 되었고 2023년에서 2025년 사이에 운행할 예정이다.[43] 면적이 가장 넓은 항만이기 때문에 별도의 수역 확장 공사가 없이도 인프라 개발을 통해 많은 발전을 이룰 수 있는 항만이다. 하지만 북동 항로의 끝부분에 위치해 있기 때문에 차별화된 전략적인 역할을 고안해야 한다.

IV. 북동 항로 주요 항만의 미래 발전 가능성에 대한 분석과 평가

러시아연방 정부는 20세기 이후 지속적으로 북극에 대한 관심을 기반으로 많

---

41) Новости ТАСС, "Строительство нового терминала в порту Певек начнется в 2026 году," https://tass.ru/ekonomika/11069235 (검색일: 2021.8.23).

42) РГРУ, "Минтранс готовит «дорожную карту» по строительству спасательных катеров на Арктическом пути," https://rg.ru/2020/12/03/trutnev-rasskazal-kto-pridet-na-pomoshch-terpiashchim-bedstvie-na-sevmorputi.html (검색일: 2021.5.1).

43) Арктические новости, "Глава Росатома, мы — национальная гарантия для арктических недропользователей," https://pro-arctic.ru/12/04/2019/expert/36378 (검색일: 2021.5.1).

은 북극 관련 정책들이 수립해 왔다. 하지만 북극이 가지고 있는 잠재력과 만들어진 정책들의 수에 비해 발전 속도는 빠르지 않았고 2020년까지의 북극 정책의 달성도 분석과 현재 진행 중인 2035년까지의 정책 및 프로젝트의 분석을 통해 앞으로의 진행에 차질을 줄 수 있는 문제점을 발견할 수 있었다. 이런 시점에서 부족한 점을 보완하고 몇 가지 사안들을 고려해 북동 항로 항만의 발전을 모색한다면 현재보다 더 밝은 발전 가능성을 기대할 수 있다. 이에 몇 가지 보완점을 추가로 제시하고자 한다.

첫째, 북극 관련 정책들을 간소화해야 한다. 러시아연방 정부의 북극 정책은 본 논문에서 다룬 정책인 '2035 북극 정책 기본 원칙', '2035 북극개발 및 안보전략', '2035 북극항로 인프라 개발 계획' 외에도 많은 정책과 종합계획이 존재한다. 하지만 비슷한 내용의 정책이 원칙, 전략, 계획 등으로 세분화되어 있어 해당 전략의 관리부서와 자금의 조달 계획에 혼동이 있을 수 있고 제대로 된 지휘 감독이 힘들다. 또한 대부분의 정책들이 시기별로 구분하여 3개 정도의 단계로 나뉘어 있는데 이 또한 위험성이 있다. 정책의 단계별 세부 이행방안을 살펴보면 거시적인 항만의 발달도 첫 번째 단계에 포함되어 있다. 항만의 전체적인 인프라는 단계를 나누어 설정할 것이 아니라 전 기간에 걸쳐 매우 중요하다. 2020년까지 계획했던 정책에서 경험했던 것처럼 1단계의 달성이 계획대로 되지 않아 이후 모든 계획을 수정해야 했던 것처럼 첫 번째 단계를 설정하고 전략을 진행하며 잦은 연기로 혼란을 주는 것보다 1단계와 2단계 두 단계를 합쳐 10년을 기준으로 하는 하나의 단계를 설정해 유연한 목표 도달을 도모하는 것이 더 논리적일 수 있다.

둘째, 북극개발위원회의 존재감과 영향력을 더 키워야 한다. 북극개발위원회의 역할은 러시아연방법 하에 북극 지역의 입법 및 규제 법적 행위를 위한 시스템을 형성하고 국가 관리 시스템을 개선하고 북극개발의 핵심 분야에서 재정 자원을 통합하기 위한 북극 전략의 분야별 프로그램, 기반시설 및 산업 시설, 구성 기관 및 북극의 조직에 대한 대규모 감사의 역할을 한다. 하지만 북극개발위원회가 있음에도 불구하고 북동 항로의 운송 및 기타 기반시설 개발 문제, 화물 운송 모니터링과 관련된 문제의 포괄적인 솔루션에 대한 역할이 미미하고 국가 차원의 단일 책임 기구는 없는 것과 마찬가지라는 평가가 많이 존재한다.[44] 따라서 단일 책임 기구로서의 역할을 늘리고 문제의 솔루션을 위한 법적 시스템 개선과 재정 시스템의 효율적인 관리를 통해 좀 더 책임감 있는 모습으로 북극개발에 영향력을 내비쳐야 한다.

셋째, 연쇄적인 발전을 고려하여 내륙 수로의 발전에 좀 더 집중해야 한다. 2021년 이전의 정책에서는 내륙 수로 인프라에 관한 전략이 거의 없었고 현재 진행 중인 정책에서도 내륙 수로에 관련된 내용이 현저하게 적다. 거주민 물품 운송에 비싼 항공조달로의 물품 운송이 아닌 비교적 저렴한 내륙 수로를 이용해 더욱 경제적이며 거주민 인프라의 질도 상승할 것이다. 거주민 인프라뿐 아니라 각국에서 오는 수출품이 내륙 수로를 이용해 러시아 자국으로 퍼져 나간다면 자원 수출로 항만을 유지했던 항만의 안정성과 발전 가능성은 더욱 높아질 것이다. 또한 내륙 수로 근처 위치한 항만들의 기본 인프라나 터미널 건설을 진행 중이기 때문에 이와 함께 내륙 수로로의 운송을 위한 인프라 발전 프로젝트도 진행한다면 항만과 거주민 인프라, 항만을 거쳐 가는 화물량의 증가 등 모든 부분에서 동반 성장할 수 있는 좋은 전략 중 하나가 될 것이다.

넷째, '2035년까지 북극개발 및 안보 전략'에서 계획하고 있는 사베타항의 LNG를 연중 선적을 위한 이용 가능 시간을 늘리는 프로젝트를 위해 사베타항에서 사용하고 있는 비효율적인 LNG 충전방식부터 바꾸어야 한다.

---

44) Лукин Ю.Ф., "Северный морской путь: возможности и угрозы," *Арктика и Север*, No 1 (2015), c. 58-61.

[그림 4] 항만의 LNG 충전방식

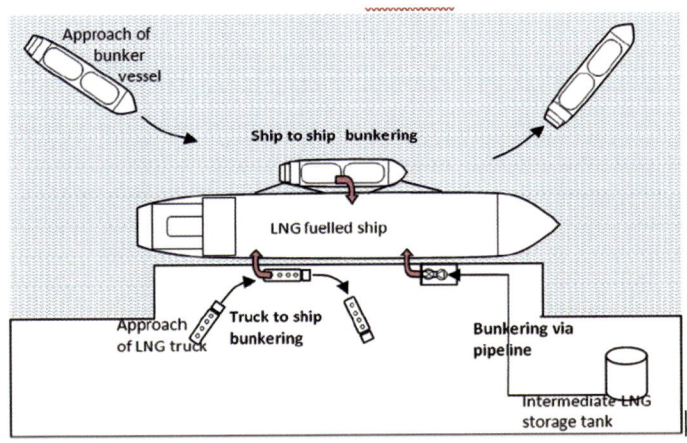

출처: Alexander Klimentyev Alexey Knizhnikov Alexey Grigoryev, *Prospects and opportunities for using LNG for bunkering in the Arctic regions of Russia* (Moscow: World Wide Fund for Nature, 2017), pp. 33-34.

LNG를 선박용 연료로 주입하는 행위인 LNG 벙커링에는 세 가지 종류가 있다. 트럭에서 선박으로 옮기는 TTS(Truck to Ship), 선박에서 선박으로 옮기는 STS(Ship to Ship), 파이프라인에서 선박으로 옮기는 방식인 TPS(Terminal via Pipeline to Ship)이다. 현재 북동 항로의 대부분 항만에서는 STS 방식을 사용하고 있다. 하지만 STS 방식은 선박에서 선박으로 옮기는 동안 다른 선박은 대기를 하고 있어 대기 중인 선박으로 인한 대기 오염도 심하고 지체되는 시간도 길다는 문제점이 있다. 또한 LNG 충전 선박이 항만 내에서 충전을 하고 있거나 운행을 하고 있을 때 항만의 안전 규정 및 위험물 취급 규정 하에 200미터 내의 선박은 운행을 할 수 없고 충전하는 시간도 선박에 따라 다르지만 평균적으로 12시간 정도 걸리기 때문에 STS 형식의 LNG 충전 방식은 비효율적인 면이 많다.[45] 따라서 TPS 충전방식으로의 전환이 필요하다. TPS 방식은 초기 투자 비용은 높다는 단점이 있지만 지속 가능한

---

45) 김학소, "LNG벙커링 연관산업 육성이 국가경제를 살린다," 『물류와 경영』 (2018).

발전과 환경이 돈이 될 미래를 생각하면 가격경쟁력의 우위에 있고 LNG를 연료로 사용하는 선박의 주요 이점은 중유, 해양 디젤 연료 및 해양 가스 오일과 같은 선박에 연료를 공급하는 보다 오염의 정도가 크게 감소하기 때문에 세계적으로 많은 나라들이 해당 방식의 LNG 벙커링[46]으로의 전환을 진행 중이다. 법적, 제도적 준비와 해당 선박을 위한 전용 설비가 따로 필요해 신중한 고려와 많은 사전 준비가 필요하지만 충분한 수역의 계류 부두가 있으며 항구 근처에 LNG 생산 공장이 있는 항구에서 운용이 가능[47]하다는 특징이 있는 TPS 충전 방식은 사베타항에 최적인 조건이다. 또한 저장 터미널의 LNG를 벙커링을 통해 바로 선박에 선적 할 수 있을 뿐만 아니라 항구와 주변 지역의 거주자에게도 LNG를 수송할 수 있다. 2035년까지의 정책을 통해 주변 거주민 인프라의 확장을 도모하고 사베타항의 발전을 목표로 하고 있는 러시아의 목표와도 부합한다고 볼 수 있기 때문에 다방면에서 더 경제성 있는 TPS 벙커링으로의 전환도 프로젝트의 효율성을 높이는 것에 중요한 역할을 할 수 있다고 볼 수 있다.

다섯째, NSR Tariff로 불리는 북동 항로의 쇄빙선 에스코트 비용 및 통행료의 감면 또는 통행료의 확립에 관한 전략을 추가로 세워야 한다. 아직 2035년까지의 정책 중 NSR Tariff 개선에 관한 전략은 없다. NSR Tariff는 장기적으로 수에즈 운하의 통항료와 비슷하게 책정될 예정이고 북동 항로 활성화를 위해 비정기적인 통행료 할인을 해주었지만 아직 상대적으로 저렴하지 않은 요금과 자주 바뀌는 운항 요금 때문에 선사들의 신뢰를 얻지 못하고 있다. 화물별 NSR Tariff 이용료에 관한 구체적 요금은 다음과 같다.

---

46) LNG 추진 선박에 LNG를 공급하는 기술 및 설비.

47) Alexander Klimentyev Alexey Knizhnikov Alexey Grigoryev, *Prospects and opportunities for using LNG for bunkering in the Arctic regions of Russia* (Moscow: World Wide Fund for Nature, 2017), pp. 33-34.

[표 1] 화물별 NSR Tariff 이용 요율

구분	루블/ton	달러/ton
컨테이너	1,048.0	34.9
비철금속	2,050.0	68.3
컨버터 매트	1,905.0	63.5
공산품, 부속 부품	2,464.0	82.1
자동차, 부속 부품	2,576.0	85.9
철제품	1,747.0	58.2
벌크 화물	707.0	23.6
액체 화물	530.0	17.7
원목	118.0	3.9
목재 제품	148.0	4.9
기타	1,048.0	34.9

출처: 김기태·홍성원, "글로벌공급사슬로서의 북극해항로 활용가능성," 『한국경영과학회』(2012) pp. 754-760.

NSR Tariff 때문에 컨테이너 화율이 높은 화물, 주로 고부가가치 화물들은 경제성이 더 높은 수에즈 운하를 이용하고 상대적으로 컨테이너 화율이 낮은 화물들이 북동 항로를 이용할 것으로 보인다.[48] 이는 전반적인 북동 항로의 경제성과 신뢰를 떨어트리는 요인 중 하나로 개선이 시급하다. 북동 항로의 인프라 상태, 관세, 관세 및 국경 통제를 포함한 서비스 품질로 인해 북동 항로 자체의 수요가 떨어질 수 있다. 외국 화주가 느끼는 북동 항로의 불안전성은 적시 및 적소에서 쇄빙선 구조 및 지원을 제공하지 못하는 것, 얼음으로 인한 사고와 선박 손상 가능성, 가동 중단으로 인한 대기 시간, 추가 보험 비용 등이 있다. 그중에서도 특히 북동 항로의 항구에 입항하기 위한 복잡한 절차, 선박 손상 시 가능한 환경 피해에 대한 책임 보험, 복잡한 국경 및 세관 절차는 화주가 가장 체감하기 쉬운 불안정성 중 하나이며 이는 북동 항로로의 운항을 선택하는 것에 있어서 부정적인 영향을 미친다. 화주 및 선사들의 신임을 얻지 못하고 값비싼 통행료 원칙으로 고수한다면 북동 항로는 남방 항

---

48) 김기태·홍성원, "글로벌공급사슬로서의 북극해항로 활용가능성," 『한국경영과학회』(2012) pp. 754-760.

로의 대체제가 되지 못하고 이는 북동 항로 존재 자체에 위협이 되는 요인이며 북동 항로의 개발을 위한 러시아의 노력은 헛수고가 되는 것이다. 2020년까지의 정책이 실행되고 있었을 때인 2014년 항만의 안정성[49]의 문제로 외국 화주에 의해 북동 항로의 운송이 정체되었기 때문에 인프라의 발전에 앞서 안정성을 최우선으로 생각하고 북동 항로의 이용 자체에 불편함을 줄 수 있는 요인들은 사전에 차단하여야 한다.

여섯째, 신뢰감 있는 투자 분위기를 조성해 외국 투자 비율을 유지하거나 높여 안정성을 꾀해야 한다. 러시아연방 정부의 북극에 관한 주요 목표인 북동 항로 현대화는 투자의 가용성에 따라 정책의 성공 여부가 달려 있다. 북극의 개발과 항로의 운영은 매우 많은 비용이 들기 때문에 북동 항로와 북극 지역의 개발에 대한 주요 위협은 투자 부족이다. '2020 북극 정책 기본 원칙'에서 다루었던 것처럼 외부 투자가 부족하다면 자금 조달의 부족, 전체적인 프로젝트 달성도에 문제가 생길 수 있다. 지금 충분히 외국 투자자들을 위한 혜택이 여럿 존재하지만 더욱 안정적인 투자 유치를 위해서는 규제를 대폭 완화하고 투자 후 얻을 수 있는 자원 계약과 같은 아웃풋의 매력도를 높여야 한다. 투자자들을 위한 제도와 투자를 유인할 수 있는 많은 제도를 통해 투자 안정감과 신뢰감을 높인다면 외국의 투자자들은 서방의 경제 제재를 무릅쓰고 투자할 것이다.

일곱 째, 특화 항만을 만들어 집중시켜야 한다. 각 지역적 특성에 맞는 '관광특화 항만'을 만든다면 자금을 좀 더 효율적이게 사용할 수 있고 투자 유치 및 관광 사업에서의 홍보 효과를 기대할 수 있다. 예를 들어 무르만스크 항을 자원 및 운송의 허브항으로 발전시키는 것 외에도 유럽으로 이어 갈 수 있는 크루즈 관광 항만, 내륙수로와 가까이 있는 두딘카항, 딕손항과 같은 항만의 내륙수로 관광 항만과 같

---

[49] 이태휘·여기태, "항만도시의 지속가능성 평가에 관한 연구," 『한국해운물류학회』, 제28권, 제4호. (2012), pp. 559-579.

이 한 분야에 집중한 항만을 만든다면 더욱 경제성 있는 관리와 발전이 이루어질 수 있을 것이다.

여덟 째, 친환경 항만으로의 변모를 좀 더 고려해야 한다. 현재 2035년까지의 전략에는 북극 지역 전체 환경 관련된 전략이 대부분이고 친환경 '항만'으로 만드는 구체적인 항만 전략은 없다. 세계적인 관심이 친환경 에너지, 친환경 기술에 집중된 시기에 러시아도 지금부터 항만의 친환경 지수를 높여야 한다. 친환경적인 점을 고려하지 않는다면 외국의 투자 유치도 힘들어지게 될 수 있다. 한 예시로 사베타항의 Arctic 2 프로젝트가 있다. Arctic 2의 공사 현장은 환경오염이 심한 편이었고 이에 EU(프랑스, 독일, 이탈리아)는 Arctic 2 프로젝트가 탄소 중립에 위배된다며 '우리 정부의 지원에 의해 북극 Arctic 2 프로젝트에 모순되는 신호를 보내는 것은 불합리하게 생각한다.'라는 3개국 250명, MEP 39명의 서명이 된 서한을 발표했으며 국가의 자금 제공형의 투자를 중지하도록 여러 국가의 정부에 요청하고 있다.[50] 지속 가능한 개발과 친환경이 중요해진 시기인 지금 환경오염과 지속가능한 개발을 무시한다면 사베타 항에서의 투자 중지와 같은 불이익이 계속해서 발생될 것이다. 이를 사전에 막기 위해, 그리고 더욱 오래 항만을 사용하기 위해서는 친환경적인 면모를 고려해야 하는 것은 그저 선택이 아닌 필수라고 볼 수 있다.

---

50) Arctic Today, "EU reps call on state-backed lenders to halt investment in gas project in Russian Arctic," https://www.arctictoday.com/eu-reps-call-on-state-backed-lenders-to-halt-investment-in-gas-project-in-russian-arctic/ (검색일:2021.5.27).

V. 결론

지금까지 러시아 북극 정책과 북동 항로의 항만에 대해 알아보았고 미래 발전을 위해 해결해야 할 과제에 대해 알아보았다. 2020년까지의 북극 정책의 달성도를 통해 알게 된 문제점은 투자 부족과 예산 조달 부족으로 인한 쇄빙선 건설 부족, 수역 확장 및 인프라 건설을 위한 장비 부족 그리고 구체적인 이행 방안의 부재였다. 이에 정책을 간소화하고 단계를 재설정하는 것, 북극개발 국가위원회의 활용도를 높이는 것, 신뢰감 있는 투자 분위기를 조성해 안정적인 투자 유치를 하는 방안을 생각해 보았다. 이외에도 2035년까지의 정책에서 부족했던 내륙 수로 관련 인프라 발전 계획, 특화 항만, 친환경적인 항만으로의 발전과 관련된 사안을 추가해 보았고 사베타항의 실질적인 발전을 위한 벙커링 구조로의 전환을 탐색해 보았다. 또한 북동 항로 자체의 존재 이유를 위한 신뢰감, 안정성을 위한 NSR Tariff 재설정의 방안도 생각해 보았다.

북동 항로의 항만 중 대형 프로젝트가 진행 되고 있는 핵심 항만인 무르만스크항, 사베타항, 딕손항, 세베르 부흐타항, 틱시항, 페벡항에 대해서도 살펴보았다. 모든 항만에서 진행 중인 프로젝트들이 기한 내에, 설정된 자금으로 문제없이 실행이 된다는 가정 하에 발전가능성이 높은 항만에는 무르만스크항, 사베타항, 딕손항과 새로 지어지고 있는 세베르 부흐타 항이 있다. 무르만스크항은 보완점 없이도 이미 기본적인 조건에서 글로벌 무역항이 되기에 좋은 조건을 가지고 있지만 러시아연방 정부의 주도 하에 여러 대형 프로젝트들이 이루어지고 있기 때문에 가까운 미래에는 러시아가 원하는 정도의 더욱 커진 북동 항로의 글로벌 허브 항이 될 것이라고 예측해 볼 수 있다. 사베타항 또한 북극 지역 최대의 자원 기지로 여러 자원 프로젝트와 항만 인프라 개발에 노력하고 있기 때문에 미래 발전 가능성이 아주 높다. 러시아가 내륙수로 이용에 좀 더 집중을 한다면 예니세이강 상단에 위치한 딕손항과 세베르 부흐타항의 활성화도 기대할 수 있다. 특히 러시아는 세베르 부흐타항 건설과 이용에 대한 자부심을 보이고 있으며 사용되는 예산도 그 어느 프로젝트 예산보다도 많기 때문에 2035년까지의 정책들이 끝날 시점 사베타항을 잇는 자원 기지 항이 될 것이다. 하지만 본 논문에서는 정책이 원활하게 진행되지 않을 수도 있을 여러 문제점을 찾았으며 그 문제점을 보완할 수 있는 방안을 통해 러시아 연방 정부가 정책을 실현해 나아간다면 빙하가 녹고 북동 항로가 연중 개방되는 시기, 그리고 러시아의 북극 정책의 마지막 단계가 실행될 2030년쯤에는 현재보다 더욱 실용적이고 경제성 있는 항만으로 북동 항로를 운영하는 것이 가능해질 것이다.

참고문헌

김기태·홍성원. "글로벌 공급사슬로서의 북극해 항로 활용 가능성." 『한국경영과학회』. 2012.
김민수 외. "러시아 북극개발전략과 연계한 북극진출방안연구." 『경제인문사회연구회』, 제36권, 제1호. 2021.
김운수·김찬호·김근섭. 『글로벌 항만경쟁 구조변화와 해외 신흥거점 선정연구』. 서울: 한국해양수산개발원, 2008.
김학소. "LNG벙커링 연관산업 육성이 국가경제를 살린다." 『물류와 경영』. 2018.
김형근·김근섭·전형모·정경선. 『부가가치 창출 극대화를 위한 항만배후단지 발전방안 연구』. 서울: 한국해양수산개발원, 2011.
노영돈·박원. "북극해항로 관련 러시아 법제의 최근 동향." 『서울국제법연구』, 제18권. 2011.
송주미·박성준·김은미. 『북극해항로 이용가능 에너지자원 물동량 시나리오 분석』. 서울: 한국해양수산개발원, 2015.
이태휘·여기태. "항만도시의 지속가능성 평가에 관한 연구." 『한국해운물류학회』, 제28권, 제4호. 2012.

Alexander Klimentyev Alexey Knizhnikov Alexey Grigoryev. *Prospects and opportunities for using LNG for bunkering in the Arctic regions of Russia*. Moscow: World Wide Fund for Nature, 2017.
Arctic Today. "EU reps call on state-backed lenders to halt investment in gas =project in Russian Arctic." https://www.arctictoday.com/eu-reps-call-on-state-backed-lenders-to-halt-investment-in-gas-project-in-russian-arctic/ (검색일:2021.5.27).
Kotra. "러시아 북극지역 발전 현황." https://news.kotra.or.kr/user/globalBbs/kotranews/6/globalBbsDataView.do?setIdx=322&dataIdx=163471 (검색일: 2021.5.1).
Moe Arild Jensen Oystein. *Opening of New Arctic shipping routes*. Strasbourg: Fridtjof Nansen Institution, 2010.
Morflot official site. "Information about Murmansk." morflot.gov.ru (검색일: 2021.5.1).
Murmansk official site. "Andrei Chivis Announces New Murmansk Project." https://gov-murman.ru/info/news/406637 (검색일: 2021.8.23).
Republic of Sakha official site. "The head of Yakutia spoke about the largest transport in the port of Tiksi." https://postpredstvo.sakha.gov.ru/news/front/view/id/3275854 (검색일: 2021.5.1).
Ship Technology. "Port of Sabetta, Yamal Peninsula." https://www.ship-technology.com/projects/port-sabetta-yamal-peninsula-russia/ (검색일: 2021.6.2).

Арктические новости. "Глава Росатома, мы — национальная гарантия для арктических недропользователей." https://pro-arctic.ru/12/04/2019/expert/36378 (검색일: 2021.5.1).

Ассоциация Морских Торговых Портов. "Росморпорт обеспечил лоцманскую проводку и постановку двух танкеров-газовозов для первой в России перегрузки СПГ в Баренцевом море." https://www.morport.com/rus/news/rosmorport-obespechil-locmanskuyu-provodku-i- postanovku-dvuh-tankerov-gazovozov-dlya-pervoy (검색일: 2021.5.1).

Красноярск Медиа. "Большая перемена в Диксоне."https://krasnoyarskmedia.ru/news/1087479/ (검색일: 2021.8.23).

Крутиков А.В., СмирноваО.О., Бочарова Л.К. "Стратегия развития российской Арктики. Итоги и перспективы." *Арктика и Север*, No. 40 (2020).

Лукин Ю.Ф. "Северный морской путь: возможности и угрозы." *Арктика и Север*, No. 1 (2015).

МК. "Роснефть начала строительство «Северной бухты» на Таймуре." https://www.mk.ru/economics/2021/05/26/rosneft-pristupila-k-stroitelstvu-porta-bukhta-sever-na-taymyre.html (검색일: 2021.8.23).

Новости ТАСС. "Командующий Севфлот: восстановление портов Диксон и Тикси способствует повышению безопасности в Арктике." https://tass.ru/armiya-i-opk/7285477 (검색일: 2021.8.23).

Новости ТАСС. "Строительство грузового терминала на севере Красноярского края начнется в мае." https://tass.ru/ekonomika/11154633 (검색일: 2021.5.1).

Новости ТАСС. "Строительство нового терминала в порту Певек начнется в 2026 году." https://tass.ru/ekonomika/11069235 (검색일: 2021.8.23).

Официальный сайт Росэнергоатома. "Кольская АЭС." https://www.rosenergoatom.ru/stations_projects/sayt-kolskoy-aes/ (검색일: 2021.05.01).

РГРУ. "Минтранс готовит «дорожную карту» по строительству спасательных катеров на Арктическом пути." https://rg.ru/2020/12/03/trutnev-rasskazal-kto-pridet-na-pomoshch-terpiashchim-bedstvie-na-sevmorputi.html (검색일: 2021.5.1).

Хибины Новости. "Мурманская область поддержит проект «Росатома» по созданию транспортно-логического узла." https://www.hibiny.com/news/archive/235054/ (검색일: 2021.5.1).

제4장

러시아 북극 소수민족의 생활 변화: 한티만시 자치구를 중심으로

도 민 지*

〈요약〉

러시아는 최근 북극 지방의 개발(석유·천연가스 등)을 위해 다양한 정책을 진행하고 있으며, 지역 내 인프라는 급속한 변화를 겪고 있다. 이로 인해 다수의 소수민족은 전통적인 생활 방식을 유지할 수 없거나 언어, 민족성이 사라지고 있다. 본 연구에서는 석유산업 발전으로 인해 많은 변화를 겪고 있는 '한티만시 자치구-유그라'를 특정하여, 현대화와 환경 변화에 따른 소수민족의 생활 변화를 연구해 보고자 한다. 한티만시 자치구는 러시아 내 석유 생산지 1위로 러시아연방 내에서 경제적으로 자급자족이 가능한 지역 중 하나이며, 토착 소수민족 중 하나인 한티인과 만시인이 거주하는 지역이다. 따라서 본 글에서는 한티만시 자치구의 현황을 살펴보고, 지역에 거주하는 한티인과 만시인의 경제, 환경 변화에 따른 생활 변화를

---

* 한국외국어대학교 국제지역대학원 러시아·CIS학과 석사과정

연구해 보고자 한다. 이를 통해 현 러시아 북극 소수민족이 직면한 현황과 문제점을 파악하여 시사점을 도출하고자 한다.

I. 서론

과거 북극은 경제 활동의 영역이 아닌 연구-탐험의 대상이었다. 혹독한 기후, 지리적 위치 때문에 사람의 접근이 쉽지 않았기 때문이다. 하지만, 최근 경제적, 정치적 이유로 북극은 주목되고 있으며, 생태·환경적 변화를 겪고 있다. 이러한 상황에서 러시아 북방 소수(토착)민족 또한 유사 이유로 러시아의 문제 중 일부로 대두되고 있다. 러시아 북방지역 소수민족의 기준(조건)은 전통적인 거주지에서 고유한 삶의 방식을 유지하며, 민족 그룹으로 스스로의 정체성을 가진 5만 명 이하의 민족으로 규정된다.

러시아는 최근 북극 지방의 개발(석유·천연가스 등)을 위해 다양한 정책을 진행하고 있으며, 지역 내 인프라는 급속한 변화를 겪고 있다. 이로 인해 다수의 소수민족은 전통적인 생활 방식을 유지할 수 없거나 언어, 민족성이 사라지고 있다. 오랜 시간 자신들의 삶의 터전이었던 북극 영토와 영해는 자원의 채굴·가공, 항로 개발, 항만건설, 관광지 개발 등으로 주택과 산업 시설이 건설되고 있으며, 매년 신세대들은 교육과 노동을 위해 도시로 이주하고 있다. 이 외에도 다수의 소수민족은 인프라 형성을 위해 타 도시에서 이주한 이주민과의 융화 문제(경제적 격차, 전통적 경제 활동 형태의 상실, 언어적 차이 등)를 겪고 있다. 이처럼 북극의 원주민/소수민족은 존립의 문제를 겪고 있다. 이에 러시아를 포함하여 북유럽 국가 및 미국은 북극이사회(Artic Council)를 통해 원주민의 자결권 관련 법률 및 제도를 구성하고 있으며, 6개의 원주민 단체를 상시 참여 그룹으로 지정하는 등 원주민/소수민족 보호를 위해 다양한 노력을 진행하고 있다.

본 연구에서는 석유산업 발전으로 인해 많은 변화를 겪고 있는 '한티만시 자치구-유그라'를 특정하여, 현대화와 환경 변화에 따른 생활 변화를 연구해 보고자 한다. 한티만시 자치구는 러시아 내 석유 생산지 1위로 2020년 기준 러시아 석유생산의 42%가 해당 지역에서 생산되었다.[1] 또한, 러시아 내 40개의 토착 소수민족 중 하나인 한티인과 만시인이 거주하는 지역으로, 과거 이들의 조상이었던 핀-우그르족의 옛 이름인 유그르가 자치구 명칭에 추가될 정도로 소수민족의 중요한 거점지라고 할 수 있다. 동시에 한티인과 만시인은 북극 소수민족 사회의 전통적인 경제 활동이었던 순록 사육을 하는 민족으로 러시아 내 16개의 순록 사육 민족 중 두 민족이다. 따라서 본 연구에서는 한티만시 자치구 통계 및 러시아 통계청의 데이터를 기반으로 한티만시 자치구의 현황을 살펴보고, 지역에 거주하는 한티인과 만시인의 경제, 환경 변화에 따른 생활 변화를 연구해 보고자 한다. 이를 통해 현재 러시아 북극 소수민족이 직면한 현황과 문제점을 파악하여 시사점을 도출하고자 한다.

II. 기존연구 동향

러시아 소수민족에 대해서는 소규모이지만 지속적으로 진행되고 있다. 북극 소수민족의 특성 변화 연구는 장기간 형성된 민족 문화에 해당하며, 민족의 존속이 관련된 문제로써 전문가와 연구자들의 인식이 필요하다. 사회적 측면에서의 국내 기존 연구 동향은 북극의 포괄적인 연구가 주로 이루어지고 있으며, 북극에 거주하

---

1) "한티만시 자치구 석유 생산 지표 11% 감소," https://iz.ru/ 1114977/2021-01-22/pokazateli-dobychi-nefti-v-khmao-snizilis-na-11 (검색일: 2021.11.07).

는 소수민족의 법적 정의[2], 교대 이주 인구 및 사회 변화에 관한 연구[3], 북극 지역의 기후변화[4] 등 단편적 시각에서 접근한 개괄적인 성격이 강하다고 할 수 있다. 문화적 측면에서는 언어적 소멸[5], 시베리아 북부 원주민족 장례 비교[6], 민족 특성 분석 및 순록 목축업 연구[7] 등이 있다.

배규성(2020)은 『러시아 북방 토착 소수민족의 법적 권리』에서 최근 러시아 정부는 토착 소수민족의 권리 보호와 문화 보존에 대한 정치적 의지가 부족하고, 자원 중심의 국가 경제 개발에 중점을 두고 있다고 주장한다. 소수민족의 지역 사회의 참여를 줄이며, 토지 및 자원 이용에 대한 권리 제한 또는 위반을 연장하고 있다는 것이다. 이는 "연방 토지법(2001)" 과 "자연적 토지 이용 구역에 관한 연방법(TTNU, Закон о территориях традиционного природопользования коренных малочисленных народов Севера, Сибири и Дальнего Востока РФ)(2001)"에서 드러나고 있다고 언급하며 명확하지 않은 정책은 소수민족의 현실과 대비되어, 소수민족의 사회적, 문화

---

2) 원석범, "러시아 연방주의와 소수민족 법적 지위: 러시아 토착 소수민족 당면 과제," 『International area review』, 제23권, 제3호 (2019), pp. 3-16.; 배규성, "러시아 북방 토착 소수민족의 법적 권리: 법적 규범과 현실," 『한국시베리아연구』, 제24권, 제1호 (2020), pp. 105-142.

3) 최우익, "러시아 북극 지역의 인구학적 특성: 인구와 이주민 추이 분석," 『국제지역연구』, 제28권, 제1호 (2018), pp. 23-55.; 최우익, "러시아 북극의 이주와 교대 노동," 『슬라브 연구』, 제36권, 제2호 (2020), pp. 23-55.

4) 이선영, "사라져가는 검은 황금과 순록의 땅, 한티만시스크," 『Russia&Russia Federation』, 제4권, 제4호 (2013), pp. 74-77.

5) 김자영, "러시아 소수민족 언어생활 고찰: 시베리아 토착어를 중심으로," 『한국 시베리아연구』, 제13권, 제2호 (2009), p. 195.

6) 김민수, 마자르, "한티-만시, 추바시의 정통장례 비교 연구," 『시베리아연구』, 제21권, 제2호 (2017), pp. 279-308.

7) 김혜진, "러시아 민족 이야기: 곰을 숭상하는 사람들 한티인," 『Russia & Russian Federation』, 제5권, 제3호 (2014), pp. 56-60.; 김혜진, "러시아 민족 이야기: 우랄 동쪽의 순록 사육자 만시인," 『Russia & Russian Federation』, 제5권, 제4호 (2014), p. 59.; 김혜진, "전통 생활 터전을 둘러싼 러시아 북서부 토착민과 기업 간의 갈등," 『슬라브학보』, 제32권, 제4호 (2017), pp. 153-186.

적 권리를 준수하지 않고 있으며, 형식적인 수준에 머물고 있다는 점을 지적한다. 김혜진(2017)은 『전통 생활 터전을 둘러싼 러시아 북서부 토착민과 기업 간의 갈등』에서 소수민족과 석유 가스 기업 간의 갈등을 사례로 들며, 소수민족이 개발 지역에서 누리고 있는 높은 소득 혜택에서 소외된 만큼, 러시아 정부의 세분화된 정책과 지원이 필요하다고 서술한다.

이들의 선행 연구는 전반적으로 국가 정책으로 인한 문제점이나 지역 사회의 변화 등을 연구하고 있으며, 질적/양적 토대를 마련하고 있다는 의의가 있다. 이외에도 국내에서는 다큐멘터리, 영화 등을 통해 북극 소수민족의 전통 생활상과 언어에 대해서 전달되고 있다.

러시아에서 이뤄진 선행연구를 살펴보면 크게 민족적 측면[8], 경제적 측면[9], 환경적인 변화[10]에 중점을 두고 있다. 트카체프(Ткачев Т. В.)는 오비 우그르인의 도시 환경에 따른 생활 공간의 변화(『Изменение жизненного пространства обских угров в условиях городской среды』)에서 도시화로 인한 한티만시인의 생활 변화를 서술한다. 소수민족 대표자들은 민족성을 보존하려고 노력하고 있지만, 가속화되는 도시화의 영향으로 다수의 소수민족이 전통성을 잃어가고 있다고 지적한다. 아브루뇨프(Аврунёв Е.И)는 기후 변화가 북방 영토(우랄, 서부 시베리아) 생물자원에 미치는

---

8) Т.В. Ткачев, *Изменение жизненного пространства обских угров в условиях городской среды* (Ханты-Мансийск: Югорская научная школа региональных лингвистических исследований, 2018), с. 179-183.;

9) Б.П Ткачев, О.В. Костина, "Развитие моноцентричной трехлучевой алгомерации «Большой ханты-Мансийский»," *Экономика и предпринимательство*, No. 9 (2017), с. 368-371.

10) В.М. Еськов, О.Е. Филатова, *Экологические факторы Ханты-мансийского автономного округа* (Сургут: СурГУ, 2004), с. 182.; Е.И. Аврунёв, "Влияние изменения климата на биологические ресурсы северных территорий (Урал, Западная Сибирь)," *Известия Самарского научного центра Российской академий наук*, No. 18 (2016), с. 272-275.

영향 『Влияние изменения климата на биологические ресурсы северных территорий (Урал, Западная Сибирь)』에서 자연환경 변화로 인한 순록 산업의 변화를 다루고 있으며, 과거 순록 양식은 목초지를 따라 이동하는 형태에서 경제, 환경 변화로 인해 건초, 사료 등으로 대체되고 있다고 서술한다.

러시아 연구자들은 다각화된 측면에서 한티만시 자치구에대해 기술하고 있으며, 소수민족(한티인, 만시인)의 생활, 언어, 문화 변화 등을 서술하고 있다. 대체적으로 한티만시 자치구 관련 연구에는 석유산업을 배제할 수 없으며, 이로 인한 환경적, 민족적 변화에 중점을 두고 있었다. 다만, 지속적인 연구가 이루어지지 못하고 있다는 아쉬움을 나타내고 있다.

III. 한티만시 자치구의 현황

한티만시 자치구는 러시아연방 주체인 튜멘주에 속한 자치구로, 서시베리아 중부에 위치하고 있으며, 오비강 중하류 유역에 자리 잡고 있다. 면적은 534,801㎢로, 러시아연방에서는 아홉 번째로 넓고, 연방 총면적의 3.12%를 차지한다. 오비강 중류 유역, 특히 수르구트, 니즈네바르톱스크 인근에서 석유와 천연가스가 발견된 후 러시아의 새로운 석유 생산지가 되었다. 석유 생산량 측면에서 러시아 내 1위를 기록하고 있으며, 경제적으로 자급자족이 가능한 지역 중 한 곳이다. 매장량이 200억에 달하는 475개 이상의 유전과 가스 지대가 발견되었고, 406개의 석유, 22개의 가스, 39개의 탄화수소 매장지이다.

2019년 1월 기준 한티만시 자치구 내 유전(1964년)이 시작된 이래 누적 원유 생산량은 117억t에 달한다. 과거 천연가스 채굴도 러시아 내 1위를 기록하였으나, 야말 프로젝트가 완료된 후 2위를 유지하고 있다. 2019년 가스 생산량은 360억 Cub m mn이다.[11] 2020년 한티만시 자치구의 석유생산량은 2억 1,070만t으로 러시아연방 생산량의 42%를 차지했으며, 한티만시 자치구 예산의 70% 이상은 석유 판매로 발생하는 비용인 것으로 조사됐다. 현재 6개의 정유 공장과 9개의 가스 기업이 위치해있다.[12]

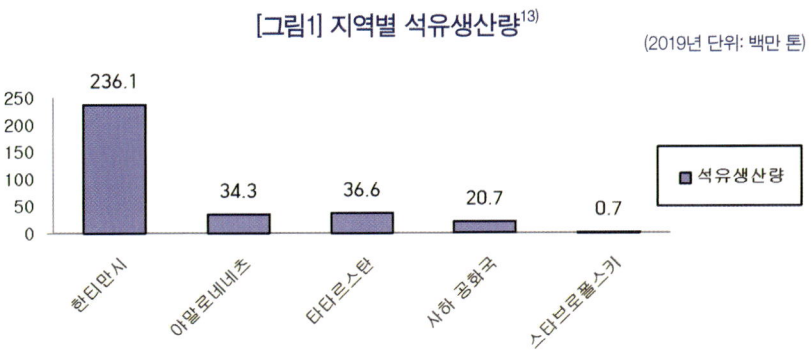

[그림1] 지역별 석유생산량[13] (2019년 단위: 백만 톤)

따라서, 한티만시 자치구의 산업별 고정자본 투자를 살펴보았을 때, 2018년 기준 전체 8,873억 루블 중 7,578억(85.4%) 루블이 광산업에 투자되었다.[14] 로스테프티(Роснефть), 루코일(Лукойл), 수르구트네프티(Сургутнефть) 등 대형 석유 기업들이 한티만시 자치구에서 석유를 채굴하고 있으며, 주요 석유 생산지인 사모틀로르스코예(Самотлорское), 표도롭스코예(Федоровское), 마몬톱스코예(Мамонтовское), 프

---

11) 최우익, 라승도, 김봉철, 『러시아 북극의 인문공간II 중앙부편』 (서울: HU:INE: 한국외국어대학교 지식출판콘텐츠원, 2021), p. 163.
12) "한티만시 자치구 석유 생산 지표 11% 감소," https://iz.ru/ 1114977/2021-01-22/pokazateli-dobychi-nefti-v-khmao-snizilis-na-11 (검색일: 2021.11.07).
13) "러시아 지역별 석유 생산량," https://prognostica.info/news/rajonydobychi-nefti-v-rossii/ (검색일: 2021.11.07).
14) "Итоги социально-экономического развития Ханты-Мансийского Автономного округа – Югры за январь-июнь 2020 года," https://depeconom.admhmao.ru/ upload/iblock/a6b/Itogisotsialno_ekonomicheskogo-razvitiya-KHanty_Mansiyskogo-avtonomnogo-okruga-_-YUgry-yanvar_iyun-2020_4533.pdf (검색일: 2021.11.08).

리옵스코예(Приобское)는 세계 10위의 매장량을 자랑하고 있다. 이처럼 한티만시 자치구는 석유-가스 개발에 따른 역동적인 경제 활동이 이루어지고 있으며, 탄화수소 매장량, 생산 능력, 생산 인프라 상태 개발 및 수익성 측면에서 러시아의 핵심 중심지로 기능하고 있다.

한티만시 자치구 인구는 1991년 이후 석유·가스 산업의 발전으로 지속적으로 증가하고 있으며, 2020년 러시아 인구 증가율 순위에서 6위를 차지했다. 2021년 한티만시 자치구의 전체 인구는 약 168만 명, 인구 밀집도는 1㎢당 3.16명이었으며, 2021년 기준 도시인구 비율은 91.8%였다.[15] 지역민의 평균연령은 35.57세로 러시아 전체 평균연령 40.23세보다 4.66세 낮았다. 평균 수명은 73.5세이며, 인구 증가의 배경으로는 높은 출생률과 낮은 사망률 때문이라고 할 수 있다. 2020년 한티만시 자치구는 러시아 전체 출생률 순위 10위를 차지하고 있으며, 사망률이 낮은 지역 5위를 기록하고 있다. 2015년~2019년 인구 10만 명 기준 사망 원인 분석 통계에 따르면, 순환기 질환으로 인한 사망율이 가장 높았으며, 이후 종양, 외부 원인(중독, 상해) 순이었다.[16]

[표 1] 한티만시 자치구 인구변동 추이[17]

(단위: 천명)

년도	총인구	구분(인구수)		구분(%)	
		도시거주	농촌거주	도시거주	농촌거주
⋮	⋮	⋮	⋮	⋮	⋮
2019년	1,663.8	1,538.9	124.8	92.4	7.6
2020년	1,674.6	1,549.3	125.3	92.5	7.5
2021년	1,687.6	1,563.0	124.6	91.8	8.2

---

15) https://gks.ru/bgd/regl/b20_111/Main.htm (검색일: 2021.11.05).

16) "한티만시 자치구 2020년 인구 통계," https://depsr.admhmao.ru/upload/iblock/266/Demograf-byulleten-za-2020-god.pdf (검색일: 2021.11.21).

17) https://showdata.gks.ru/report/278932/ (검색일: 2021.11.05).

러시아 내무부 통계에 따르면, 한티만시 자치구는 경제 활동 인구가 많은 지역으로, 경제 활동 인구 중 다수는 이주 노동자들이었다. 2019년 73,542명이 자치구에 새로 유입되었으며, 73,303명이 타 도시로 이주했다. 2018년에는 75,582명이 유입되고, 79,006명이 이동하였다. 즉, 이 지역의 이주민 특징은 지역에 유입되는 인구와 타 도시로 이동하는 인구가 비슷한 양상을 띄고 있다는 점이다. 이주민의 유입 사유는 노동 활동(72%)이 압도적으로 높았으며, 외국인 이주민 대부분은 CIS 국가에서 온 국민(97% 이상)으로 무비자로 입국하여 거주 및 불법 노동을 하고 있었다. 2019년 한티만시 자치구 통계에 따르면 외국인 유입은 타지키스탄 35.3%(68,149명), 우즈베키스탄 26.4%(50,932명), 키르기스스탄 11.6% 순이였다.[18]

[표 2] 한티만시 자치구 경제 활동 인구[19]

(단위: 천명)

년도	경제활동 인구	취업자수	실업자 수
⋮	⋮	⋮	⋮
2019년	919.0(61.7%)	896.3(59.2%)	22.7(2.5%)
2020년	910.8(69.9%)	881.8(67.9)	25.6(2.8%)
2021년	920.3(70.3%)	898.0(68.6%)	22.3(2.4%)

한티만시 자치구의 소수민족에 대한 관점과 관심은 다양한 곳에서 나타나고 있다. 2003년 한티만시 자치구 의회는 공식명칭에 유그라(Yugra)를 추가하는 것을 제의 및 승인하였고, 이후 7월 25일 러시아 블라디미르 푸틴 대통령은 한티만시 자치구에 새로운 명칭인 유그라를 지역 공식명칭에 추가하는 수정안을 승인하였다. 이후 공식 문서에는 '한티만시 자치구-유그라'로 표기해야 한다고 명시하였으며, 한

---

18) "한티만시 자치구 2020년 인구 통계," https://depsr.admhmao.ru/upload/iblock/266/Demograf-byulleten-za-2020-god.pdf (검색일: 2021.11.21).

19) https://gks.ru/free_doc/new_site/rosstat/togs/1174/01-20.pdf (검색일: 2021.11.05).

티만시 자치구와 유그라는 이중 명칭으로서 동일하게 사용되고 있다.[20] 유그라는 핀-우그르족의 옛 명칭이며, 이들은 한티인과 만시인의 조상이다. 해당 명칭을 수정할 당시에 한티만시 자치구 지역은 지역은 한티인과 만시인 토착 소수민족의 본래 거주지이며, 국영 기관으로써 영토에 사는 소수민족의 전통과 역사적, 영토적 소속을 나타낸다고 언급하였다. 또한, 한티만시 자치구 의회를 살펴보면, 부의장 중 한 명은 소수 북방 민족 총 의회 대표 의장으로 구성되어 있다. 지역의 기에는 한티인과 만시인의 전통적인 순록 문양이 들어가 있으며, 문장에는 만시인이 신성시하는 곰이 자치구의 기를 들고 있으며, 방패속 은색 새의 형상은 한티인 문화 속 전설의 동물이다.

[그림 2] 한티만시 자치구 문장(좌)과 기(우)[21]

---

20) "Как округ стал Югрой," https://ugra-news.ru/article/31072018/71034/ (검색일: 2021.11.21).

21) "한티만시 자치구 상징물," https://admhmao.ru/ob-okruge/simvoly/ (검색일: 2021.11.01).

IV. 한티인과 만시인의 생활 변화

1. 인구수의 감소 및 언어 상실

이러한 상황에서 한티인과 만시인의 생활 양식은 환경적, 경제적 변화로 인해 바뀌고 있다. 실제로 인구 약 160만 명의 한티만시 자치구는 설립 당시 한티족과 만시족이 약 20%에 달했으나, 현재는 전체 인구의 약 2%에 지나지 않는다. 더욱이 순수 한티족과 만시족은 점점 사라지고 있고, 요즘 태어나는 후속 세대들은 혼혈인 경우가 대부분이다.

한티인과 만시인은 강을 따라 거주했던 민족으로 우그르 민족의 후손이다. 한티인과 만시인은 다른 민족이지만, 전통 신앙을 비롯해 비슷한 의식주 문화를 공유하고 있다. 이들은 자신들이 곰의 후손이라고 믿었으며, 곰을 숭배해 직접적인 이름을 부르지 않고 "숲의 주인", "발톱 달린 노인증" 등으로 완곡하게 돌려서 불렀다. 두 민족 모두 순록 사육을 하는 러시아 공식 소수민족으로, 순록을 활용한 전통의상과 이동이 편리한 거주형태의 집을 만들어 생활하였다.[22] 또한, 강을 따라 거주한 민족 특성으로 생선과 고기를 활용한 전통 음식을 즐겼으며, 사슴 사육자의 날, 바다왕(비트혼)의 날, 까마귀의 날 등 전통 명절을 기리고 있다. 2016년 만시민족 작가 유우만 세스타로프의 주도로 복원된 곰 축제는 현재 진행되고 있지는 않지만, 러시아 무형 문화유산에 등록되어 있다.

러시아 인구조사 통계에 따르면, 한티인과 만시인은 지속적으로 감소하는 것으로 나타나고 있다. 2010년 이후 한티인과 만시인의 민족구성이 조사되지 않아 2010년 이후 인구 변화를 알 수는 없지만, 2010년 전체 러시아에 거주하는 한티인은

---

22) 김혜진, "러시아 민족 이야기: 곰을 숭상하는 사람들 한티인," 「Russia & Russian Federation」, 제5권, 제3호 (2014), p. 57.

30,943명이었으며, 이 중 61.1%(19,068명)가 한티만시 자치구에 거주하였다. 한티어를 구사하는 사용자는 30.9%(9,584명)로, 이외에 대부분의 한티인은 러시아어를 사용하였다. 전체 러시아에 거주하는 만시인은 12,269명으로 조사되었으며, 한티만시 자치구에는 10,977명이 거주하는 것으로 조사됐다. 만시인 중 만시어를 구사하는 사람은 1,000명대 미만으로 언어의 소멸이 야기되고 있다.[23]

[표 3] 한티만시 자치구 한티인과 만시인 통계[24]

(단위: 명)

민족	1939	1959	1970	1989	2010
러시아인	67,616(72.5%)	83,813(72.5%)	208,500(76.9%)	850,297(66.3%)	937,978(68.1%)
타타르인	2,227(2.4%)	2,938(2.4%)	14,046(5.2%)	97,689(6.6%)	108,899(7.1%)
⋮	⋮	⋮	⋮	⋮	⋮
한티인	12,238(13.1%)	11,435(9.2%)	12,222(4.5%)	11,219(2.0%)	19,068(1.2%)
만시인	5,768(6.2%)	5,644(4.6%)	6,684(2.5%)	6,562(0.5%)	10,977(0.7%)

이러한 언어적 소멸은 1938년 소비에트 정부가 러시아어를 소련 내 모든 학교의 필수 과목으로 지정하며, 소수민족의 자녀들은 교육이라는 명목으로 부모님과 떨어져 기숙사 생활이 의무화된 것에서부터 시작된다. 최근에서야 소수민족의 언어 및 문화 보존을 위해 개별 수업을 병행하고 있지만, 소수민족의 다양성을 고려한다면 미흡한 대응이라고 할 수 있다. 현재 약 28개의 학교에서 한티어, 만시어, 네네츠어 등 북부 소수민족의 고유언어와 문학을 교육하고 있다. 학교 커리큘럼에는 토착어, 토착문화, 지역사학, 전통문화 등 8개 분야를 추가로 학습하고 있다.

오늘날 한티인과 만시인의 문화는 '한티만시스크 민족센터'에서 계승되고 있다. 얼마 남지 않은 한티만시 민족들은 민속춤과 전통놀이, 민족 언어 등을 보존하고 연구하여 자신들의 정체성 교육에 힘쓰고 있다. 문화 전달을 위해 '성스러운 장소'

---

23) https://depsr.admhmao.ru statisticheskayainformatsiya-/informatsionnyy-demograficheskiy-byulleten/ (검색일: 2021.11.06).

24) Ibid.

라는 뜻의 한티만시 민속 박물관 '토룸마(Торум Маа)'가 1987년 개관하였으며, 해당 야외민속박물관에는 한티만시족이 사용하던 순록 가죽으로 만든 의상과 장대를 이용해 만든 전통 천막집 춤을 비롯하여 사냥도구, 주거 용품 등이 전시되어 있다.

2. 사회 경제적 변화

한티만시 자치구는 러시아 내 5위의 경제 규모를 가진 지역으로 2020년 지역 총생산액은 4조 4,007억 루블이었다. 2021년 8월 기준 월 평균 임금은 75,737루블로 러시아 평균 월급 52,355루블보다 다소 높았다. 하지만, 소수민족의 주요 생계 수단이었던 순록 양식, 사냥 관련 산업의 평균 임금은 29,971루블로, 평균 임금의 50%도 안 되는 금액으로 측정되었다. 반면, 동기간 소비자물가지수는 20,605.5루블이었다.[25] 따라서 가장 큰 경제적 변화는 거대한 소득 격차로 인해 대부분의 한티인과 만시인이 전통 산업을 포기하고 도시에 거주하며, 현대적인 직업을 가지고 살아가고 있다는 점이다. 실제로 2015년 노스아이오와 대학과 세인트폴라 아카데미에 의해 실시된 시범 조사에서, 소수민족의 자녀들은 고향으로 돌아갈 계획에 대한 질문을 받았을 때, 대다수의 북극 지역 출신 학생들은 일자리와 직업 전망이 중요한 요소이며, 마을 공동체로 돌아가지 않을 수도 있지만, 고향 지역 내 더 큰 도시로 이주하는 것에 관심이 있다고 대답했다.[26]

---

25) "한티만시 자치구 사회-경제 통계," https://tumstat.gks.ru/storagemediabank/25019_09_2021.pdf (검색일: 2021.11.22).

26) J. N. Larsen, F. Gail, "Arctic human development report: Regional processes and global linkages," *Nordic Council of Ministers*, 2015.

[표 4] 한티만시 자치구 산업별 평균 임금[27] (단위: 루블)

산업	2021년 8월	전월 대비 증감율	전년 동월 대비 증감률
지역 총 평균	75,737	91.4%	102.1%
석유 가스 생산업	108,614	97.1%	102.8%
농축산업 평균	49,838	85.2%	115.9%
어업 및 양식업	45,445	71.3%	86.4%
임업과 벌목업	56,566	88.0%	126.2%
작물 및 가축업	29,971	81.4%	90.0%

또한, 과거 최소 3개 이상 (제례용, 새것, 노동용 헌 것)을 보유하던 전통 의복은 오늘날 대부분 제례용 한 벌만 보유하고 있으며, 이러한 이유는 도축과 가죽으로 고기를 판매하기보단 재생산이 가능한 녹용으로 수입을 창출하고 있기 때문이다. 현대화로 인해 순록 사육 소수민족은 전통 의상이 아닌 오리털 점퍼를 입고 양식을 하고 있으며, 별개로 젊은 여성들은 순록 사육자들과 결혼하는 것을 원치 않아, 순록 가죽을 활용한 전통의상 제작을 제작을 할 여성이 없다는 현실 또한 반영하고 있다.

또 다른 문제는 기업의 진출로 인해 다수의 이주민이 지역에 들어오게 되었고, 타 도시에서 이주한 이주민과의 융화 문제(경제적 격차, 문화 차이, 언어 차이 등)를 겪고 있다는 점이다. '예시로 2015년 한티인이 '수르구트네프테가스'에서 일하는 직원 두 명을 총으로 쏴 죽인 사건이 일어났다. 이전에도 토착 민족과 석유 가스 기업 직원 간의 갈등은 자주 일어났으나, 형사 소송으로까지 번진 경우는 흔치 않은 데다, 죄목이 이중 살인인 만큼 사회적인 관심이 집중됐다. 해당 사건의 갈등의 원인은 툰드라와 이들이 있던 오두막의 주인은 누구인지에 대해 싸우다 사건이 일어났다고 전해졌다. 술에 취한 상태에서 한티인들은 자신의 선조 때부터 살던 땅이기에 자신들의 것으로 생각했으며, 석유·가스 회사 직원은 오두막이나 툰드라는 모두

---

27) "한티만시 자치구 사회-경제 통계," https://tumstat.gks.ru/storagemediabank/25019_09_2021.pdf (검색일: 2021.11.23).

의 것이라고 주장하였다. 음주 상태인 것을 고려하더라도, 소수민족과 외부인이 소수민족의 전통적인 생활 터전을 바라보는 시선의 차이를 나타내는 사례라고 할 수 있다. 이러한 문화적 차이로 인한 이주민과 소수민족의 사고는 빈번히 일어나고 있다'.[28]

3. 순록 사육의 변화

변화는 전통 산업인 순록 양식에서도 나타나고 있다. 과거 운송, 이동 수단이었던 순록은 더는 사용되지 않으며, 스노모빌을 활용하여 도시와 목초지로 이동하고 있다. 또한, 통신의 발달로 과거 순록의 먹이인 이끼를 따라서 이동하던 형태에서 통신사용이 가능한 지역으로의 이동이 추가되었으며, 방목형 양식에서 농장형 양식으로 다수 전환되었다. 순록 이동 시에도 휴대전화로 텔레비전을 보거나 휴대전화기 게임을 하며 여가를 즐기고, 민족 간의 정보 교류, 기상 변화 확인 등을 활용하며, 현대화된 순록 양식 방식을 진행하고 있다. 하지만 환경 변화로 인해 겨울철에는 이전보다 더 남쪽으로 이동하며, 여름철에는 더 북쪽으로 이동하는 추세를 보이고 있다. 환경 변화로 부정적인 측면만 있는 것은 아니다. 긍정적인 측면으로는 스노모빌을 활용한 편리한 이동으로 의료 서비스를 누리고 있으며, 현대화로 인해 신선한 채소, 통조림, 간편 식품 등의 섭취로 이전보다 균일한 영양식을 섭취하며, 생식 문화에서 가열식으로 바뀌어의료적 문제도 감소하였다. 하지만, 알코올, 마약 등의 유입으로 사망률과 자살률이 증가하였다는 단점도 있다.

한티만시 자치구의 순록 수는 1953년 89만 9천 마리로 최대치였으며, 이후 지속적으로 감소하였다. 1900년대까지만 해도 32만 2천 마리였던 순록은 1995년 25

---

[28] 김혜진, "전통 생활 터전을 둘러싼 러시아 북서부 토착민과 기업 간의 갈등," 『슬라브학보』, 제32권, 제 4호 (2017), p. 168.

만 1천 마리로 감소하였다. 2017년 통계에 따르면 지역 내 순록은 41,202마리였으며, 2개의 농업 단지와 3개의 국가 공동체, 26명의 공식 사육자, 408개의 개인 판매자가 사육하고 있는 것으로 조사됐다.[29] 이러한 순록 양식의 변화는 과거 집단농장(Колхоз) 정책과 국영농장(Совхоз) 정책으로 다수의 국가 지원을 받았으나, 현재 순록은 개인 재산으로 구분되며, 양식을 위한 비용을 사육자가 모두 부담해야 하기 때문이다. 집단농장 당시 국가는 순록 관리를 위한 배급품을 공급하였고, 사육자는 임금을 받고 관리하는 식이었다. 이후 대부분 국영농장은 개인화가 되었으며, 국가의 지원으로 이뤄지던 예방접종, 도축 시설 운영 및 우리 관리 비용은 사육자들에게 막대한 부담으로 남았다. 이후 대규모 순록을 소유하지 않으면 경제적인 면에서 손해가 발생하게 되었기 때문에 일부 소수민족만이 전통 산업인 순록 양식을 하고 있다.

지역 내 순록 고기의 상업적 생산하는 기업은 «카짐 순록 사육 회사(Казымская оленеводческая компания)»와 «사란파울 순록 사육회사(Саранпаульская оленеводческая компания)» 2곳 밖에 없으며, 2016년 순록 고기 생산량은 158.5t이었다. 일반적으로 순록 고기는 지역 내 전체 육류 생산량의 0.9%를 차지하고 있는데, 대부분 지역 내 소비로 판매되고 있다. 이러한 현황을 반영하여, 현재 한티만시 자치구는 북부 소수민족의 경제 및 사회 발전을 위해 금액적, 사회적 지원을 진행하고 있다. 그 예로 자연적 토지 이용 구역을 지원하며, 순록 사육 보조금 및 목장 건설 지원, 순록 구매 비용 지원 등이 있다. 2015년 약 1,955만 루블이 지원됐으며, 2016년 1,136만 루블이 지원됐다.[30] 이처럼 정부에서 순록 양식 활성화를 위해 지원하고 있지만, 타 산업에 비해 낮은 수익률과 혹독한 환경으로 인해 순록 양식업

---

29) "한티만시 자치구 순록 사육 산업 현황," https://www.dumahmao.ru/ai_fill/File/control%20activities/2017/20170330_196_inf.pdf (검색일: 2021.11.22).

30) Ibid., p. 29.

의 규모는 지속적으로 감소하고 있는 추세이다.

4. 환경 변화로 인한 생활 변화

소수민족의 생활 변화는 환경 변화로 인한 요인도 크게 영향을 미치고 있다. 가장 큰 변화는 기온 상승으로 인한 변화이다. 한티만시 자치구는 습지가 많은 지역으로, 영토 면적 53만 4,801㎢ 중 습지 면적이 18만 3,350㎢이며, 호수는 17만 2,550㎢이다. 산림이 자치구 면적의 52%를 차지하며, 지역의 북부 지방은 툰드라에 해당하며 영구 동토층이 관찰된다. 영구 동토는 2년 이상 온도가 0도 이하인 땅을 뜻한다. 문제는 지구온난화로 영구 동토층이 녹아 융해호(열카르스트 호수)가 형성되고 있다는 점이다. 영구 동토 속에는 오랫동안 묻힌 동식물의 사체와 미생물이 있고, 미생물은 저온도에는 얼어있다가, 온도가 높아지면서 활발해지고 이로 인해 이산화탄소와 메탄이 만들어지게 된다. 두 기체 모두 '온실가스'로 결국 온난화로 영구 동토층이 녹으면서 온실가스 때문에 온난화가 더 빨라지는 악순환이 진행되고 있다. 영구 동토가 빨리 녹아 지반이 꺼지면 물이 고이는 '열카르스트' 지형이 형성되고 이러한 열카르스트 지형에서 더욱 많은 온실가스가 배출된다.

영구 동토 속에 얼어있다가 되살아난 생명체는 현재 생명체에게 위협이 되기도 한다. 2016년 7월, 러시아 시베리아 야말반도에서 약 2,300마리의 순록이 탄저병으로 죽은 사건이 바로 이런 경우이다. 탄저병은 '탄저균'에 감염되면 생기는 질병인데, 야말반도에서 마지막으로 발병한 건 75년 전이다. 이에 과학자들은 영구 동토가 녹으며, 탄저병으로 죽은 순록이 묻힌 지역이 드러나 탄저균이 되살아난 것으로 분석하고 있다.[31] 이처럼 봉인되었던 유기체들이 다시 살아나면서 새로운 방식으로 현

---

31) 동아사이언스, "[에코리포트]영구동토가 사라진다," https://www.dongascience.com/news.php?idx=33754 (검색일: 2021.11.02).

대 환경과 상호작용되고 있다. 동물과 인간의 접촉을 통해 북극의 새로운 병원균이 우리의 환경으로 유입되어 새로운 위협이 되거나, 반대로 현대의 병원균이 북극으로 들어갈 가능성이 있다. 한티만시 정부는 매년 순록과 순록 고기에 대한 검사를 진행하고 있으며, 2016년 372건의 세균 감염 여부에 대한 검사를 진행하였다.[32]

또 다른 변화는 산업 발전으로 인한 환경 변화이다. 앞서 말한 바와 같이 한티만시 자치구는 석유 산업을 중심으로 한 경제 개발 지역으로 석유 가스는 해당 지역의 가장 중요한 자원이라고 할 수 있다. 하지만, 석유 가스 개발로 인한 환경 문제 역시 발생하고 있다는 점 또한 주목해야 한다. 기존 개발된 유전과 가스전이 고갈되어감에 따라 새로운 자원 매장지를 발견하기 위해 매우 활발한 시추 활동이 이루어지고 있다. 문제는 시추작업을 하는 과정에서 발생하는 오염물질을 제대로 처리하지 않아서 발생하는 토양오염 문제가 심각하다는 점이다. 실제로 루코일은 지역 내에서 시추 작업을 하고 발생한 오염물질 (폐기물 등)을 무단 방치하여, 토지 오염을 일으켰고, 2017년 239t의 폐기물을 적절하게 처리하지 않은 사례로 지방법원에서 오염된 토양 복구를 위한 벌금 6,700만 루블을 선고한 사례가 있다.[33]

2016년 10월 한티만시 자치구와 야말로네네츠 자치구의 소수민족들(네네츠, 한티인 등)은 푸틴 대통령에 보내는 공개서한 서명 운동을 펼쳤다. 이들의 불만 사항은 석유·가스회사인 '수르구트네프테가스'가 소수민족들에게 사전에 동의를 받지 않은 채 시추 프로젝트를 계획하여 정부의 승인을 받았으며, 자연보호구역 절반 이상이 해당 프로젝트 건설부지에 동원된다는 것이었다. 무엇보다도 이들에게 가장 큰 문제는 지역의 소수민족이 '성스러운 호수'로 여기는 '놈토(Heaven)' 근처에 건설

---

32) 한티만시 자치구 순록 사육 산업 현황, op. cit., p. 30.

33) "С ЛУКОЙЛ-Западная Сибирь взыскали 67 млн рублей за нефтеразлив," https://neftegaz.ru/news/incidental/706519-s-lukoyl-zapadnaya-sibirvzyskali-67-mln-rubley-za-nefterazliv/ (검색일: 2021.11.22).

된다는 것이었다. 이들은 놈토가 지역의 소수민족들을 단결시키며, 정체성을 발현하고 확인하는 장소로, 장소 없이는 자신들의 존재 자체가 위협받게 된다고 주장했다. 그린피스가 합류한 이 운동은 2017년 2월까지 지속됐으며, 기자회견 자리를 마련하여 자신들은 석유생산 중단이 아닌 놈토 외곽 지역에 세워달라는 요청임을 강조하였으나, 별다른 대답을 얻지 못한 채 종료되었다.[34]

또한, 생성된 원유를 운송하기 위한 송유관 인프라는 구축된 지 오래되었을 뿐만 아니라 적절한 유지 보수가 이루어지지 않아서 송유관에서 누출되는 기름으로 인한 토지 오염 또한 발생하고 있다. 이로 인해 매년 새로운 지역이 오염되고 있으며, 이러한 지역은 기름층 제거 및 토양 복구 조치를 취한 후 매립되고 있다. 2021년 1월 기준 237,775ha 면적의 11,887개의 부지가 오염되었으며, 이 중 석유 및 석유 제품으로 인한 오염이 84.55%(200,106ha)로 가장 높았다. 오염수로 인한 토지 오염도 진행되었으나, 다소 낮은 15.16%였으며, 오염 가스 응축수로 인한 오염은 0.29%로 가장 낮았다. 이외에 석유 시출 시 발생하는 부수 가스 배출로 인한 대기오염, 소음공해, 미세먼지 발생 또한 해결해야 할 과제인데, 문제 해결에 대한 미온적인 지역 정부의 태도는 지역의 부수 가스 배출로 인한 오염도를 증가시키고 있다.

이렇듯 오래전부터 생태계와 환경 파괴 문제가 대두됐다. 대규모 기름 유출지의 토양 및 대기오염은 소수 토착민을 포함하여 주민 생활의 안전성을 떨어뜨리고 있다. 하지만 이러한 상황은 별다른 대책 없이 지속되고 있다.

---

34) 김혜진, op. cit., p. 172.

[그림 3] 한티만시 자치구 내 토지 오염지 및 매립지 표[35]

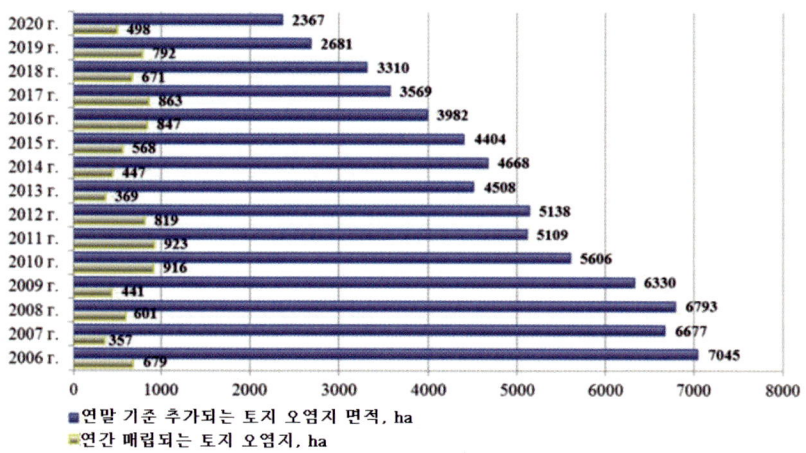

오염된 토지 환경에서 순록의 먹이인 이끼는 축소되며 오염되고 있고, 이로 인해 '러시아 정부는 2013년 TTNU에 관한 연방법을 더욱 구체화하였다. 하지만, 전문가들은 이러한 변화로 인해 이전 정의에서 암시된 완화되지 않은 산업적 개발에 대한 보호조치는 더 이상 적용되지 않고 TTNU의 보호 기능을 제거하여 빈 껍질로 만들 것이라고 경고한다.[36] 이러한 주장의 근거는 2015년까지 연방정부 차원에서 전통 자연 이용 영토로 지정된 곳은 단 한 곳도 없기 때문이다'. 이러한 상황에서 지역적 특성을 이용한 러시아 석유 시추 시설과 역사를 견학할 수 있는 박물관이 2003년 개관하였으며, 니즈네바르톱스크(Нижневартовск)에는 석유 전문가 학교까지 생겨 이곳에서 미래의 석유 전문가들을 양성하고 있다. 최근의 경향처럼 토착 소수민족의 권리 보호와 문화 보존에 대한 정치적 의지가 부족하고, 자원 중심

---

35) https://prirodnadzor.admhmao.ru/sostoyanie-okruzhayushcheysredy/pochva-obzornaya-informatsiya/avariynost-i-zagryaznenie-zemel/131968/ (검색일: 2021.11.22).

36) 배규성, "러시아 북방 토착 소수민족의 법적 권리: 법적 규범과 현실," 『한국시베리아연구』, 제24권, 제1호 (2020), p. 132.

의 국가 경제 개발에 중점을 둔다면, 소수민족 지역 사회에 영향을 미치는 결정에 대한 지역 사회의 참여를 줄이며, 토지 및 자원의 이용에 대한 권리의 제한 또는 위반을 연장하며 궁극적으로 토착 소수민족의 생존을 위협할 수 있다. 최근의 경향처럼 정부가 토착 소수민족의 권리 보호와 문화 보존에 대한 정치적 의지가 부족하고, 자원 중심의 국가 경제 개발에 중점을 둔다면, 소수민족의 지역 사회 참여도는 줄어들 것이며, 토지 및 자원의 이용에 대한 권리의 제한 또는 위반이 연장되어 궁극적으로 토착 소수민족의 생존을 위협할 수 있다.

V. 결론

앞서 말한 것처럼 한티만시 자치구는 오늘날 러시아의 주요 석유 생산지로, 지속적으로 석유 가스전의 개발이 예상되는 지역이다. 오늘날 소수민족은 사회·경제적, 환경적 변화에 따른 생활의 변화를 겪고 있으며, 오랜 시간 자신들의 삶의 터전이었던 영토는 산업화로 주택과 산업 시설이 건설되고 있다. 장기간 극단적 자연 기후 조건에서 형성된 소수민족의 문화 특성은 해당 소수민족의 고유성과 창조적인 문화를 지닌 인류 문화유산이라 일컬을 수 있는데, 오늘날 급속한 변화는 소수민족의 전통적인 생활 방식을 유지할 수 없게 하는 잠재적인 문제를 야기하고 있다. 가장 큰 문제는 이러한 문제가 지속적으로 발생하고 있음에도 불구하고, 제대로 된 예방 또는 후속 조치가 이뤄지지 않고 있다는 점이다. 즉, 현대화로 인해 생활은 편리해졌지만, 소수민족들의 경제 활동은 제한되고 있으며, 지역이 경제성장을 할수록 이들의 생존은 위협당하는 결과로 이어지고 있다.

소수민족의 전통 유지와 존속을 위해서는 지속적인 정부의 관심과 기업의 협력이 필요로 한다. 정부가 추진하는 소수민족 관련 정책의 내용만을 보았을 때, 긍정적인 다문화주의 유형의 정책이었다고 할 수 있으나, 적용 실태는 동화주의를 근간으로 한 수동적 차별 배제 유형의 정책이라 할 수 있다. 러시아 토착 소수민족은 직접적으로 발전을 위한 노력을 하고 있지만, 현재 소수민족이 처해 있는 환경은 자발적인 발전을 꾀하기 어려운 상황이다. 한티만시 자치구에서는 지역적 측면에서 지원을 하고 있지만, 연방 헌법과 소수민족 보호에 관한 연방법에 대한 특별한 관리가 제대로 이루어지고 있지 않아 불안정한 추세이다. 특히나 정책과 프로그램은 구체적이지 않고, 미흡한 수준이라고 할 수 있다. 따라서, 소수민족과 민족성 보전은 생존과 직결된 문제로 권리와 이익을 보장하기 어려운 입법 기반을 개선하는 것이 시급한 과제로 제시된다. 특히나, 소수민족은 석유·가스 개발 지역에서 누리고 있는 높은 소득에서 소외된 만큼, 정부는 소수민족의 보호와 문화 보존을 위해 노력해야 할 것이다.

최근에는 소수민족의 권리에 대한 목소리가 높아지면서 기업 측에서는 다양한 방식으로 물질적 보상을 하고 있다. 예를 들면, 수르구트네프테가스는 몇 년째 한티인과 만시인에게 스노모빌, 모터보트를 제공하고 있으며, 기업 활동이 입힌 손해 배상으로 매년 약 150,000루블을 지급하고 있다.[37] 하지만, 기업적 지원에도 문제가 내포되어있다. 기업에서 지불하는 비용이 고스란히 소수민족의 지원으로 이어지는지에 대한 확인이 어렵다는 측면이다. 별개로, 지역적인 측면에서 순록 양식을 지원하고 있지만, 순록 양식에 종사하지 않는 소수민족은 지원을 받지 못하고 있기 때문에 소수민족 보전에 대한 지원이 더욱 명확해져야 한다. 또한, 현대화를 막을 수는 없지만, 의·식·주 등 전통 요소를 보존하며 공존하는 방법이 제시돼야 한다. 북극 소수민족의 전통 유지에는 원주민의 기술과 경험을 전승한다는 긍정적인 측면도 있지만, 전통적인 것에만 치우치게 될 경우 인구의 특정 부분, 특히 젊은 세대

---

37) Л. Ширижик, "Оленевод на драйве," http://lenta.ru/articles/ 2017/10/07/olenevod (검색일: 2021.11.23).

의 경우, 지식 습득의 한계 즉, 교육 수준, 직업 선택의 제한이 생기기 때문이다.

이처럼 소수민족이 직면한 다양한 변화로 인한 생활 변화는 오늘날 우리의 전통과의 공존을 간접적으로 나타내고 있으며, 현대화로 인한 변화를 간접적으로 내포하고 있다. 환경 변화로 인한 문제는 비단 소수민족에만 극한 된 것은 아니다. 오늘날 우리는 자본주의로 인해 가성비를 생각하는 삶을 살아가고 있으며, 환경 변화로 물 부족에 시달리고 있으며, 공기 오염, 식습관 변화로 다양한 질병에 시달리고 있다. 특히나, 최근 2년간 COVID-19 질병으로 인해 전 세계인이 마스크를 쓰고 살아가고 있어서 환경 변화로 인한 생활 변화의 중요도는 더욱 높다고 생각된다. 소수민족의 문제점은 현 사회의 모습을 가장 근접하게 담고 있으며, 가장 직접적인 영향을 받고 있기 때문에 지속해서 주목해야 될 이슈라고 판단된다.

참고문헌

김민수, 마자르. "한티-만시, 추바시의 정통장례 비교 연구." 『시베리아연구』, 제21권, 제2호. 2017.
김자영. "러시아 소수민족 언어생활 고찰: 시베리아 토착어를 중심으로." 『한국 시베리아연구』, 제13권, 제2호. 2009.
김혜진. "러시아 민족 이야기: 곰을 숭상하는 사람들 한티인." 『Russia & Russian Federation』, 제5권, 제3호. 2014.
김혜진. "러시아 민족 이야기: 우랄 동쪽의 순록 사육자 만시인." 『Russia & Russian Federation』, 제5권, 제4호. 2014.
김혜진. "전통 생활 터전을 둘러싼 러시아 북서부 토착민과 기업 간의 갈등." 『슬라브학보』, 제32권, 제4호. 2017.
배규성. "러시아 북방 토착 소수민족의 법적 권리: 법적 규범과 현실." 『한국시베리아연구』, 제24권, 제1호. 2020.
원석범. "러시아 연방주의와 소수민족 법적 지위: 러시아 토착 소수민족 당면 과제." 『International area review』, 제23권, 제3호. 2019.
이선영. "사라져가는 검은 황금과 순록의 땅, 한티만시스크." 『Russia&Russia Federation』, 제4권, 제4호. 2013.
최우익. "러시아 북극 지역의 인구학적 특성: 인구와 이주민 추이 분석." 『국제지역연구』, 제28권, 제1호. 2018.
최우익. "러시아 북극의 이주와 교대 노동." 『슬라브연구』, 제36권, 제2호. 2020.
최우익·라승도·김봉철. 『북극의 이해 - 한국외국어대학교 극지연구센터 극지연구총서 02』. 서울: HUiNE, 2021.

Larsen, J. N. and Gail Fondahleds. "Arctic human development report: Regional processes and global linkages." *Nordic Council of Ministers*, 2015.
Аврунёв, Е.И. "Влияние изменения климата на биологические ресурсы северных территорий (Урал, Западная Сибирь)." *Известия Самарского научного центра Российской академий наук*, №. 18 (2016).
Бессонова, Т.Н. "История развития национального образования коренных народов Ханты-Мансийского автономного округа - Югры: ханты и манси." *Вестик Югорского государственного университета*, No. 4 (2009).

Еськов, В.М., Филатова, О.Е. *Экологические факторы Ханты-мансийского автономного округа*. Сургут: СурГУ, 2004.

Ткачев, Б.П., Костина, О.В. "Развитие моноцентричной трехлучевой алгомерации «Большой ханты-Мансийский»." *Экономика и предпринимательство*, No. 9 (2017).

Ткачев, Т.В. *Изменение жизненного пространства обских угров в условиях городской среды*. Ханты-Мансийск: Югорская научная школа региональных лингвистических исследований, 2018.

온라인 자료

동아사이언스, "[에코리포트]영구동토가 사라진다." https://www.dongascience.com/news.php?idx=33754 (검색일: 2021.11.02).

"러시아 지역별 석유 생산량." https://prognostica.info/news/rajony-dobychi-nefti-v-rossii/ (검색일: 2021.11.07).

"한티만시 자치구 2020년 인구 통계." https://depsr.admhmao.ru/upload/iblock/266/Demograf-byulleten-za-2020-god.pdf (검색일: 2021.11.21).

"한티만시 자치구 석유 생산 지표 11% 감소." https://iz.ru/1114977/2021-01-22/pokazateli-dobychi-nefti-v-khmao-snizilis-na-11 (검색일: 2021.11.07).

"한티만시 자치구 순록 사육 산업 현황." https://www.dumahmao.ru/ai_fill/File/control%20activities/2017/20170330_196_inf.pdf (검색일: 2021.11.22).

"Итоги социально-экономического развития Ханты-Мансийского Автономного округа – Югры за январь-июнь 2020 года." https://depeconom.admhmao.ru/upload/iblock/a6b/Itogisotsialno_ekonomicheskogo_razvitiya-KHanty_Mansiyskogo-avtonomnogo-okruga-_-YUgry-yanvar_iyun-2020_4533.pdf (검색일: 2021.11.08).

"Как округ стал Югрой." https://ugra-news.ru/article/31072018/71034/ (검색일: 2021.11.21).

Л. Ширижик. "Оленевод на драйве." http://lenta.ru/articles/2017/10/07/olenevod (검색일: 2021.11.23).

"С ЛУКОЙЛ-Западная Сибирь взыскали 67 млн рублей за нефтеразлив." https://neftegaz.ru/news/incidental/706519-s-lukoyl-zapadnaya-sibirvzyskali-67-mln-rubley-za-nefterazliv/ (검색일: 2021.11.22.).

https://admhmao.ru/ob-okruge/simvoly/ (검색일: 2021.11.01).

https://gks.ru/bgd/regl/b20_111/Main.htm (검색일: 2021.11.05).

https://tumstat.gks.ru/storage/mediabank/25019_09_2021.pdf (검색일: 2021.11.23).

제5장

광산·금속 회사 '노릴스크 니켈'에 관한 연구: 환경 및 인체 건강 영향을 중심으로

카이롤라 굴자나라*

〈요약〉

본 논문은 광산·금속 회사 '노릴스크 니켈(Norilsk Nickel)'의 경제와 활동이 환경에 미치는 영향에 대한 정보를 조사하고, 환경에 주는 영향을 줄이는 방법을 모색하는 것을 목적으로 한다.

노릴스크 니켈의 활동은 대기뿐만 아니라 북극해를 통해 노르웨이와 핀란드의 인접 도시들에도 피해를 준다. 이런 문제를 해결하기 위해 다음과 같은 측면에서 국가의 환경 정책에 대한 접근 방식을 수정해야 한다.

기존 환경법 수정을 통해 천연자원 사용과 환경보호 문제를 해결해야 한다. 자연 관리법을 개발해야 하며 인구의 보호와 보건 관련 정책을 수정해야 한다. 산업을 지속하며 경제와 생태계 환경을 보호할 수 있는 산업의 현대화를 추진해야 한다. 많은 이들이 환경에 대한 중요성을 인식해야 하

---

* 한국외국어대학교 국제지역대학원 러시아·CIS학과 석사과정

며 천연자원의 대량 생산을 억제하고 자연과 인간의 건강을 지키는 것에 주력할 필요가 있다.

I. 서론

일반적으로 북극은 개발되지 않은 광활하고 황폐한 지역으로 인식된다. 북극은 다른 지역에 비해 거주지역이 적으며 주로 토착민들이 살고 있다. 또한 광산 클러스터와 군사기지가 위치한 곳이기도 하다. 알래스카나 캐나다 북부와 같은 다른 북극 지역의 발전 양상도 다양하겠지만 러시아의 북극 발전 양상은 훨씬 다양하다. 러시아는 16세기부터 천연자원 생산을 위해 북극 지역을 개발했다. 다른 나라와는 달리 이런 형태의 북극 지역 발전은 특성을 지니고 있다. 러시아 북부에 주민을 정착시키기 위한 소련의 정책은 1950년대와 1980년대에 광범위한 이주로 이어졌다. 이에 따라, 소련의 북극은 빠른 도시화와 급속한 인구 증가가 이뤄졌다. 소련 시기 북극 도시의 거주자 수는 1959년 대비 1989년에 2배 증가했다.[1] 고층 건물, 도로망 등 사회 인프라가 발전했으며 툰드라 지역에 도시가 생기기 시작했다.

북극에도 몇몇 러시아의 대도시(무르만스크, 보르쿠타)가 있지만, 노릴스크처럼 북극 지역과 명확한 연관성이 있는 도시는 없다. 노릴스크는 북위 69°51' 시베리아 중앙에 위치한다. 극지방의 낮은 68일이고 극지방의 밤은 45일이다. 또한 아북극 기후(연간 평균 기온 -10°C)이며, 기온이 0°C 이상인 날은 1년 중 84일에 불과하다. 강설 기간은 평균 247일, 연간 평균 풍속은 6m/s이다. 열악한 환경과 부족한 인프

---

1) Zalkind L., "Review of Russian Arctic regions: Urbanization, economy, demography," In K. G. Hansen, R. O. Rasmussen, & R. Weber (ed.), *Proceedings of the first international conference on urbanization in the Arctic* (Nuuk, Greenland, Stockholm: Nordregio, 2013), pp. 25-30.

라가 있는 다른 북극 지역과 달리 노릴스크는 많은 인구와 도시 인프라를 갖춘 소련 북극의 상징적인 도시이다. 노릴스크 역사는 20세기 러시아 북극의 발전 경향을 반영한다. 러시아의 많은 정착지와 마찬가지로 노릴스크 역시 소련의 강제 노동수용소인 굴라그(Gulag)가 천연자원(비철금속)을 채굴하기 위해 설립되었으며 1960년대, 1980년대에 채굴량이 매우 많았다. 북극의 다른 도시들과 달리 노릴스크는 인구 규모에서 차이점이 있는데 1989년까지 노릴스크 인구는 276,000명으로 세계에서 가장 큰 영구 동토층 북극 도시였다. 노릴스크는 북극 도시들의 발전 경향을 따랐으며 때로는 이끌기도 했다. 노릴스크에선 혁신적인 북극 기술과 도시 계획이 개발되고 구현되었다. 예를 들어, 도시 발전에 있어 열악한 환경 조건은 걸림돌이기에 일반적인 도시 계획과 기술 사용은 영구동토층에선 제한되었다. 하지만 노릴스크의 영구 동토층 건설 역사를 통해 1960년대와 1980년대 북극의 도시화 방법이 마련되었다.

    영구 동토층과 관련된 여러 문제에도 불구하고, 노릴스크 도시는 북극의 극한 환경에 있는 사람들의 생활 수준과 안락함을 개선하기 위해 설계되었다. 노릴스크의 도시 개발은 툰드라에 소련의 국가 권력을 증대하기 위해 시도되었으나 혹독한 기후 조건으로 다양한 변화와 적응을 거쳤다. 그 결과 노릴스크는 1940~50년대 스탈린주의적 고딕양식 건축부터 1960~80년대 콘크리트 소련 디자인을 보여주는 건축물들을 갖고 있다. 이는 소련의 정치, 사회-경제 변화를 반영한 혼합된 도시 건축 양식을 보여준다. 노릴스크는 북극 환경에 적응한 도시로 연구할 수 있는 흥미로운 공간이다. 노릴스크에서 개발된 도시 프로젝트와 기술 확산이 소비에트 전역 북극 도시 거주민들의 물리적인 삶의 질 성장에 큰 영향을 미쳤다.

    본 논문은 광산·금속 회사 '노릴스크 니켈(Norilsk Nickel)'의 경제와 활동이 환경에 미치는 영향에 대한 정보를 조사하고, 환경에 주는 영향을 줄이는 방법을 모색하는 것을 목적으로 한다.

I. 광산·금속회사 '노릴스크 니켈' 정보

노릴스크 니켈은 광물의 탐사, 추출, 가공, 비철 및 귀금속을 생산, 마케팅, 판매하는 회사다. 러시아와 해외에 지점과 자회사가 있으며 광범위한 생산 네트워크를 가지고 있다.

노릴스크 니켈은 세계 최대 니켈 및 팔라듐 생산업체이다. 노릴스크 니켈은 전 세계 니켈 생산량의 20%, 팔라듐의 50% 이상을 차지한다. 이 외에도 백금, 구리, 코발트, 로듐, 은, 텔루륨, 셀레늄, 이리듐, 루테늄도 생산한다.

노릴스크 니켈은 러시아의 대표적인 산업 기업 중 하나다. 이 회사는 러시아연방 GDP의 1.9%, 전체 러시아 수출의 4.3%를 차지한다. 비철금속 생산에서도 노릴스크 니켈이 러시아 시장에서 주도적인 역할을 하고 있다. 노릴스크 니켈은 총 러시아 니켈 생산량의 약 96%, 구리 생산량의 55%, 코발트 생산량의 95%를 차지한다.[2]

II. 구리·니켈 생산이 미치는 영향

비철 야금의 생산 공정은 유해 및 극 유해 물질을 배출하는 것이 특징이다. 이러한 배출은 대기, 지표수, 지하수를 오염시킨다. 화학물질이 배출됨에 따라 생태계에 영향을 미친다. 특히, 이산화황과 중금속은 환경에 가장 나쁜 영향을 끼친다.

---

2) http://www.metalltorg.ru/analytics/color/?id=132 (검색일: 2021.07.01).

[표 1] 구리·니켈 생산 시 배출되는 화학물질[3]

화학 물질명
니켈테트라카보닐 Ni(CO),
염소화물 NiCl2 및 황산니켈 NiSO4의 에어로졸
황화수소 H2S
산화탄소 S02, S03
중금속: Ni, Cu
셀레늄(Se),
텔루륨(Te), 코발트(Co), 비소(As)
페놀(C6H5OH), 폼알데하이드(CH2O)
이산화황 S02, S03
질소산화물 NOx
바나듐(V), 망간(Mn)
벤츠(a) 피렌(C20H12)

1. 대기오염

러시아에서는 대기권 보호를 위한 러시아연방법(1999년)에 따라 배출 규제가 시행되고 있다. 또한 대기질 표준은 일정 기간 최대 허용 농도(MPC)로 표시된다.

이산화황 배출에 대한 MPC는 국가마다 다르다. 핀란드에서는 대기 중 이산화황 함량이 24시간 동안 125μg/m³을 초과하지 않아야 한다. 초과 횟수는 1년 중 3회 이상 초과할 수 없다. 이는 대기질에 대한 EU 지침 96/62/EC8과 인간 건강에 안전한 대기 오염물질의 최대 허용오차에 대한 후속 EU 지침 1999/30/EC9에 의해 확립된 규범을 준수한다.[4]

유럽연합(EU) 회원국이 아닌 노르웨이에서도 유럽 지침과 국가 법률에 따라 최대 허용 오염물질 농도를 결정한다. 노르웨이의 일일 평균 배출량은 90μg/m³이다.

---

3) http://europa.eu/legislation_summaries/environment/air_pollution/l28098_en.htm (검색일: 2021.07.02).

4) http://europa.eu/legislation_summaries/environment/air_pollution/l28098_en.htm (검색일: 2021.07.02).

금속 생산에 따른 주요 배출 물질은 구리·니켈 생산은 다량의 이산화황(SO_2), 중금속 입자를 배출하는 것이 특징이다. 이산화황은 불안정한 화합물로 해당 화합물을 이루는 황은 4가 형태이고 적게는 몇 시간에 많게는 며칠까지 이 상태로 남아 있다.

이산화황 외에도 노릴스크의 니켈 생산 시, 니켈, 구리, 코발트, 비소 등의 다양한 중금속이 대기 중으로 방출된다. 주된 오염은 니켈과 구리로 인한 것이다. 대기 중 중금속은 먼지 및 에어로졸의 형태뿐만 아니라 기체 형태로도 존재한다. 이 경우 납, 카드뮴, 구리, 아연의 에어로졸은 지름 0.5~1μm의 서브마이크론 입자와 거친 입자(1μm 이상)의 니켈, 코발트 에어로졸로 구성된다. 2μm 이상의 입자는 토양, 물, 식물 등에 점차 퇴적된다. 중금속과 그 화합물은 상태와 상관없이 해롭다. 중금속의 가장 작은 고체 입자는 인간의 건강에 부정적인 영향을 미칠 뿐만 아니라 중금속 오염은 북극 환경에 심각한 위협을 준다.

2. 지표수 오염

비철 야금은 가장 물 소비가 많은 산업 중 하나다. 니켈 제품 1톤당 물 소비량은 4,000㎥, 구리 1톤당 물 소비량은 500㎥다.[5] 생산과정에서 사용된 물의 일부는 자연으로 유입되고 나머지는 산업폐기물에 오염된 폐수로 배출된다.

지표수 산성화는 현재 전 세계 문제 중 하나이다. 북극 지역의 특성 때문에 북극은 산성화에 가장 민감하다. 노릴스크 니켈 기업은 수천 톤의 이산화황을 방출하는데, 이 이산화황은 화학 반응의 결과로 산성으로 변환되어 지상에 산성비의 형태로 내린다. 산성비는 물과 이산화황과 같은 오염물질 사이의 반응으로 생성된다. 이

---

5) Девяткин П. Н., "Природные водные ресурсы района г. Мончегорска в условиях функционирования ОАО ≪Кольская горно-металлургическая компания≫," *Вестник МГТУ*. Т. 11 (2008).

물질들은 야금 기업의 활동으로 대기로 방출되며 대기 중의 물과 반응하여 산성 용액으로 변하고, 눈이나 비로 땅에 떨어진다.

따라서 산성화로 인한 부정적인 영향은 생식 과정 교란, 생물학적 다양성 감소, 산에 민감한 종의 소멸 등으로 이어져 생태계를 불안하게 만든다.

3. 지하수 오염

야금업체들의 생산과정에서 지하수가 오염된다. 지하수 오염물질의 화학적 성분은 대기오염, 산성 강수, 지표수 오염 등에 영향을 미친다.

1990년대 중반 노르웨이 전문가의 참여로 구리·니켈 퇴적물에서 공기를 통해 전달되는 오염물질의 영향을 조사하기 위해 지하수 품질 연구가 시행되었다. 지하수 수질 연구에 참여한 관측소는 몬체고르스크(Monchegorsk)지역 북부 1개소, 셸베켄(Shelveken)지역 남부 3개소였다.

연구 결과에 따르면 몬체고르스크 지역의 지하수는 유황을 포함한 산업용 배출물로 인해 산성화된 것으로 밝혀졌다. 그러나 토양과 암석 밑의 광물질의 성질로 인해 산 중화 능력이 고갈되지 않는 것으로 입증되었다.

셸베켄에서는 지하수가 산성화되지 않고 중화 능력이 매우 높았다. 셸베켄의 니켈 농도는 눈이 녹으면 지하수에 있는 중금속에 부정적 영향이 가장 많이 발생함을 보여준다. 지하수의 경우 표면 전류로 약 1개월 반 후, 중금속의 최고 수치가 발견된다.

오염물질이 지하수로 유입되는 과정은 시간이 지남에 따라 길어지기 때문에 토양 수분의 화학적 조성에 대한 다양한 수준의 정기적인 연구가 필요하다. 토양 수분의 조성은 지하수 오염을 적시에 판정하는 지표가 될 수 있다

III. 광산·금속 회사 '노릴스크 니켈(Norilsk Nickel)'이 건강에 미치는 영향

생태 환경 악화는 질병의 증가를 가져온다. 고농도의 이산화황과 중금속은 노릴스크 니켈 기업 바로 근처에 사는 사람들의 건강에 부정적인 영향을 미친다. 연구 자료에 따르면 노릴스크 니켈의 생산 활동이 인체 건강에 미치는 부정적 영향은 다음과 같다.

1. 호흡기 질환

공기 중 고농도의 이산화황으로 인해 상부 호흡기 질병이 발생한다. 노릴스크는 3면이 공장이다. 바람 부는 방향과 상관없이 항상 유독성 스모그에 싸여 있다. 이것이 바로 이곳에 사는 사람들의 질병과 질병 증가의 직접적인 이유이자 주요 원인 중 하나다. 레비치(B. A. Revich)는 연구에서 대기 중 SO2 농도가 $10\mu g/m^3$ 증가하면 호흡기 및 심혈관 질환으로 인한 사망률이 0.9% 증가할 수 있다고 결론지었다.[6]

2. 종양 질환 수 증가

노릴스크 니켈의 생산과정에서 발생한 중금속 입자로 인해 종양 질환이 발생한다. 니켈과 니켈 화합물은 특히 독성이 강하며 이산화황 다음으로 생명체에 큰 영향을 미친다. 세계보건기구(WHO)는 이 화학물질을 위험한 환경오염 물질, 독성 물질로 지정했다. 니켈은 돌연변이, 알레르기, 암을 유발한다. 국제암연구소(ISA)는 니

---

[6] http://erh.ru/n_pub/n_pub01.php (검색일: 2021.07.02).

켈을 1급 발암물질로 분류한다. 니켈로 발생한 암은 세포 침투와 관련이 있을 것으로 추정되며, 신진대사 과정에 장애를 일으킨다. 그 결과 암이 발생할 가능성이 크다.[7]

노릴스크의 경우 남성의 폐암 발병률이 다른 지역보다 상당히 높다.[8] 니켈 생산에 고용된 근로자들 사이에서 비인두암을 포함한 호흡기 암 발병률이 증가하고 있다. 일반적으로 러시아 평균과 비교했을 때 노릴스크 주민은 1.65배, 노릴스크 산업지역 중심부에 거주하는 주민은 2.7배 더 많이 종양성 질환이 발생한다.

3. 면역체계 약화: 질병의 수와 만성질환 증가

니켈 생산으로 오염된 환경은 노릴스크 니켈 생산 현장 근처에 사는 사람들의 면역체계에 악영향을 미친다. 이에 의료 지원을 요청하는 사람들의 수가 지속해서 증가하고 있다. 노릴스크 주 위생 및 역학 감시 센터의 자료는 노릴스크 산업 구역의 질환 수가 지속해서 증가하는 추세임을 보여준다.[9]

최근 통계에 따르면, 대기오염으로 인해 질환이 생긴 비중은 아동의 경우 최대 37%, 성인의 경우 21.6%를 차지하고 있다.[10]

노릴스크 지역에서 전체 질병 증가율은 곧 면역체계가 약화되고 만성질환이 증가했음을 보여준다. 오염된 환경은 임산부와 신생아의 건강을 위협한다. 통계에 따르면 노릴스크 지역의 여성 임신중절 위협은 두딘카(Dudinka) 지역 여성보다 높다.

---

7) http://www.vitaeauct.narod.ru/005/tcs/0300.htm (검색일: 2021.07.02).
8) http://www.vitaeauct.narod.ru/005/tcs/0300.htm (검색일: 2021.07.02).
9) http://www.ecfor.ru/pdf.php?id=books/revich02/gor_t (검색일: 2021.07.02).
10) http://www.ecfor.ru/pdf.php?id=books/revich02/gor_t (검색일: 2021.07.02).

4. 직업병 증가

비철금속업체 근로자들은 유독물질에 노출될 위험이 높다. 이에, 직업병과 일시적 장애를 가져온다. 공식 국가 통계에 따르면 무르만스크는 러시아연방 내 직업병 환자 수 4위 지역이다.

직업병 환자 수를 급격하게 감소시킬 수 없으며 현대화 생산 방식으로 전환하여도 수십 년 동안 위험한 환경에서 일했던 많은 사람들이 있어서 계속해서 발생할 수 있다.

5. 기대수명 단축

열악한 환경 속에서 생활하고 일하게 되면 각종 질병이 늘어날 뿐만 아니라 기대수명이 크게 줄어든다. 노릴스크 니켈의 평균 수명은 러시아 평균보다 10년 짧다.[11]

나아가 기후 특징은 수명에 더욱 악영향을 미친다. 건강 상태가 전반적으로 나빠지며 특히 생식기능이 약화된다. 이는 사회적, 경제적, 환경적 요인으로 인한 것임이 입증되었다. 동시에 생태학적 관점에서 환경은 인간의 건강에 가장 큰 영향을 미친다. 세계보건기구(WHO)에 따르면 대기 오염도가 높은 도시의 사망률은 환경조건이 양호한 도시에 사는 사람들의 사망률보다 15~20% 높다.[12]

---

11) http://www.ng.ru/science/2009-02-11/11_ecoimage.html (검색일: 2021.07.02).

12) http://www.who.int/mediacentre/factsheets/fs313/en/index.html (검색일: 2021.07.02).

IV. 결론

낡은 기술을 가진 노릴스크 니켈 그룹의 기업들은 러시아가 소련으로부터 받은 유산이다. 천연자원부에 따르면, 노릴스크 니켈은 20년간 러시아뿐만 아니라 유라시아 전역에 가장 심각한 환경오염 요인 중 하나였다. 노릴스크 니켈의 활동은 대기뿐만 아니라 북극해를 통해 노르웨이와 핀란드의 인접 도시들에도 피해를 준다. 이런 문제를 해결하기 위해 다음과 같은 측면에서 국가의 환경 정책에 대한 접근 방식을 수정해야 한다.

기존 환경법 수정을 통해 천연자원 사용과 환경보호 문제를 해결해야 한다. 자연 관리법을 개발해야 하며 인구의 보호와 보건 관련 정책을 수정해야 한다. 산업을 지속하며 경제와 생태계 환경을 보호할 수 있는 산업의 현대화를 추진해야 한다. 많은 이들이 환경에 대한 중요성을 인식해야 하며 천연자원의 대량 생산을 억제하고 자연과 인간의 건강을 지키는 것에 주력할 필요가 있다.

참고문헌

Nyland, K. E., Shiklomanov, N. I., & Streletskiy, D. A. "Climatic- and anthropogenicinduced land cover change around Norilsk, Russia." *Polar Geography*, 40(4) (2017).

Shiklomanov, N. I. "From exploration to systematic investigation: Development of geocryology in 19th- and early-20th-century Russia." *Physical Geography*, 26(4) (2005).

Shiklomanov, N. I., Streletskiy, D. A., Grebenets, V. I., & Suiter, L. "Conquering the permafrost: Urban infrastructure development in Norilsk, Russia." *Polar Geography*, 40(4) (2017).

Zalkind, L. "Review of Russian Arctic regions: Urbanization, economy, demography." In K. G. Hansen, R. O. Rasmussen, & R. Weber (ed.), *Proceedings of the first international conference on urbanization in the Arctic*. Nuuk, Greenland. Stockholm: Nordregio, 2013.

Девяткин П. Н. "Природные водные ресурсы района г. Мончегорска в условиях функционирования ОАО ≪Кольская горно-металлургическая компания≫." *Вестник МГТУ*, Т. 11, No. 3 (2008).

http://www.ecfor.ru/pdf.php?id=books/revich02/gor_t (검색일: 2021.07.02).
http://www.vitaeauct.narod.ru/005/tcs/0300.htm (검색일: 2021.07.02).
http://www.ng.ru/science/2009-02-11/11_ecoimage.html (검색일: 2021.07.02).
http://www.who.int/mediacentre/factsheets/fs313/en/index.html (검색일: 2021.07.02).
http://www.vitaeauct.narod.ru/005/tcs/0300.htm (검색일: 2021.07.02).
http://europa.eu/legislation_summaries/environment/air_pollution/l28098_en.htm (검색일: 2021.07.02).

제3부

러시아 북극 극동 지역의 시각 이미지: 추코카 아나디리

제1장

2022년 2월
희뿌연 냉기의 도시, 추코카 아나디리 탐방기

최 우 익

　2022년 2월 동계 현지 조사는 기획 단계 때부터 미심쩍었다. 2018년 가을부터 시작한 극지연구소 '학·연 극지연구 진흥프로그램(PAP)' 과제를 통해 여섯 차례의 러시아 북극 현지 조사를 기획했는데, 2019년 초부터 2020년 초까지 세 차례 현지 조사는 무사히 완수했지만, 2020년 봄부터 확산한 코로나19로 그 이후 현지 조사는 이미 두 차례나 무산되어서이다. 이번에도 가지 못하는 게 아닌지 염려될 수밖에 없었다. 정부는 2021년 가을이면 우리나라 국민도 백신 접종자가 다수가 되고, 전 세계적으로 '위드 코로나' 환경이 만들어질 것으로 예상했지만, 현실은 녹록지 않았다. 3년간 진행한 극지연구소 PAP 과제가 곧 종료해서 이번 동계 현지 조사가 정말 마지막인데, 전 세계는 코로나19 변이종인 오미크론으로 여전히 몸살을 앓고 있었다. 당시 방역 지침에 따르면 해외 입국자는 1주일 자가격리를 해야 하는데, 이것은 감수하더라도 전염력 강한 오미크론을 피해 현지 조사를 제대로 마칠 수 있을지 걱정되었다.

　하지만 백신을 세 차례 접종했고, 오미크론은 중증도가 낮다고 하며, 또한 유종의 미로 프로젝트를 마무리해야 한다는 사명감으로 결국 마음 굳게 먹고 동계 현지 조사를 떠났다. 목적지는 러시아 북극권 최동단 추코카 자치구의 주도 아나디리였다. 아나디리에 들어가려는 외국인은 당국의 허가를 받아야 했는데, 다행히 아나디리에 있는 북동연방대학 추코카 지부의 블라디미르와 안젤라 부부의 도움으로 방문 허가를 받았다.

출국하기 위해 거쳐야 할 또 하나의 관문은 코로나19 PCR 검사이다. 당시 방역지침으로는 한국에서든 러시아에서든 비행기를 타려면 그 시점에서 48시간 이내에 PCR 검사를 받아 코로나19 음성확인서를 제출해야 했다. 비행기 타기 며칠 전부터 되도록 외출도 삼가고 살얼음 걷듯 몸조심했다.

▼ 한산한 블라디보스토크 공항 내부

드디어 2022년 2월 9일 인천 공항을 떠나 블라디보스토크 공항에 도착했고, 그곳에서 1박 한 다음 2월 10일 아나디리행 비행기에 몸을 실었다. 2020년 2월 동계 현지 조사를 한 지 2년 만에 해외로 나간 것인데, 인천 공항이든 블라디보스토크 공항이든 인적이 드문드문 보일 뿐 한산했다. 추코카 자치구 인구는 약 5만 명이고, 아나디리시 인구는 약 16,000명이다. 추코카 자치구는 시장 개혁기에 인구가 급속히 감소한 대표적 지역이다. 1990년대 초에는 자치구 인구가 약 15만 명이었는데 그때와 비교해 지금은 1/3로 감소했다. 추코카는 베링 해협을 사이에 두고 알래스카와 가까이 있고, 이곳에는 페벡항, 프로비데니야항 등 북극항로의 중요한 항구들이 있다. 또한 석유, 천연가스, 석탄, 금, 텅스텐 등 다양한 지하자원이 있다. 따라서 경제적으로나 안보적으로나 중요한 지역이다.

블라디보스토크에서 아나디리까지 비행기로 약 5시간 걸린다. 비행기로 가는 중간 언제쯤부터 창문 아래 보이는 광경은 끝없이 펼쳐진 눈벌판이거나 언 바다뿐이었다. 비행기에서 내려 공항 건물 실내로 들어서자마자 바로 다가온 이는 경찰이었다. 방문 허가 과정에서 내 신원은 이미 파악되었을 것이다. 경찰 신분증을 내게 보여주고 내가 여기 온 목적이나 활동에 관해 몇 가지 질문을 하더니 바로 옆에 있는 여자를 가리킨다. 나를 마중 나온 안젤라였다. 작은 동네이니 서로 다 아는 처지인 것 같았다. 그리곤 약간 엉성한 방호복을 입은 할머니 서너 명이 앉아 있는 테이블로 나는 바로 안내되었는데 누군가 했더니 코로나19 검사를 하는 분들이었다. 러시아 국내 이동할 때는 코로나19 검사를 따로 받을 필요 없다고 들었는데, 나만 이 테이블로 안내하여 코로나19 검사를 받게 했다. 이곳이 외국인 방문 허가 지역이어서 외국인인 나는 좀 특별 대상인 것 같았다. 신속 항원 검사여서 15분 만에 결과가 나왔는데 다행히(!) 음성이었다. 만약 양성이 나왔다면 어떻게 될지 궁금하긴 했지만, 굳이 묻지는 않았다.

▲ 비행기 아래로 보이는 눈 덮인 툰드라 구릉 지대

공항 대합실에는 안젤라 남편인 블라디미르도 기다리고 있었다. 아나디리시는 '아나디리만'에서 내륙으로 더 들어와 '아나디리 하구'에 있는데 공항은 그 하구의 강 건너편에 있다. 여름이라면 공항에서 아나디리로 배를 타고 건너는데, 지금은 겨울이라 강이 모두 얼어 러시아어로 '짐니크'라고 부르는 얼음 위 겨울 도로를 따라 건넜다. 얼음 두께는 약 1~2미터라고 한다. 자동차들이 제법 속도를 내며 왕복으로 오갔다. 저 멀리 낮은 산언덕 위에 길게 얹힌 아나디리시가 보였다. 이렇게 나는 아나디리에 도착했다.

아나디리에서 7박을 했는데, 머무는 동안 이곳 온도는 영하 30~40도였다. 바람까지 꽤 불어 체감 온도는 영하 50~55도였다. 영화 '설국열차'를 보면 '꼬리 칸' 사람을 벌주기 위해 맨 팔을 기차 바깥으로 내보내 급속 냉동시키는 장면이 나온다. 그런 것이 가능할까 생각했는데, 그것이 가능할 수 있다는 것을 여기에서 겪었다. 아나디리 거리 모습을 사진 촬영할 때 셔터를 누르는 게 아니라 카메라 화면에서 원하는 지점을 맨 손가락으로 터치하면 그 부분을 중심으로 사진이 훨씬 선명하게 나온다. 그래서 계속 장갑을 벗어 맨손으로 사진을 찍었는데, 한 10초만 지나도 손이 너무 시려 호주머니에 넣어야 했다. 그래도 사진을 찍어야 해서 그 동작을 계속 반복했는데, 너무 춥다 보니 몇 컷 찍다 보면 카메라 배터리 전력도 금방 사라진다. 언 카메라를 호주머니에 넣고 녹이면 배터리 전력이 좀 되살아나는데 그래도 오래 가지 않아 원하는 만큼 충분히 사진을 찍을 수 없었다.

그런데 호텔에 돌아와 언 손을 봤더니 손등이 새하얗게 되어 본래 피부색으로 돌아오지 않는다. 무슨 일인가 인터넷을 검색해 보니 동상 초기 증상이었다. 피부 조직이 손상되어 그런 현상이 나타난다는데 다행히 이 정도 상태는 손을 계속 따뜻하게 해주면 정상으로 돌아온다고 쓰여 있다. 만약 동상 걸린 살이 울긋불긋해지거나 물집이 생긴다면 병원 가서 치료를 받아야 한다. 다음 날에는 센서 장갑을 사서 낀 채 사진 촬영을 했다. 동상 초기 증상이어서 손등이 하얗게 된 정도였고 피부색은 점차 돌아왔지만, 그 후로도 한 달 넘게 얇은 막을 하나 씌운 것처럼 손등이 좀 무감각했다. 한겨울에 시냇가 찬물로

▲ 2월 15일 아나디리 영하 36.3도, 체감 온도 영하 52도(스마트폰 캡처 화면)

오래 설거지하거나 옷을 빨면서나 손에 동상이 생길까 여겼는데, 이렇게 찬 공기에 잠깐씩 노출해도 동상에 걸릴 수 있다는 사실에 놀랐다.

▼ 아나디리시 전경

　추코카 자치구는 2000년대 초반만 해도 러시아 북극권 지역 중 사회경제적으로 가장 열악한 곳 중 하나였다. 그런데 러시아 재벌이자 첼시 구단주(지금은 매각 절차가 진행되고 있지만)인 로만 아브라모비치가 푸틴의 지시로 추코카 자치구 주지사가 되면서 사회경제 제도가 자리 잡히고 안정되기 시작했다. 2008년에 로만 코핀이 주지사가 되어 현재까지 역임하고 있는데, 그도 아브라모비치 팀의 일원이라고 한다. 그리하여 2010년대에 들어와 이곳은 사회경제적으로 양호한 지역이 되었다. 인구 유출이 여전히 좀 일어나지만, 내부적으로 인구의 자연증가 현상이 나타나면서 인구수는 2010년대에 약 5만 명을 계속 유지하고 있다. 따라서 노동 가능 인구 비율도 다른 북극권 지역에 비해 높은 편이며(2019년 63%) 취업률은 가장 높다(2019년 77%). 1인당 월평균 소득 순위는 러시아 85개 주 중에서 2000년대에는 4~5위 정도였는데, 2010년대에 점차 높아져 2019년에는 1위가 되었다. 야말로네네츠, 네네츠, 모스크바, 한티만시 등을 모두 제치고 1위가 된 것이다. 반면에 지니계수는 0.408로 러시아 평균치보다 낮으며 극빈층 비율도 8.5%로 꽤 낮은 편이어서 빈부격차도 심하지 않다. 1인당 월평균 소비 순위는 2014년에는 46위였는데, 2019년에는 14위로 높아졌다. 따라서 추코카는 이제 사회경제적으로 안정적인 지역이라고 평가할 수 있다.

다만 러시아의 '리아레이팅'이 측정하는 삶의 질 순위는 추코카가 2020년 85개 주 중에서 61위로 꽤 낮아서 이 지역의 삶이 만만치 않음을 보여준다. 주택, 기후, 생태 환경, 문화 및 서비스 시설, 자영업 및 소기업 발전, 교통 분야에서 상황이 좋지 않은데, 이것은 기후적, 지리적 영향이 크다. 또한 물가도 비싸다. 1년에 6~9월에만 바다가 녹아서 이때 1년 먹고 사용할 모든 물자를 외지에서 배로 공급받아야 한다. 비행기로 공급받는 물자는 한정되어 있고 비쌀 수밖에 없다. 외부로부터 추코카에 연결되는 철도나 도로도 없다. 이러한 사정은 추코카 내부적으로도 마찬가지이다. 서로를 연결하는 것은 헬리콥터뿐이다. 여름에 일부 지역은 바다와 강으로 연결된다. 오히려 겨울에 '짐니크' 겨울 도로로 서로 연결되지만, 차가 얼음 위를 달리는 것은 아무래도 한계가 있다.

현지 조사 중 만난 북동연방대학교 추코카 지부 카르판 교수는 추코카 자치구가 지리적 접근성이 떨어져 이곳에서의 삶은 열악하다고 말한다. 하지만 그의 설명에 따르면 주민과 소수민족을 위해 다각도에서 사회적 지원이 이루어지고 있다. 에너지와 채굴 산업은 연방 예산으로 운영된다. 북극항로와 북극 개발은 연방 수준의 프로젝트이며 사실 모스크바에서 중요한 결정을 내린다. 세계 무역과 북극항로의 연결은 유럽과 태평양 두 지역 모두에게 필요한 일이다. 추코카 자치구가 스스로 이 과정에 중대한 영향을 미칠 수는 없지만, 현지에 필요한 직원을 교육하고, 에너지, 컴퓨터 과학 분야에서 학생들을 육성하고 있다. 현재 추코카 자치구는 내부적으로 발전하고 있으며, 러시아연방 주도의 세계적 프로젝트와 결합할 준비가 되어 있다고 낙관적으로 미래를 전망했다.

▲ 북동연방대학교 추코카 지부 카르판 교수와 함께

　나는 전문가 인터뷰, 박물관과 도시의 주요 지점 탐방, 주민의 생활상과 거리 촬영 등 7박 8일의 아나디리 일정을 마치고 2월 17일 블라디보스토크로 향했다. 여기에서 다시 인천행 비행기를 타야 한다. 역시 비행기 타기 전 코로나19 검사를 받아 음성확인서를 제출해야 했다. 그런데 아뿔싸! 조마조마하던 일이 결국 터졌다. 블라디보스토크에 도착하자마자 공항 안에 있는 검사소에서 코로나19 검사를 했는데 양성 판정이 나온 것이다! 아마도 아나디리 일정 후반 어디선가 감염된 것으로 보인다. 사실 아나디리에서 비행기 타기 전날부터 기침을 좀 했는데, 코로나19가 아니어도 이곳 날씨에서는 감기든 독감이든 충분히 걸릴 만해서 그러려니 했다. 그런데 이것이 코로나19였던 것이다. 이제 어떻게 해야 할지 코로나19 검사를 한 의료진에게 질문했다. 게다가 나는 외국인이어서 이들이 나를 어느 시설로 끌고 가려나 생각했는데, 대답이 의외였다. "집에 가서 약 드세요." 잠시 어리둥절하다가 머뭇거리며 나는 여기에 집이 없다고 말했다. 그랬더니 자기들도 어떻게 해야 할지 모르겠단다. 그런데 내가 또 의아스러웠던 것은 내가 확진자라는 것을 아는 의료진이 나를 별로 피하지 않는 것이다. 그들의 마스크는 의료용 마스크(아나디리에서든 블라디보스토크에서든 사람들은 대부분 의료용 마스크를 쓰고 다녔다)인데 그것은 코로나19 바이러스를 제대로 거르지 못한다. 그래도 그들은 나와 굳이 거리를 두려는 태도가 아니다. 칸막이도 없는데 태연히 내 바로 앞에서 대화를 나누거나 약 처방전을 써서 내 손에 쥐여준다.

일단 내가 약 먹고 코로나19에서 회복할 수 있을 거처가 필요했다. 그런데 러시아 현지 규정상 호텔이나 레스토랑에는 모두 QR코드 즉, 러시아 백신을 맞았다는 증서를 보여주어야만 들어갈 수 있다. 한국 백신 QR코드는 소용없다. 영사관에 전화를 걸어 사정 설명을 했는데, 그들도 난감해하다가 QR코드 확인 없이 들어갈 수 있는 호텔 정보를 수소문해서 알려줬다. 가서 보니 주로 중국인들이 많이 오는 호텔인데, 중국인들도 러시아 QR코드가 없으니 이것을 확인하지 않고 투숙할 수 있게 운영하는 곳인가 보다. 내가 확진자라는 것을 들키면 투숙이 안 될까 봐 마음 졸이며 체크인했다. 그리고 다음 날 호텔 옆에 있는 약국에 들렀다. 약사에게는 내가 확진자라고 밝히고 약을 샀다. 그런데 약사도 나를 별로 피하는 기색이 없다. 며칠 지나면서 알게 되었는데 여기에서 코로나19는 감기나 독감과 거의 유사하게 일상에서 취급되었다. 코로나19에 걸려도 어디에 신고하거나 확인받을 필요도 없고, 약국 가서 증상에 맞는 약을 각자 알아서 사 먹으면 된다. 약도 오래전부터 러시아 국민이 독감약으로 먹어왔던 '아르비돌'을 기본 약으로 상용한다. 자가격리도 없고 어떤 통제도 없어서, 외출하든, 출근하든 본인의 자유이다.

물론 법률상으로는 QR코드가 있거나 마스크를 써야만 입장이 가능한 곳이 꽤 있다. 그런데 실제로는 QR코드 확인하는 곳을 거의 보지 못했다. 마스크는 다들 기본이 '턱스크'이며, 입까지 가린 사람이 일부 있을 정도이다. 코까지 가린 사람은

나 빼고 보지 못했다. 물론 해당 건물의 근무자나 감독자는 마스크를 제대로 쓴 사람이 꽤 있지만, 일반 시민은 제대로 마스크 쓴 사람이 거의 없다. 백화점이나 상점과 같이 사람이 밀집한 곳에서도 현관에서 입장할 때만 관리자 앞에서 잠시 마스크 쓴 시늉을 하고 그다음은 마스크를 그냥 한 쪽 귀에 걸고 나풀거리며 돌아다니는 사람도 있었다. 내가 입장이 안 되었던 유일한 곳이 박물관이었다. 그곳에서는 러시아 QR코드를 보여주거나 음성확인서가 있어야 한다고 해서 입장할 수 없었다. 그 외 상업적인 시설에서는 현실적으로 거의 제한 없이 사람들이 드나들었다.

거리에서는 당연히 마스크를 쓰지 않는다. 나처럼 비행기 타려는 사람이나 음성확인서가 필요해 불편을 겪을 뿐이지, 러시아인들에게 코로나19는 감기 혹은 독감과 거의 유사한 것으로 일상화된 것이다. 물론 러시아도 2020년 초 코로나19가 처음 확산했을 때 도시와 지역 봉쇄도 잠시 있었고, 상황에 따라 엄격한 방역 조치도 있었지만, 시간이 지나면서 완화되고 형식적으로만 유지되는 것 같았다. 다만 2022년 3월 말경 통계에 따르면 십만 명당 코로나19 러시아 사망자가 245명으로 우리나라 29명의 거의 10배에 달한다는 점이 안타까울 뿐이다.

◀ 축치인 민속공연단

나의 코로나19 증세는 심하지 않았다. 기침은 꽤 했고 콧물이 좀 있었지만, 열이나 몸살기는 거의 없었다. 하루에 한두 번 정도 외출해 돌아다니면서 식사하고 주변을 산책하기도 했다. 레스토랑에서 서빙하는 사람이나 상점 직원 중에 종종 기침하는 사람이 보였는데, 여기서는 이렇게 코로나19 바이러스를 서로 주거니 받거니 하면서 집단 면역이 생긴 것으로 보인다. 다행히 나는 일주일 후 코로나19 음성 확인을 받을 수 있었고 비행기 표를 확보해 2월 26일 귀국했다.

하지만 해외 입국자여서 나는 한국에서 1주일 자가격리를 꼼짝없이 해야 했다. 한국에 오니 대통령 선거와 오미크론 확산이 연일 뉴스거리였다. 어쩌면 한국에서 몇 달 후 나타날 코로나19 생활상을 러시아에서 먼저 겪고 돌아온 느낌이다. 백신 접종을 하고, 고령자, 기저질환자, 위중증 환자에 대한 관리와 치료만 잘 할 수 있다면 러시아처럼 코로나19를 대하는 것이 가능할 것 같다.

코로나19에 대한 염려로 그동안 현지 조사가 두 차례 무산되었고, 마지막으로 도전한 것인데 결국 현지에서 코로나19에 확진되었다. 하지만 현지 조사를 완수하였고, 코로나19가 심한 증상이 아니었으며, 그나마 무난하게 귀국해서 감사할 뿐이다. 다음 장에서는 내게 희뿌연 냉기의 도시로 남아 있는 아나디리의 도시 풍경과 주민 생활상을 사진 영상으로 소개한다.

▼ 희뿌연 냉기의 도시, 아나디리

제2장

아나디리의 겨울 풍경

비행기 아래로 보이는 눈덮인 언 바다

아나디리 공항 대합실

비행기 아래로 보이는 눈덮인 툰드라 구릉 지대

01. 공항

아나디리 공항 코로나19 검사대

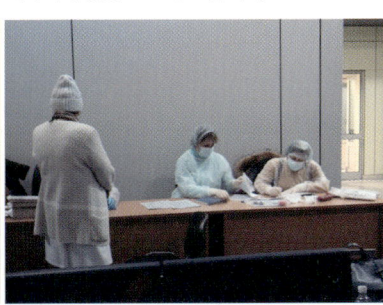

추코카, 여기에서 하루가 시작된다(공항 벽화)

아나디리 공항

제3부 ❖ 제2장 아나디리의 겨울 풍경

02. 거리모습

낮게 뜬 태양의 거리 모습

데즈뇨바 거리

레닌 거리

옷케 거리

옷케 거리(야경)

룰티테기나 거리

추코카 호텔 앞 사거리

폴라르나야 거리

아나디리 시 전경

제3부 · 제2장 아나디리의 겨울 풍경

위성 안테나

아파트 벽화(툰드라 동물)

03. 관공서 및 공공 기관

러시아연방 중앙은행 | 러시아연방 중앙은행(야경)

범죄수사부 | 아나디리 가스 화력발전소

아나디리 시립 어린이 예술 학교

아나디리 지방자치구 행정부

아나디리시 어린이 청소년 창의성 궁전

아나디리시 의회와 행정부

어린이 병원

연방 재무부

우체국

유치원

추코카 세관

추코카 유산 박물관과 민속예술의 전당

추코카 자치구 기초종합학교

추코카 자치구 내무부

추코카 자치구 법원 추코카 자치구 사법부

추코카 자치구 병원

추코카 자치구 수사과 추코카 종합대학

추코카 자치구 재무부

푸르가(눈보라) 라디오 방송국

혼인신고소

04. 기념비 및 명소

내무부 순직자 기념비

레닌 동상

북극 탐험가이자 박물학자 그리네베츠키 동상

제3부 + 제2장 아나디리의 겨울 풍경 **275**

삼위일체 대성당

성 니콜라스 기념비(뒷면)

성 니콜라스 기념비(앞면)

예배 십자가

추코카 썰매 개 동상

추코카 전선 기념비

추코카 제1차 혁명위원회 기념비

축치인 문학 작가 리테우 기념비

푸르가 라디오 홍보 시설(오른쪽으로 45도 돌아가 보면 '푸르가'만 보인다)

푸르가 라디오 홍보 시설(왼쪽으로 45도 돌아가 보면 '라디오' 문구만 보인다)

푸르가 라디오 홍보 시설(정면에서 보면 '푸르가'와 '라디오' 문구가 합쳐져 보인다)

05.
축치인과 소수민족 문화

민속 가방

민속 신발과 모자

어린이 민속 의상

에벤인 민속 여름 부츠

민속 웃도리

민속 신발

민속 여름 부츠

민속 인형과 장갑

에벤인 민속 의상

에스키모인 민속 의상

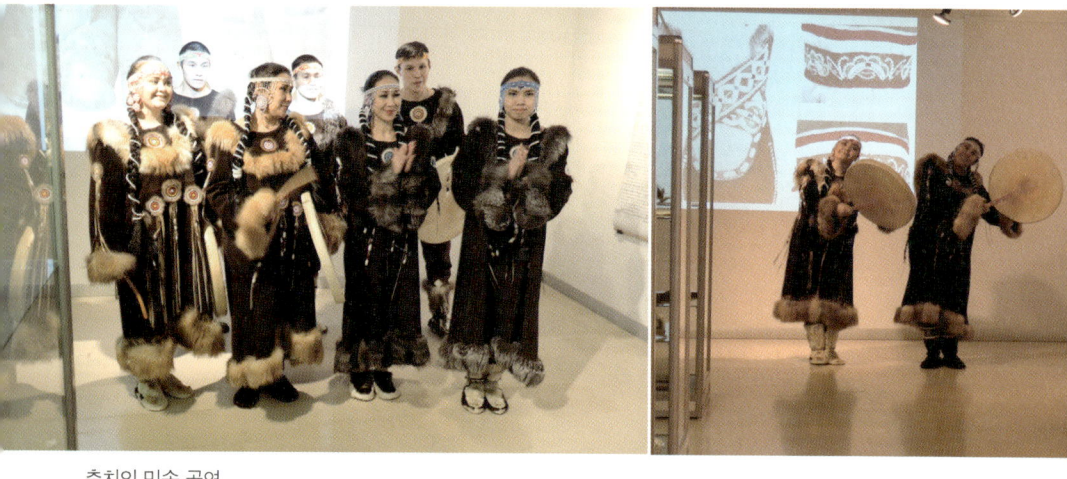

축치인 민속 공연

축치인 민속 모자

축치인 민속 인형

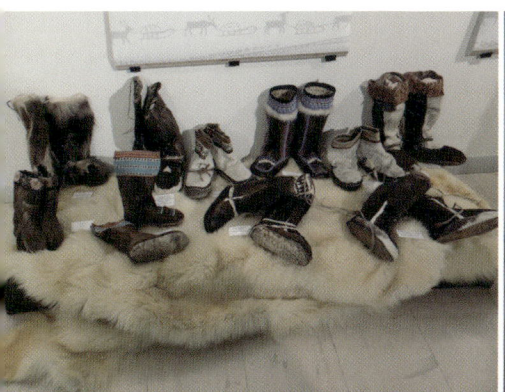
축치인 민속 신발

축치인 민속 의상

06. 상점, 호텔, 회사, 문화 시설 등

가정용품 가게

꽃집

나이트 클럽

노보마린스크 대형마트(밤)

노보마린스크 대형마트

미용실   성인용품 가게

배 모양 레스토랑

수산물 상점

민속예술품 상점

식료품 가게

약국

아나디리 호텔

어린이 용품 가게

영어 학원

옷 가게

이발소   책방

추코카 무역회사

추코카 호텔

커피숍   피트니스 센터

컴퓨터 상점   향수 가게

폴랴르니 영화관

07. 생활과 문화

건물 기초 기둥(여름과 겨울의 온도 차이로 지반이 변하기 때문에 건물의 기초를 가는 기둥으로 받치고 있다)

건물 기초 기둥(짓기 전)

눈 미끄럼 타는 어린이

속눈썹에도 얼음이 맺혔다

제3부 ✤ 제2장 아나디리의 겨울 풍경

어린이 놀이터

얼음 낚시

얼음 낚시로 잡힌 빙어는 바로 얼어버린다

웨딩카 퍼레이드

축치인 아르바이트생과 함께

컨테이너형 창고(히터로 창고 안이 따뜻하다)

정류장

컨테이너형 창고(낚시, 사냥, 생활 용품을 보관한다)

컨테이너형 창고(외부 모습)

툰드라 벌판과 얼음 위를 달릴 수 있는 자동차

제3부 ✽ 제2장 아나디리의 겨울 풍경

툰드라에서 조난당했을 때 쏘는 구명신호총

호출 대기중 택시(150루블에 시내 어디든 간다)

08. 거리의 동물들

거리의 개

제3부 ✦ 제2장 아나디리의 겨울 풍경

거리의 까마귀

거리의 참새

추코카 개 썰매

거리의 비둘기

추코카 썰매 개

09. 아나디리 주변 풍경

미하일 산

아나디리 풍력 발전소

아나디리 하구 건너 아나디리시가 보인다

아나디리 하구를 건너는 겨울 도로 '짐니크'

아나디리 하구 건너 아나디리 시가 보인다

얼어붙은 강 위에 조성된 겨울 도로 '짐니크'

얼어붙은 겨울 항만

툰드라의 해는 낮게 뜨고 빨리 진다

러시아 북극의 인문공간 Ⅲ

극동부 편

초판 인쇄	2022년 4월 25일
초판 발행	2022년 4월 29일
지은이	최우익·김봉철·정 혁·강하람·김현진
	김혜영·도민지·카이롤라 굴자나라 지음
펴낸곳	다해
주 소	서울시 중구 충무로29 아시아미디어타워 7층 703호
전 화	02.2266.9247 / Fax 02.2266.9248
등록 번호	제301-2011-069호

ISBN 979-11-5556-232-1 [93920] 　　정가: 25,000원

* 잘못된 책은 교환하여 드립니다.

이 책은 저작권법에 따라 보호를 받는 저작물이므로 무단 전재와 복제를 금합니다.